韩琦传

黄新志　著

中国文史出版社

图书在版编目（CIP）数据

韩琦传／黄新志著. --北京：中国文史出版社，
2020.11

ISBN 978 - 7 - 5205 - 2543 - 5

Ⅰ.①韩… Ⅱ.①黄… Ⅲ.①韩琦（1008 - 1075）-
传记 Ⅳ.①K827 = 441

中国版本图书馆 CIP 数据核字（2020）第 224966 号

责任编辑：金硕

出版发行：**中国文史出版社**

社　　址：北京市海淀区西八里庄路 69 号院　　邮编：100142
电　　话：010 - 81136606　81136602　81136603　81136605（发行部）
传　　真：010 - 81136655
印　　装：北京温林源印刷有限公司
经　　销：全国新华书店
开　　本：787 × 1092　1/16
印　　张：18.25
字　　数：206 千字
版　　次：2021 年 1 月北京第 1 版
印　　次：2021 年 1 月第 1 次印刷
定　　价：58.00 元

序言

　　新志是郑州大学历史学院本科毕业生中长期扎根中学历史教育教学且取得突出成绩的为数不多的杰出代表，如今在安阳市教育界和文化界已是非常知名。他近二十年如一日的坚守和追求，给历史学本科学生如何务专业、有建树探索了一条明确的可借鉴的道路。

　　和新志的相识是在 2002 年左右，因他在宿舍中年长，又是人文学科实验班班长，那时熟识的朋友都称他"老黄"，我也入乡随俗。当时我在郑州大学校团委工作，正筹备参加上海教育电视台举办的"中国名校大学生辩论邀请赛"事宜。校辩论队主力人选经过全校的选拔赛基本确定，队长是其他队员心服口服一致拥护的商学院研究生桑琳，他们都尊她为"大姐"，她后来到上海交通大学读了管理学博士，现为华威国际投资集团合伙人、华威国际产业研究院院长，在上海把事业做得风生水起。另外三个当年随她出征上海的队员白羽、王珏、张毅，后来分别在华南师大、武汉大学、郑州大学攻读硕士，其他队员如昝慧芳、麻哲等后来也在郑州大学读了硕士。我要负责给他们寻找一位精通辩论的教练，也正是这个时候，新志开始闪亮登场。这些天才青年积极向我推荐，说成绩颇佳的历史学院辩论队的主力队员"老黄"不仅是思维敏捷言辞犀利的优秀辩手，更是一位大局意识、战略意识兼备的优秀教练，可以让他来试试。这话显然有夸大成分，但引起了我的兴趣，我就问这么优秀的人才为什么组队时没进来。他们赶忙解释，说因为新志准备考取的是北京大学法学院刑法学研究生，这种跨专业的考研使他实在抽不出大量时间来参加辩论，但是担任辩论队教练却完全可以胜任。见了面才知道他们所言非虚，新志思维敏捷，言谈举止的确十分成熟。我也是历史学院毕业，一番交谈之后，发现这位师弟果然识性敦敏，他对辩论比赛的条分缕析真令我耳目一新，遂当即拍板儿，新志于是成了校辩论队的首任教练，我们俩的友谊也从此开始。

枯燥、激烈的训练之余，这些天才青年最中意的精神享受莫过于听"老黄"说书。新志对于演绎历史人文掌故很拿手，尤擅宋史，于彰德府的名人轶事更是情有独钟。惜才爱才是教师的职业病，新志想必现在也是这样。我记得那时和新志曾聊到毕业以后的选择，他当时有着很多的憧憬，首当其冲的便是考研到北大。后来由于各种原因，没能如愿以偿，但总算有了一段在北大学习的经历，也算是一种安慰。对于新志的才能，大家都是不吝溢美之词的，甚至我们还多次和新志开玩笑，说假以时日"老黄"肯定能成一代宗师！如今看来，新志正一步一步地接近这个目标。作为一名中学历史教师，拥有安阳市骨干教师、安阳市优秀班主任、河南省第十届历史优质课大赛一等奖获得者、河南省优秀论文一等奖获得者等荣誉，已经算是出类拔萃了。更何况新志还是安阳文化大讲堂优秀主持人、安阳十佳文化讲师、安阳古都学会常务理事、韩琦文化研究中心主任、安阳市市区文物景点管理处首席顾问、安阳市档案馆特邀研究员、安阳日报小记者教育培训专家、安阳历史文化传播者，并被安阳师范学院历史与文博学院聘为校外导师，当选安阳市政协委员。更为难能可贵的，我当时有感而发鼓励新志无论以后从事什么职业，都要好好发挥自己的特长，尝试把自己感兴趣的文史资料好好整理编辑一番，争取著书立说的话，已经被新志变成了现实。

2020年9月1日，新志说自己来郑州在河南省社会主义学院参加培训，和我约好要见个面，并发来了一份书稿，说是这些年在工作之余创作的《韩琦传》，中国文史出版社准备出版，想请我写一个序言。这个消息令我欣喜万分，同时又十分惶恐，我很爽快地答应了新志见面聚聚的约请，但对书写序言的事请他再斟酌，我建议帮他约业内的专家学者撰写序言。新志表示关于书写这个序言的人选他是思考再三，还是认为由我来写才最合适，并简单说了自己这些年创作《韩琦传》的酸甜苦辣。这下子我也算"闻弦歌而知雅意"了，新志的《韩琦传》是按照学术作品的要求创作的通俗历史著作，他说要力争用严谨的学术著作要求写出更适合大众阅读的普及型著作，以便更多人能够了解三朝贤相韩琦其人其事，按他的话说算是致敬自己当年本科求学那些青春岁月。

"不忘初心，方得始终"，新志从本科毕业到现在的近二十年，是扎扎实实身体力行不忘传播优秀历史文化初心的二十年。他立足中学历史教育，不仅坚守住了初心，而且有始有终，如今这部《韩琦传》，可以算是致敬以往岁月的一个临时的"终"，而他又不断发表的《韩氏家训》全译、《韩魏公立身格言》全译和《韩魏公正家格言》全译等新作，则是立足初心的又一个个全新的不间断的"始"。新志以自己的实际行动，打破了先贤告诫我们的"靡不有初，鲜克有终"的魔咒，期待他有更多的大作面世。是为序。

郑州大学历史学院党委副书记　崔红伟
2020 年 9 月 25 日于郑州大学历史学院

目录

第一回

抵御西夏树威名　护国良将出名门

北宋庆历二年（1042 年），陕西泾州城外，西夏大兵来犯。

只听得"叨唠"一声炮响，宁静的泾州城上突然旌旗招展、绣带飘扬。空无一人的城墙内瞬间冒出无数士兵，守城士兵盔明甲亮，手持长枪站立城上。弓弩手隐蔽在城墙垛口之后。举目望去，城墙之上居中位置出现一杆紫红色大道旗，插金边，走金线，上书两行小字："陕西四路沿边都总管、经略招讨安抚使"，大道旗中间绣着一个斗大的"韩"字。大道旗下站立一人，文臣装束，生得面如冠玉，国字脸形，鼻直口方，仪表堂堂，不怒而威。此人正是大宋陕西经略招讨安抚使，戍边重臣韩琦。

城下，数万西夏骑兵已接近城墙，泾州城地处大宋边陲，没有护城河。只听安抚使韩琦一声令下："放箭！"说时迟，那时快，隐蔽在城墙之后的大宋弓弩手瞬间站立，以迅雷不及掩耳之势开弓放箭，一时间，西夏骑兵中箭落马者无数，战马四处乱窜。西夏兵被杀得人仰马翻，仓皇败走。

一年前，轻敌冒进、立功心切的环庆路副都部署任福不听韩琦的嘱咐，轻敌冒进，导致兵败好水川。今天的小胜总算让韩琦心里舒服一些。

韩琦与范仲淹同任陕西经略招讨安抚使，一同戍边。由于两人守边时间最长，又名重一时，人心归服，致使韩、范管辖之境很少遭到敌人侵犯，即使偶有进犯也常使西夏之敌丢盔弃甲，大败而归。宋军经过整顿之后不断出击，攻城略地，连连取胜。这样一来，边关局势安定祥和，于是北宋朝廷把韩琦、范仲淹倚为"长城"。不久，边关塞上便流传出一首歌谣："军中有一韩，西贼闻之心骨寒；军中有一范，西贼闻之惊破胆。"

韩琦一生出将入相，被后世尊称为"两朝顾命、定策元勋"①，之所以如此，皆因他有着传奇般的出身经历和优良的家教家风。

说起韩琦，可谓是出身名门。

韩琦的祖上是战国时期的晋国名臣韩献子之后。这韩献子就是春秋中期晋国卿大夫韩厥。韩厥（生卒年不详），韩舆之子，姬姓，韩氏，名厥，谥号献。最初为赵氏家臣，后位列晋国八卿之一，至晋悼公时，升任晋国执政，战国时期韩国的先祖。一生侍奉晋灵公、晋成公、晋景公、晋厉公、晋悼公五朝，是一位优秀而又稳健的政治家，公忠体国的贤臣，英勇善战的骁将。

秦灭韩国之后，其子孙散居各地，以国为氏。其中以在河北昌黎的韩氏一支最为有名，而韩琦家族就属于这一支系。

韩琦的远祖韩朏，曾担任唐朝沂州（今山东临沂）司户参军，主要负责掌管一州的户籍、赋税和仓库等事务。高祖韩昌辞，曾担任唐朝河北鼓城县（今河北晋县）县令。韩昌辞之子韩璆，曾任广晋府永济县（今河北丰润）县令，后因子孙有功于国，累赠太师②、开府仪同三司③、齐国公，死后葬于相州安阳县（今河南安阳）丰安村。自韩璆以下，其子孙皆葬于安阳。因此，韩琦认为他的祖籍是在相州安阳。

韩琦祖父韩构，曾任北宋太子中允，这是一个太子的属官，掌管礼仪、驳正启奏等事务，后知康州（今广东德庆），恪尽职守，鞠躬尽瘁，死在任上，后累赠开府仪同三司、魏国公。

韩琦父亲韩国华，字光弼，生得是仪表伟岸，须髯俊美，性格纯直，外宽内恕。用今天话说，那简直就是一位行为优雅有礼的绅士。

韩国华是宋太宗太平兴国二年（977 年）甲科第九名进士，先后出任

---

① "两朝顾命定策元勋之碑"即韩琦神道碑，此碑原立于相州丰安茔韩琦墓前，由宋神宗亲篆碑额。此碑已佚，碑文保存在嘉庆贵泰编著的《安阳县志》中。

② 太师：西周时设置的三公之一，掌管教养太子或幼主。后世多为虚职，作为一种荣誉赠给德高望重的大臣。

③ 开府仪同三司：文官名，意为开建府署礼仪同三司（三公）。宋代时，开府仪同三司同太师一样为虚职，作为一种荣誉赠给德高望重的大臣。

太常少卿①、大理评事②、监察御史③、右谏议大夫④等职。韩琦是韩国华以太常少卿知泉州、担任泉州知州时所生第六子，也是韩国华最小的儿子。

说起这韩国华，那可是为大宋王朝在外交上立下汗马功劳的人物，大名鼎鼎。想当初，宋太宗雍熙年间（984—987），宋太宗赵光义欲北征辽国，考虑到高丽接连辽境，经常遭到辽国侵犯，为共同夹击辽国，太宗皇帝想选一位使臣出使高丽游说高丽国王。于是，太宗皇帝对众大臣说道："安得勇而善辞令者，为我谕高丽，出兵西攻，以分其力，则事可集。"这位要出使高丽的使臣应当具备两个条件：第一，要勇敢；第二，要善于外交辞令，也就是要能说会道。等了一会儿，太宗皇帝又说道："揣廷臣非国华不可。"揣度一下，朕以为也就是韩国华可以担当此任，于是韩国华就到高丽走了一圈儿。

凭着善于外交辞令的本事，韩国华成功劝说高丽国王，最终，高丽国王俯伏听命，派出大相韩光、元辅赵抗领兵数万，渡浿水（今朝鲜青川江和大同江的古称）以侵契丹。出使回到东京汴梁后，天子大喜，对韩国华加官晋爵，赐绯鱼，也就是皇帝赐给佩鱼符袋和红色官服，改右拾遗⑤、直史馆⑥，刊鼓司登闻院⑦，后又担任三司开封推官⑧。

到了宋太宗淳化二年（991 年），契丹请和，北宋朝廷怀疑其中有诈，需要派人去探听虚实，派谁去好呢？自然是非韩国华莫属。韩国华出使河朔，实地考察之后，完全了解了契丹请和一事有诈的真相，上报朝廷，避免了大宋王朝吃亏上当。于是，韩国华一路官运亨通，先后担任兵部

---

① 太常少卿：太常寺的长官，掌管宗庙祭祀、礼乐诸事务。
② 大理评事：大理寺属官，北宋初年，与大理正、丞分别掌管断狱，其后别置详断官，本官遂为寄禄官，即一种官名与职务分离、有官名而不任事的官员。
③ 监察御史：掌管对违法官吏进行弹劾，并对府州县道等衙门进行实质监督的官员。
④ 右谏议大夫：宋代中书省的属官，掌管向皇帝进谏、议论时政得失，地位在右拾遗之上。
⑤ 右拾遗：宋代中书省的属官，掌管向皇帝进谏、议论时政得失。
⑥ 直史馆：唐宋文史官，掌管修撰史事。以他官兼任或品卑而有才任以修史者亦称直史馆。
⑦ 刊鼓司登闻院：宋代掌管官民上书的机构。
⑧ 三司：北宋管理财政的机构，由户部、度支和盐铁三个部门合并而成，故称三司，长官为三司使，地位相当于宰相，称"计相"。推官：官吏属僚，宋代时实为郡佐。

员外郎①、屯田郎中②、京东转运使③，知河阳（今河南孟县）、潞州（今山西长治）转运使、假秘书监④、江南巡抚、太常少卿⑤等职。

后来，韩国华以右谏议大夫⑥身份知泉州，韩琦就是在父亲韩国华担任泉州知州时出生的。

在男尊女卑的封建社会中，韩琦的父亲韩国华的事迹有历史记载，然而，关于韩琦的生身母亲，却疑云密布，在学术界以及韩氏宗亲中都有很大争议。那么韩琦的生母究竟是谁呢？

---

① 兵部员外郎：兵部下属机构各曹（司）的次官，协助本曹（司）主官兵部郎中掌管兵政。

② 屯田郎中：工部下属机构屯田司的主官，掌管天下屯田之政事，包括屯种、抽分、薪炭、夫役、坟茔等事。

③ 京东转运使：官名，主要掌管京东一路财赋的收入，还兼管边防、刑狱及考察该路地方官吏和民情风俗，经察访后上报朝廷，于一路之事无所不管。由于其职权很大，故朝廷常派参政或文武帅臣兼领，其官署称京东转运使司。

④ 秘书监：中国古代掌管图书典籍的官员。

⑤ 太常少卿：太常寺的长官，掌管宗庙祭祀、礼乐等事务。

⑥ 右谏议大夫：宋代中书省的属官，掌管向皇帝进谏、议论时政得失，地位在右拾遗之上。

第二回

生母何人有疑云　蔡氏胡氏两出身

韩琦虽祖籍在相州安阳（今河南安阳），却是宋真宗大中祥符元年（1008 年）农历七月初二出生于泉州（今福建泉州），当时其父韩国华正担任泉州知州。

据《泉州府志》人物志·官宦卷记载，韩琦出生于泉州北楼生韩处（现为泉州文管会立碑保护），为其父韩国华任泉州知州时，即宋景德年间，韩国华与婢女蔡连理生下韩琦。后韩琦随父韩国华迁相州，遂为安阳（今属河南）人。由韩中青和韩仲义先生合著《三朝贤相韩琦》即采此说。《三朝贤相韩琦》这本书中写道，晋江十一都南塘乡（今晋江东塘镇）张塘村人蔡连理，十六岁时其父母遭遇强盗打劫双双落水而亡，蔡小姐只能流落泉州街头，无依无靠。一次遭遇街头泼皮纠缠时被泉州知州韩国华所救，从此做了韩府的一名丫鬟。十六岁的蔡连理喜爱读书，经常在侍奉韩国华时趁机讨教，颇受韩大人喜爱。一来二去，两人情愫萌生，最终五十岁的韩国华纳十七岁的蔡连理为妾，不久蔡夫人身怀六甲，后遭到胡夫人忌恨，被迫离开韩家后在一座庙中生下韩琦，等到韩琦金榜题名之后又有庵堂认母的故事。这本书中描写的韩琦出生的故事充满传奇色彩。

据北宋门下侍郎李清臣所著《韩忠献公琦行状》和北宋佚名所著正谊堂本《韩魏公家传》，韩琦的生母都是蜀士人胡觉之女胡夫人。由郭旭东先生主编的《韩琦传略》一书即采此说。

这就出现了一个人有两个生身母亲的问题。哪个说法较为可信呢？

《泉州府志》最初由南宋嘉定（1208—1224）年间起笔编撰，起笔编撰者一说为知州事程卓主持，李芳子【字公晦，嘉定七年（1214 年）进士、调泉州观察推官】修编。另一说为南宋庆元五年（1199 年）至嘉泰元年（1201 年），泉州知州刘颖和戴溪一起编撰。

《韩忠献公琦行状》和正谊堂本《韩魏公家传卷一》均产生于北宋时期。《韩忠献公琦行状》作者门下侍郎李清臣，字邦直。生于宋仁宗明道元年（1032 年），卒于徽宗崇宁元年（1102 年），年七十一岁。由此可见，李清臣和韩琦是同一个时代的人，而且韩琦还曾经把自己的一个侄女嫁给了他，由此可见，李清臣和韩琦关系密切，韩琦的生母是谁，李清臣应当知道；再者，李清臣所著《韩忠献公琦行状》是在韩琦去世之后，皇帝为表彰其功绩，降旨令李清臣所写，韩琦生母胡氏的内容不应当是杜撰的。

相反，南宋时期诞生的《泉州府志》离韩琦生活的时代较远，即使书中有关于韩琦生母的记载，其可信度不如李清臣所著《韩忠献公琦行状》。正谊堂本《韩魏公家传卷一》虽说其作者已经不可考证，但既然名为家传，应当是韩氏宗亲所著，其可信程度较高。

2009 年至 2010 年，在韩琦的祖籍地河南安阳，安阳市文物考古研究所配合南水北调工程建设，对韩琦家族墓地进行了考古发掘，共发掘韩琦及其子韩忠彦、韩纯彦、韩粹彦，孙韩治，夫人普安郡崔氏等大型宋代砖、石室墓葬九座，照壁、拜殿等大型宋代建筑基址两处，出土了韩琦及其子、孙、夫人墓志共计八方。在韩琦的墓志铭中赫然写着："所生母胡氏追封秦国太夫人。"这是韩琦生母为胡氏的最可靠的考古证据。

综上，韩琦生母为胡氏，确定无疑。

即便搞清楚了韩琦的生母，韩琦的出生仍旧有许多传奇色彩。要说韩琦的出生，先让我们来看一下韩琦的家庭背景。

韩国华的正妻罗氏是谏议大夫罗延吉之女。罗氏出身显族，祖籍魏州贵乡（今河北大名）人，先祖是晚唐和五代时期的节度使，祖父罗绍威官至检校太尉、守侍中，进封邺王。父亲罗延吉在当朝为谏议大夫，是朝中的四品大员。罗氏从小跟着父亲读书识字，长大后尤喜博览群书、泛阅经史，素有大家闺秀之"女文士"之称。罗氏生韩球、韩瑄、韩琚、韩玩。

韩国华二夫人胡氏是"蜀士人觉之女"，祖籍四川，世代读书官宦之家。胡氏的父亲胡觉，在蜀国做官。蜀主孟昶作乱被平定后，胡觉一家人跟随蜀主孟昶一起被解送到京师后，染病去世。年幼的胡氏跟着母亲流离失所，后被罗氏收为丫鬟。因丈夫韩国华长年外任，宦途奔波，无人照顾，才劝丈夫把胡氏收为二夫人，以便照顾丈夫的生活起居。胡氏为韩国华生下两个儿子韩璩和韩琦，韩琦是韩国华最小的儿子。

据《韩魏公家传》记载，韩琦将要出生时，生母胡氏（后来因儿子显贵被封为"秦国夫人"）忽做一个奇异之梦。梦见一个身穿奇装异服之人，不知从何而来，指着自家的门说道："这家人将要生一奇儿，应当好生看护培养。"说完，不见踪影。没过几天，韩琦就出生了。

中国史家往往喜欢给那些不平凡的历史人物增添一些传奇色彩。在书写他们的历史时将他们的出生也写得不平凡。例如《汉书》描写汉高祖刘邦，说他长的额头高高隆起，鬓角和胡须很漂亮，左边大腿有七十二颗黑痣。你看，相貌奇特，一看就不是一般人。不仅如此，汉高祖的出生也被描写的非同一般。《汉书》是这么写的："高祖，沛丰邑中阳里人，姓刘氏，字季。父曰太公，母曰刘媪（ǎo）。其先刘媪尝息大泽之陂，梦与神遇。是时雷电晦暝，太公往视，则见蛟龙于其上。已而有身，遂产高祖。"用今天话说啊，就是："高祖是沛郡丰邑县中阳里人，姓刘，字季。他的父亲是太公，母亲是刘媪。刘媪曾经在大泽的坡上休息，梦中与神相遇。那时候电闪雷鸣，太公去找刘媪，看见一条蛟龙趴在她的身上。刘媪就有了身孕，产下高祖。"您说，这位汉高祖刘邦究竟是刘太公的儿子，还是蛟龙的儿子？

此外，宋太祖赵匡胤出生时满屋香气，明太祖朱元璋出生时火光四射，如此等等。按照传统史家的理解，大概是这样的：出生时奇异之处大的，是做帝王的命；奇异之处小的，是做大臣的命。韩琦出生时有这般奇异之处，想必这就是李清臣在写《韩忠献公琦行状》时考虑到奇人必有奇异之处，于是才这样书写了韩琦的出生吧。

其实，并不是出生奇异造就了传奇人生，而是传奇人生造就了出生的奇异。

传奇的人生离不开事业上的成功，韩琦在事业方面有什么建树呢？

第三回

抚幼儿慈母教子　赴京师金榜题名

生得好不如养得好，养得好全靠一位好母亲，一位好母亲就是一所好学校。

韩琦虽是庶出，但因韩国华性格纯直，外宽内恕，韩琦母子并未受到歧视，相反，因韩琦是韩国华最小的儿子，反而受到一些偏爱。

韩琦母亲胡氏博览群书，知书达礼，对待儿子耐心有加。韩琦出生之日便是他开始受教育之时，胡氏对韩琦的启蒙教育由此开始。

中国古代重男轻女的思想比较严重，即使是在二十一世纪的今天，有些地区依然如此。中国人认为男孩儿可以传宗接代，延续烟火，光宗耀祖；认为女孩儿反正是要嫁人的，受不受教育以及受多少教育无关紧要。其实，这是一个严重的误区。

奥地利关爱女孩协会有一个著名的提问："如果一个家庭有一双儿女，但只有一笔教育经费，你投给谁？"

"投给女儿。"

"为什么？"

"因为教育一个男孩，你只教育了一个个体；而教育一个女孩，你就教育了一个家庭，教育了一个民族，教育了一个国家。"

这一点，在韩琦生母胡氏的身上体现得十分明显。韩琦的外祖父、胡氏的父亲胡觉十分重视女儿的教育问题，他不仅把胡氏教育成了一个知书达礼的淑女，还千般挑、万般选，挑选出了一位优秀的女婿，让女儿有一个美满的家庭。韩琦在生母潜移默化的教育下健康地成长着。

韩琦母亲胡氏擅长书札，早年曾遍观家中藏书，非常熟悉每本书的大义和旨趣，对于比较常见的十几种经书，胡夫人更是出口成诵。在胡夫人的影响教育下，韩琦年少时饱读诗书，遍阅经史，打下了深厚扎实的学问功底。

韩琦四岁时，父亲韩国华因公差外出，在回京途中，病逝于建阳（今福建建阳）驿馆。韩琦幼年丧父，教育的重担完全落在了母亲胡氏和诸位兄长的身上。

《韩魏公家传》记载：

公既长，朴厚不浮，少嬉弄，视瞻步履端正，而中甚敏，所学不用力而过人。性淳一，无邪曲，孝于其母，悌事诸兄，皆不教而能。

这段对韩琦幼年成长过程的描述几乎涵盖了优秀学生的全部素质。朴素厚道，不尚浮华，这决定了韩琦人品优秀，踏踏实实；不爱玩耍，非礼勿视，非礼勿听，站有站相，坐有坐相，行走有行走的模样，这说明韩琦有良好的行为习惯；头脑机敏，学有余力，韩琦具备学霸的潜质；性格醇厚单一，无私心杂念，说明韩琦志虑忠纯，思想专一，而专一的人往往能够成就大事；事母至孝，友爱兄弟，这是为人的根本，百善孝为先，能够做到这一点的人，自然会不用多加教育就具备多种能力。

行为决定习惯，习惯决定性格，性格决定命运。韩琦优秀的教育环境决定了他朴素沉稳的性格，而这种性格也决定了他的命运。韩琦的优秀素养自然也得到了诸位兄长的关爱，在哥哥们的关心和爱护下，韩琦身心健康，学问在一天一天地增长着。

久旱逢甘雨，他乡遇故知，洞房花烛夜，金榜题名时。

这是中国人津津乐道的人生四喜。

宋仁宗天圣五年（1027年），二十岁的韩琦与同母兄长韩璩一起进京赶考，一举考中进士，名列第一甲第二名，得中榜眼。同母兄长韩璩同时考中进士，后来官至著作郎。

"天圣"是宋仁宗朝的第一和年号，意为"二人圣"，暗示宋仁宗与刘太后共同执政，刘太后垂帘听政为主，宋仁宗临朝听证为辅。

在皇上的金銮殿上宣读中举名单时，太史突然进殿启奏："启奏陛下，天边日下出现五色祥云。"左右大臣闻听此言，皆向皇帝道贺："恭喜陛下，贺喜陛下，日乃陛下，日下有祥云，应在我朝会出一人之下、万人之上之贤相，陛下有贤相辅佐，必将使我大宋江山社稷永固，此乃吉兆啊！"临朝听政的仁宗皇帝当即授韩琦将作监丞、淄州通判，允许韩琦上任前回乡探母。

关于韩琦高中进士后至宰相的事迹，还有一个具有神秘色彩的故事记载于《韩魏公家传》中。

先是，赴省进士元绛有叔，同待试于都下，因疾委顿，久而复苏，具言冥中尝至一官府，殿阁甚严密，中有一堂，榜云"侍中堂"。俯窥堂中，则列人之姓名，曰赵普，曰丁谓，曰冯拯，曰韩琦，字皆黄金，外以轻纱覆之。此事甚播于当时，然公犹未第，但闭门为学，未尝妄与人交，人亦莫知公为谁何。及省榜出，始见公姓名，众人惊，相谓曰："非元氏所梦者乎？"公既亚榜首，知者异之，厥后卒践此位，乃推考本朝以来为真侍中者，至公始四人而已。

这是一件颇具神秘色彩的故事，一个姓元的举子在殿试时晕场，经抢救苏醒过来，醒来时居然说他自己曾经到一处叫作"侍中堂"的地方走了一遭，而且看到了轻纱覆盖的镏金人名，分别是赵普、丁谓、冯拯和韩琦。赵普是宋太祖和宋太宗两朝时期的宰相，丁谓和冯拯是宋真宗时期的宰相，而韩琦成为宋仁宗、宋英宗和宋神宗三朝的宰相。这四人都是国之栋梁，朝中宰辅。看到这里我们已经知道，这是后人为了表达对韩琦的敬仰之情而杜撰出来的具有神秘色彩的故事。

不可否认的是，科举考试的成功使韩琦开始步入官场。在步入官场之前，韩琦奉母之命成婚，他的新婚妻子是谁呢？

第四回

奉圣旨通判淄州　听母命韩琦成婚

韩琦娶鄢陵人崔氏姊妹二人为妻，妻本家是"蝉联珪组世为显著"的前代高门大族后裔。崔氏祖父崔汝砺曾担任左班殿直，赠兵部侍郎。崔氏父亲崔立，字本之，鄢陵人，相州知州，曾担任工部侍郎。韩琦的婚姻可谓门当户对。

相州知州崔立有三个儿子，一个与韩琦同庚的女儿，他见韩琦高中榜眼，又一表人才，于是让长子崔勉携带自己给韩琦母亲胡氏的亲笔信，登门为女儿求婚。

胡氏打开崔立的书信一看是相州知州崔立大人为自家女儿求婚，心中大喜，她想崔家是世代官宦之家，书香门第，与韩家可谓门当户对，而且崔家家教甚严，子女知书达理，若韩琦能娶崔家之女为妻，真是天作之美。

于是，在韩琦出任淄州通判之前，胡氏和崔大人为韩琦和崔氏举办了婚礼。

韩琦妻崔氏本家，"自唐以来，为衣冠甲族，与卢、李、郑数家相为婚姻，它族不得预"，崔氏的"曾祖母、祖母犹皆卢、李二姓，故世高其门风"。但到了宋代，崔家势微，已不可能只维持与卢、李、郑家族通婚的旧规。崔氏的祖父只得了一个左班殿直的小武官，"以家世儒者，耻从武弁之列，遂弃官归鄢陵"。其子崔立中进士，官至工部侍郎。

按照宋代风俗，姊死妹续的情况普遍存在，韩琦娶崔氏姊妹为妻应当不是同时而娶。史料没有详细记载韩琦两次成婚的时间，据推测，韩琦娶正妻崔氏应当是在高中榜眼之后，赴淄州担任通判之前，而娶二夫人应当是后来的事情。

关于韩琦的正妻崔氏，依据《湘南韩氏宗谱·录夫人崔氏事迹与崔殿丞请为行状》记载：

夫人即侍郎之第五女，柔静端洁，幼有成德，女工之事，莫不臻极，年二十一而归于韩氏。

韩琦夫人（安国夫人）崔氏墓志记载：

夫人即侍郎之第五女也，柔懿婉静，四德充茂，年二十一适于今。

这两段记载，使我们对韩琦夫人崔氏有了一个大概的了解，崔夫人是兵部侍郎崔立的第五个女儿，性格上温柔娴静，端正高洁，尚未出阁时就养成了高尚的品德，对于刺绣编织之类的工作非常擅长，二十一岁时嫁与韩琦为妻，死后被追封为安国夫人。

韩琦与崔夫人举案齐眉，相敬相爱，孝敬母亲，特别是在母亲胡氏患病之后，她更是侍奉床前，这是后话。

据韩琦墓志、安国夫人崔氏墓志以及记载：韩琦与正妻崔夫人以及二夫人婚后育有六子五女，长子韩忠彦，具有通达、机敏、孝顺、谨慎的性格特征，通过自己的努力获取进士，后来官至光禄寺丞，七十二岁卒；次子韩端彦，官至太常寺太祝，卒年不详；三子韩良彦，官至秘书省校书郎，去世较早；次子和三子应当是通过恩荫的方式取得官职。四子韩纯彦，卒时不少于五十八岁；五子韩粹彦，其生母是二夫人普安郡太君，五十四岁卒；六子韩嘉彦，建炎三年卒，约六十岁。五个女儿中，次女嫁与许州司户参军王景修为妻。

韩琦与崔氏的联姻，是宋代阶级结构和婚姻制度变化的一个表现，门第观念在韩琦的婚姻以及韩琦家族的婚姻中体现得非常明显。通过韩琦的婚姻以及韩琦家族的婚姻，我们不难发现，宋代韩琦家族的婚姻关系具有注重门第、世代通婚、家族联姻、与皇室联姻、政治婚姻五大特点。

韩琦家族与宋代许多名门望族有婚姻关系，通过这些婚姻关系，韩琦家族与其他家族结成了多边的姻亲网络并渗透于社会上层，对宋朝的政治产生了重大影响。

韩琦与崔氏成婚之后，携生母胡氏和妻崔氏赴淄州上任，之后又发生了哪些事情呢？

第五回

一生正气初为官　体察民情为百姓

　　说到韩琦赴淄州上任，我们就要说一说这韩琦的官职。大宋仁宗皇帝授韩琦将作监丞、淄州通判。这将作监是古代官署名，是一个掌管宫室建筑、金玉器皿的制作和纱罗缎匹的刺绣以及各种异样器用打造的官署。依照宋代科举制度，当时实行解试、省试、殿试三级考试，这殿试就是在皇帝的金銮殿上由皇上亲自命题考试举人。举人殿试合格，朝廷按照科目和录取甲次不同，分别授予本科登第、出身、同出身、赐出身等身份。第一甲前三名依次为状元、榜眼、探花。还授予殿试合格人员一定的官阶。殿试状元授将作监丞，榜眼授大理评事，探花授太子中允，而且都被差遣到地方做通判，由中央派到地方任职。韩琦殿试考中榜眼却被授予将作监丞而没有被授予大理评事，可见他被皇帝高看一眼。说白了，将作监丞只是虚衔，这淄州通判才是真正的实衔。

　　说到这通判一职，话可就多了去了。

　　话说当初，后周大将、殿前都点检赵匡胤发动陈桥兵变，夺了后周世宗柴荣遗产，然后登基坐殿，当上了大宋第一任皇帝，这就是宋太祖。由于江山是夺别人的，所以倍感珍惜啊！总怕别人向自己学习，也来个黄袍加身。于是，一会儿上演"杯酒释兵权"夺了朝中大将石守信等高级将领的兵权，一会儿又派文臣到地方做知州，采取"重文轻武"的治国方略。这样还不放心，于是又设"通判"一职，防止地方路府州县职权过重从而专擅独大。这通判一职由皇帝直接委派，辅佐地方知州处理政务，有直接向皇帝和中央报告的权力。知州向下级发布的文件必须与通判一起签署方能生效。通判通判，通就是一起，判就是签署，说白了就是一起签署的意思，这个官名就是这么来的。

　　这淄州通判就是在淄州这个地方辅佐一把手处理政务的官员。说了半天，这淄州在哪儿啊？淄州在今天的山东淄博市淄川区。其管辖的地方相当于今天山东省邹平、高青及桓台、博兴部分地区。这个地方离大宋都城东京汴梁有一段路程，离相州安阳不远。

宋仁宗天圣六年（1028年），二十一岁的韩琦与妻崔氏以及母亲胡氏一道赴淄州上任，一路上饥餐渴饮、晓行夜宿，不止一日来到淄州。北宋时期，文官出行多乘轿子，轿子又名肩舆，宋时达官贵人乘轿已相当普遍，韩琦一家人也不例外。三顶轿子一字排开，这头一顶官轿便是韩琦韩大人所乘，只见韩琦端坐于轿上，头戴幞头，身穿绿色公服，这公服是圆领、大袖、大裾（大襟），外加一横襕，腰间束以革带，脚蹬一双乌皮靴。韩琦向来遵行"君子正其衣冠，尊其瞻视"的古训，每日出行前对服饰那是颇为讲究。中间的轿子是母亲胡氏所乘的轿子，队伍的最后面是韩琦之妻韩夫人崔氏所乘的轿子。

这日在淄州安顿下来，第二天韩琦便早早起来，用过早餐，微服私访。

韩琦这一路上走街串巷、深入农户，到淄州所辖淄川县、长山县、邹平县、高苑县等地巡查暗访，察风俗、访民情、观刑狱、看年成。他最关心的是淄州的农业生产和百姓的疾苦。

韩琦一路走来，眼见的是残垣断壁、乞丐徜徉，淄州子民衣衫褴褛、面有菜色。韩琦深知，关于夏至之后的岁月民间有俗语："七九六十三，夜眠寻被单；八九七十二，被单添夹被"，而眼前却是"屋破风斜漏不休，布衾无里卧穷秋"。目下是五月天气，夏至之后穷苦百姓的日子怎么过？这种思虑反映出韩琦以民为本的思想。

在巡查过程中，最让韩琦深为忧虑的是淄州州学破旧不堪，多年失修，规模狭小，难以接受广大学子前来读书。巡查结束后，韩琦将自己在巡查过程中的所见所闻所思所感向知州大人王子融做了详细的汇报。

知州王子融，字熙仲，青州益都人，当朝宰相王曾的弟弟。当初，王子融的兄长王曾上奏朝廷，举荐他为将作监主簿。后来，王子融在大中祥符年间考中进士。累迁太常丞、同知礼院。他将自己所写的文章进献皇帝，经皇帝考试，直集贤院。他很有才华，又有胆识，曾经多次论及大宋开国以来的典礼因革事务，写下《礼阁所编》进献皇帝，朝廷将他所著的书籍收藏于太常寺。

王子融看出韩琦是一位干练务实的人才，于是立刻依据韩琦汇报的事情写下奏疏，两人一起上奏朝廷。在朝廷的支持下，淄州扩建了州学，各县县学也相继得到修缮，淄州上下士子们争相传颂通判韩琦为淄州办了一件大好事。

初入仕途的韩琦，究竟拥有怎样的性格特征呢？

第六回

器量过人性敦厚　平生无伪出于诚

韩琦在淄州担任通判的史料较为匮乏，这也符合常理。一个刚刚步入仕途的金科榜眼，这一阶段应当是在工作岗位上兢兢业业、默默无闻的人。

宋代地方政府采用的是路府州县四级体制，各州通判是宋朝地位最低的监察官，他受本路各监司和帅司的监控，又受本州知州的监督，此外，通判还受到台谏给舍的监控，比如本路帅司和监司对通判失察，被台谏给舍发现后纠劾，失察的帅司和监司也要受罚。大宋王朝就是通过这种不断完善的各监察机构的纵向和横向的权力制衡关系，从而确保国家监察体系的协调和统一。所以，在这种体制下的通判，有时也是在夹缝中求生存，只有照章办事方能安然无恙，也只有依照朝廷典章制度办事才符合韩琦的为人。

韩琦对拿着朝廷俸禄不为民办事的现象极为痛恨。宋朝官员的俸禄可谓是种类繁多，数额惊人。俸禄内容包括正俸（钱）、衣赐（服装）、禄粟（粮食）、茶酒厨料、薪炭、盐、随从衣粮、马匹粟、添支（增给）、职钱、公使钱以及恩赏等。说了半天，宋朝官员的工资如果按今天人民币换算到底是多少啊？当朝一品的文武首席官员宰相和枢密使的月收入是 128 万元，年收入超过 1500 万元！位于二品的官员，相当于现在的省部级，月收入是 25 万元，即使是相当于现在的富裕县的县长的月收入也将近 13 万元。韩琦是新任淄州通判，月收入应当在 15 万元左右。拿着国家发给的这么多工资，不为老百姓办事，这正是韩琦痛恨的原因。

这是官员的收入，那老百姓的生活状况又是怎样的呢？宋代诗人张耒写过一首诗："山民为生最易足，一身生计资山木。负薪入市得百钱，归守妻儿蒸斗粟。"山民卖柴每日可得 100 文钱，这是农村人的日收入水平。在城市里，湖北有一个叫乐生的人，在集市中做生意，每天赚够100文钱便不再做生意，回家吹笛唱歌。100文钱的日收入在当时能够养活一个五口人的家庭，可见，宋代是一个高收入、高消费的时代。

而韩琦看到的淄州却是另一番景象，财尽民穷，残垣断壁，所以韩琦坚持原则，在他任职期间绝不允许违规操作、鱼肉百姓的事情发生。在担任淄州通判期间，他兢兢业业，任劳任怨，体察民间疾苦，着力改善淄州农业生产，协助知州管理地方事务，从不懈怠。

公器量过人，性浑厚……平生无伪饰其语言，其行事，进立于朝，与士大夫语；退息于室，与家人言，一出于诚。

——宋·门下侍郎李清臣《韩魏公琦行状》

李清臣的这段记载，使我们较为清晰地了解韩琦的性格特征，韩琦胸怀广大，器量过人，性情敦厚，诚信待人。由此可以想见，在淄州担任通判期间，他也是忠于朝廷，恪尽职守，兢兢业业，诚信待人，在平静的生活中做着自己的日常工作。原本他想这种平静可能会永远持续下去，不料一件事情却打破了这种平静。究竟是什么事情呢？

第七回

床前尽孝侍病母　一朝病故难见亲

　　韩琦正在州衙处理政务，忽然家人来报，老夫人病危。闻听此消息，韩琦立刻回府探望。

　　胡夫人跟随韩琦一路来到淄州，近来旧疾复发，竟一病不起，韩琦心急如焚，并遍访名医，四处打听方剂。韩琦还亲自为母亲胡氏杵药煎汤，殷勤服侍。妻子崔氏衣不解带，日夜侍候。

　　秦国寝疾，躬侍汤剂，夙夜不懈，及其亡也。

　　　　　　——《湘南韩氏宗谱·録夫人崔氏事迹与崔殿丞请为行状》

　　有道是"床前百日无孝子"，韩琦身为朝廷命官，公务繁忙，服侍母亲尽心尽力，实属难能可贵。遗憾的是胡氏病情非但没有好转，反而一日不如一日。

　　韩琦来到母亲床前，胡氏已经进入弥留状态。韩琦伏在母亲身边哭喊，只见胡氏面带微笑，双目缓缓闭上，溘然长逝，享年六十三岁。韩琦哭得顿足捶胸、撕心裂肺。左右家人急忙上前解劝，韩琦方才止住悲声，操办母亲后事。

　　胡夫人去世后，韩琦按照宋代制度，丁忧三年。什么是丁忧呢？《尔雅·释诂》中说道："丁，当也。"也就是遭逢、遇到的意思。《尚书·说命上》中解释："忧，居丧也。"这丁忧啊，就是父母去世时，官员要辞去官职为父母守孝，时间是三年。

　　丁忧的三年中，守孝的官员要吃、住、睡在父母坟前，不喝酒、不洗澡、不剃头、不更衣，并停止一切娱乐活动。宋代由太常礼院掌管丁忧事务，凡官员有父母去世，必须由当事官员报请解除官职，服孝期满后起复。如果隐匿不报，一经查出，将受到朝廷惩处。但如果是朝廷根据需要不许在职官员丁忧守制，称夺情，或有的守制未满，而应朝廷之召出来应职者，称起复。说到这儿，我们就明白了，处于封建社会的大宋王朝，在官员尽忠和尽孝关系问题上，国家采取了公权力让位于私权利的做法，这种做法有利于封建官吏秉承儒家倡导的孝道思想，以孝道调整人伦关系，充分发挥封建主流道德对社会的调整作用。

韩琦在母亲胡氏去世时哭得顿足催胸、撕心裂肺，这里有个缘由，一是韩琦与胡夫人母子情深，二是母亲的去世使韩琦联想到自己已经亡故的父兄，联想到韩氏家族成员中的早逝现象。

韩琦父亲韩国华，字光弼。宋太宗太平兴国二年（977 年）考中甲科第九名进士，后迁升监察。宋太宗雍熙年间（984—987），宋太宗赵光义准备北征辽国，为断绝辽的后援，朝廷派韩国华出使高丽（今朝鲜），韩国华不辱使命，对高丽恩威并施，最终使得高丽答应大宋王朝的要求。这次出使展现出韩国华过人的外交才能。宋太宗专门赏赐韩国华绯鱼，并提升他为右拾遗（宋代中书省的属官，掌管向皇帝进谏、议论时政得失等事务）、直史馆（宋代文史官，掌管撰写历史的事务）、刊鼓司登闻院（宋代掌管官民上书的机构），后来又担任三司开封推官（北宋管理财政的机构由户部、度支和盐铁三个部门合并而成，故称三司，长官为司使，地位相当于宰相。推官：官吏属僚，宋代时实为郡佐）。他雄才大略，后来又历任兵部员外郎（兵部下属机构各曹的次官）、屯田郎中（工部下属机构屯田司的主官）、京东转运使（主要掌管一路财政收入的官员）、知河阳（今河南孟县）、潞州（今山西长治）转运使、假秘书监（掌管图书典籍的官员）、江南巡抚、太常少卿（太常寺的长官，掌管宗庙祭祀的官员）。韩琦出生时，韩国华担任泉州知州，韩琦四岁时，韩国华被任命为右谏议大夫（宋代中书省的属官，掌管向皇帝进谏、议论时政得失，地位在右拾遗之上），然而从泉州（今福建泉州）赴东京汴梁途中不幸病逝于建阳（今福建建阳）驿馆，享年只有五十五岁。

韩琦的长兄韩球，字伯玉。最初以荫补太庙斋郎（太庙属官，掌管太庙祭祀），这荫补是怎么回事呢？荫补就是指因祖先功勋而补官。封建社会讲究的是"封妻荫子"，自己努力拼搏，老婆孩子也能跟着沾沾光。后来韩球官升湖州德清县（今浙江德清）县尉。韩球年少时遍阅经史，追求大义，对古代贤能之士十分仰慕。韩国华对长子抱有厚望，然而天不假年，韩球三十四岁时得病身亡，竟早死于其父几个月。

韩琦的次兄韩瑄，字仲瑜，性格敦厚好学，交友十分慎重，以荫授将作监主簿（宋代土木工程建筑机构的属官），二十七岁不幸溺水身亡。

韩琦四兄韩�珫，字叔宝，赐同学究出身，后来被授予孟州（今河南孟县）司法参军（州佐吏名，掌管律令、定罪、盗贼、赃赎等事务），到任数月后，得病而亡，年仅二十七岁。

母亲胡氏的亡故，使韩琦不由得想起自己早已亡故的父兄，悲从中来，不能自已。

韩琦一家只有韩琦本人和三兄韩琚和五兄韩璩死于母亲胡氏之后，韩琚亡于宋仁宗康定元年（1040年），韩璩亡于宋仁宗庆历二年（1042年）。

操办完生母胡氏的后事之后，韩琦亲自扶灵柩回祖籍相州安葬，葬母亲胡氏于相州安阳新安村（今安阳县新安村）。从此，韩琦开始了回籍丁忧的岁月。

第八回

新安茔地伤心处　回乡丁忧泪扑簌

　　韩琦母亲胡氏病故，韩琦依照朝廷规定办理相关手续。这一手续是：韩琦守丧解官，向他所在的部门即淄州州衙递交申请，申请要经过御史台核实以后才能决定是否去职奔丧。没过多久，御史台核准韩琦的丁忧申请，韩琦在去职时将丁忧的日期、官职等具体情况备录在案，供服阙时使用，也就是韩琦被重新授职时的依据。

　　韩琦将生母胡氏安葬于相州安阳新安村（今安阳县新安村），这里还葬有韩琦的先祖和韩琦的父亲韩国华，这片坟地被后人称为新安茔。

　　新安茔位于今天河南省安阳市水冶镇西。据明代崔铣在《彰德府志》中记载："韩谏议墓，在水冶，忠献公父也，其先世俱在焉。有富郑公神道碑。"崔铣说到的韩谏议墓就是韩琦的父亲韩国华的墓地，在今天水冶珍珠泉西南一公里左右的井家庄南地，尚存有韩琦父亲韩国华的神道碑。

　　韩国华神道碑于北宋嘉祐八年（1063 年）立，该碑龙首、龟趺，通高 6 米，宽 1.6 米。由礼部尚书富弼撰文，翰林学士王珪书丹。碑文为楷书，共 34 行，满行 91 字。书体工整清秀，有较高的书法价值。

　　韩国华神道碑记录了韩琦父亲韩国华一生所担任的管职和对北宋王朝立下的丰功伟绩，尤其对韩国华出使高丽的事迹赞赏有加。

　　士孰不官，公官独难。使临东夷，跨海渺漫。指摩出师，势分敌患。王始倔强，恃远且艰。视诏抹刺，不奉以虔。公怒移书，以诃以谰。辟以祸福，日星之观。王虽岛首，闻仪惕然。发兵饭粮，革顽易悭。对卢耨萨，伏命馆门。能俾远夷，举国奔职。不惮已劳，不畏隣隙。又俾强虏，敛其毒螫。二邦由公，一举斯得。继走朔隆，议收戈戟。坐策立判，虏奸不施。不为其欺，国不挫威。两使外御，天子再怡。益之众美，大用是宜。而卒不用，谗人之为。复不永年，道卒遐裔。考同之勤，官攸致位。不都躬萃，于幼嗣曰将曰相，勋德名世，本支原流，公得何异？何以畀之天相？其类天实使然，人亦靡然，志诸窀然，其昭昭然。

韩琦一生多次来到新安茔祭拜父母，望着这被称为梅花碑的神道碑，每次祭拜父母韩琦都思绪万千。

月如初，寒星半落伤心处。伤心处，纷纷往事，漫漫长路。

昨日回首前人故，今夜难眠泪扑簌，泪扑簌，哀思难住，落泪无数！

一件件往事，历历在目。韩琦想到了克己奉公英年早逝的父亲；想到了含辛茹苦将自己养大的母亲；想到了自己与同母兄长韩璩一同进京赶考临行之时，母亲的嘱咐叮咛；想到了燕尔新婚之际母亲欣慰的笑容；想到了自己赴淄州上任途中一路之上母亲的鞍马劳顿；想到了弥留之际母亲对自己为人处事的告诫。

一等人忠臣孝子，两件事读书耕田。忠臣孝子是古人做人的最高目标，也是韩琦对自身的要求。韩琦自然按照礼制为母亲守孝。

按照古礼，丁忧三年期间不能外出做官应酬，也不能住在家里，而要在父母坟前搭个小棚子，"晓苦枕砖"，即睡草席，枕砖头块，要粗茶淡饭不喝酒，不与妻妾同房，不听丝弦音乐，不洗澡、不剃头、不更衣。这一切，韩琦都认真遵守，不敢有丝毫怠慢。

丁忧的社会基础是"孝"，为什么是孝？因为小孩初生，三年不离父母，时刻都要父母照料呵护，因此父母亡故后，儿子也应还报三年。

韩琦在丁忧期间，完全遵守守制官员的生活礼法。他在居丧期间按照要求阅读礼书。《曲礼》记载："居丧未葬，读丧礼；既葬，读祭礼；丧复常，读乐章。"在待人接物上，韩琦也按照居丧期间的要求行事，遵守礼法规定。

丁忧期满，韩琦接到朝廷起复的命令，令他赶赴京城接受任命。

第九回

天子脚下太常丞　汴梁城中集贤院

公元 1032 年，本为天圣十年，这年十一月，宋仁宗皇帝宣布改元，改天圣十年为明道元年。"明道"，明晓大道之意。但送人认为"明"是指"日月并也"，暗示宋仁宗与刘太后有如日月，同辉天下。

宋仁宗明道元年（1032 年），丁忧结束，二十五岁的韩琦接到朝廷调令，官升太子中允，后改为太常丞，直集贤院。这太常丞啊，是太常寺的属官，其职责是辅佐其长官太常少卿掌管宗庙祭祀、礼乐等事务，直集贤院就是供职集贤院，这集贤院呢，就是宋代掌管文史的机构，管理图书秘籍，校刊编撰等事务。

宋仁宗明道元年（1032 年），韩琦接到朝廷调令，要他去东京汴梁任职。这时的韩琦那是又喜又忧啊，喜的是"人往高处走，水往低处流"，东京汴梁作为大宋都城，那是天子脚下、大邦之地，卧虎藏龙，人才济济，能到京城做官是自己人生中难得的历练机遇；忧的是京城是权力中心，钩心斗角，尔虞我诈，倾轧排挤在所难免，有道是"伴君如伴虎"。但韩琦转念一想：只要自己正道直行，便可上报君恩，下安黎庶，又何必自寻烦恼？

淄州官员百姓听说韩大人要走的消息，仿佛在平静的湖水中突然投下一颗石子，荡起层层涟漪，掀起不小波澜。百姓们一传十，十传百，自发来到淄州州衙门口挥泪相送。百姓们"呼啦"跪倒一地，恳求韩大人留在淄州。

"韩大人，您是个好官，我们的青天哪！淄州的草民们舍不得您走啊！"

"韩大人，留下吧！"

韩琦见状急忙搀扶跪倒的百姓，连连拱手还礼，感动得热泪盈眶：

"非是我韩琦贪恋权位，实是圣命难违，望各位父老各自珍重，韩某就此告别。"

"大人哪，一路平安哪！"

只听得百姓哭声一片，此情此景令人动容。

在中国漫长的封建社会中，普通老百姓有一种浓重的"好官清官"情结，谁是皇帝并不重要，实行什么样的大政方针也不重要，重要的是我们需要一位勤政爱民的好官、公正廉明的清官！好官，他在施政过程中便能做到不随意侵害老百姓的利益；清官，他在司法过程中便能做到维护整个社会的公正。然而，封建社会滋生出的官场腐败竟使普通老百姓这一最低要求成为一种奢望。所以，作为好官清官的韩琦深受百姓的爱戴。

大宋都城东京汴梁在韩琦的印象中还是自己二十岁考中榜眼时的印象，喧闹、繁华。在去东京赴任前，他先将妻儿安排在相州老家（今河南安阳），只身一人来到京城。

说到这儿啊，我们有必要说一下这大宋王朝的京城。其实，大宋王朝共有四座京城，这里给您细说。

大宋王朝设有东西南北四座京城，东京汴梁，西京洛阳，南京商丘，北京大名府。东京为首都，西京洛阳距东京汴梁约三百九十里，用以扼制经军事要隘潼关自西北而来的进犯之敌。东京汴梁以东八十里以外设南京商丘，以防敌人自南部而来。话说当初，后唐大将石敬瑭想废帝自立，又恐实力不足，于是以割让燕云十六州为条件换取了辽国皇帝耶律德光出兵相助，石敬瑭称帝后尊称比自己小十多岁的辽国皇帝耶律德光为"父皇帝"，自称"儿皇帝"，恬不知耻地做了契丹族的傀儡。为扼制北方契丹人南侵，大宋王朝因此在河北南部的大名府建立了北京，北宋时的北京是河北大名府，可不是现在的北京。

东京汴梁是首都，有外城内城。外城方十三里，内城方七里，城围有城门十二座，入城处有瓮城，用来围困进犯的敌军，城墙上筑有雉堞，供发炮射箭之用。因为国都地处地势低下之平原，一马平川，无险可守，只有北部黄河绵延约二百里（今陇海铁路即沿黄河而行）可以拱卫国都，因此设置了周密的军事城防体系。

韩琦乘轿进入东京城内，先安顿在驿馆等候任命，不久他便发现这东京汴梁真乃皇家气派，雄伟壮丽；财富之厚，人才之广，声色之美皆在大宋其他地方之上。城外有护城河环绕，河宽百尺，河的两岸种有榆树、杨柳，朱门白墙掩映于树木的翠绿之间。有四条河自城中流过，大都自西向东流淌，其中最大者为汴河，从安徽河南大平原而来的粮食，全在汴河上运输。河上的水门夜间关闭。东京城内大街通衢，每隔百米设有禁军警卫。自城中流过的河道上，架有一座木雕图案的大桥。最重要的一座桥在皇宫的前面，乃精心设计，用精工雕刻的大理石筑成。皇宫位于城中央。南由玄德楼下面的一段石头和砖建成的墙垣开始，皇宫的建筑则点缀着龙凤花样的浮雕，上面是光亮闪烁的殿顶，是用各种颜色的琉璃瓦建成的。宫殿四周是大街，按照罗盘的四角命名。皇宫的西面是中书省和枢密院。在外城的南部，朱雀门之外有国子监和太庙。街上的行人熙熙攘攘，马车、牛车、轿子川流不息。

不久，朝廷的任命送达韩琦，韩琦任太常丞，掌管宗庙祭祀和礼乐，后供职集贤院，管理朝廷图书秘籍、校刊编纂的事务。任太常丞也好，直集贤院也罢，都是清水衙门，官职低微，又没啥油水，但韩琦却不挑不拣，做事情兢兢业业，任劳任怨，一切事情遵照朝廷制度进行。一年后，韩琦因为工作出色，被朝廷授予监左藏库的官职。

这左藏库是怎样的机构？监左藏库又是什么样的官职呢？

第十回

左藏库内明法纪　保管任上显身手

宋仁宗明道二年（1033年）六月，韩琦被朝廷授予监左藏库的官职。这是个什么官儿呢？左藏库又是个什么机构呢？说到这左藏库啊，还得从头说起。

北宋初年，宋太祖赵匡胤定下先南后北、先易后难的用兵方略，于是赵匡胤带领宋朝大兵兵锋南指，一路上势如破竹、锐不可当。军事上的胜利带来的是缴获物资的增多。于是宋太祖设置左藏库，规定凡各地贡赋以及战争缴获皆入此库。由于缴获物资越来越多，一时间库房物资堆积如山，只好把金银、绢帛、现钱分库存放。说白了，这左藏库就是一个皇家小金库，监左藏库就是皇家小金库的保管员。

一个堂堂宋仁宗天圣五年的进士，而且是第二名的榜眼，被安排做一名监左藏库，这就好比让一个博士生去干仓库保管员的工作，太屈才了！按照当时情形，那些高中科举、地位显赫的进士大多设法担任显贵官职。韩琦以甲科第二名的身份来做一个地位不高的管库人，大家都认为是很不恰当的。但是，韩琦却不以为然，处置自若，在这个事务繁杂、又不显露的位置上，干得勤勤恳恳，一丝不苟。

您可别小瞧这左藏库，这左藏库因为是皇家小金库，因此有一整套严格的官吏制度。左藏库设许多官职，如专知官、副知、押司官、库子、秤子、掏子、手分、书手、兵士等若干名。专知官、副知、手分、库子等，必须由人出具保证和有产抵押，不曾有过犯罪前科，这样方可入库任职。守把中门、大门的亲从官是由皇城司选派的五十岁以上的言行举止得当、无犯罪前科，而且还是有职务的名人充当。专知官虽是吏职，掌管本库出纳官物，但一直由吏部选派曾任场务的小使臣充任。

左藏库的官吏制度虽然严格，但在财务管理上却存在漏洞，任职不久的韩琦很快就发现了这一点。作为一个为皇宫保存日常用品的仓库，过去宫内所用金帛和其他物品，都由内臣请示圣旨后直接到库中去拿，却无印记等手续。还有一种现象就是地方各地呈献给朝廷的贡品到达左藏库后，必须由监秤的宦官到场方可接收入库。但这些监秤宦官玩忽职守、不负责任，地方上缴财物送来后，常常找不到监收宦官，只好将财物放在廊下或堆放在院中，任风吹雨淋，受潮受损。呈献贡品的官员因此也不得不长期滞留京城客栈，无法按时回去交差，徒增不少费用，地方官员意见很大。

这些监收宦官有点时间、有点精力就想方设法去讨皇帝和娘娘们的欢心。他们深知：伺候好皇帝和娘娘们才是第一要务！至于贡品是否受潮受损，地方官员是否滞留京城则不在考虑之列。

针对左藏库存在的种种弊端，要管就会得罪不少人，不管就有失于责任又有愧于心。韩琦思考再三，决定一定要管好分内的事！于是韩琦于明道二年十月写下《内臣支取库物乞仍用合同凭由奏》上奏皇帝："天禧中，入内内侍省置合同凭由司，凡传宣取库物，令内臣自赍合同凭由送逐处已，乃缴奏下三司出破贴，今内臣皆先以白札子传宣，而后降合同，其间或称禁中对换物色，及支外以余物还库，恐有妄为。请自今非降合同，毋得支。"

在这封上疏中，韩琦要求恢复宋真宗天禧年间（1017—1021）的旧制，请求皇帝凡宫内取物要有领取凭证，否则不与供给。

仁宗皇帝看罢韩琦上疏大喜过望，慨叹道："韩琦果然贤臣之后，颇有见地，孺子可当大任也！"当即批示：照准！

就这样，在韩琦的大胆揭发检举以及上奏皇帝提出建议的情况下，左藏库人事迎来整顿调整，罢黜了不少玩忽职守、贪赃枉法人员，提拔了一批任劳任怨、踏实勤勉之人。经过韩琦短短一年努力，左藏库面貌一新。韩琦勤于王事、认真负责的表现赢得了人们的赞誉。

鉴于韩琦出色的业绩，宋仁宗景祐元年（1034 年）九月，韩琦调任开封府推官，赐五品服，负责一府司法方面的事务。民间俗语："衙门口，朝南开，有理无钱莫进来。"面对案情复杂、案件纷繁、案牍堆积如山的局面，韩琦又是怎么做的呢?

第十一回

开封府推官办案　众官吏过韩家关

"景祐"是宋仁宗朝的第三个年号，意为祈请上天庇佑。这实在是一个非常吉祥的年号，这个吉祥的年号也给韩琦带来了好运。

宋仁宗景祐元年（1034 年）九月，韩琦调任开封府推官，赐五品服，负责一府司法方面的事务。韩琦接到调令，身着朱色五品公服，坐官轿来到开封府。

开封府是北宋东京汴梁的首府衙门，初建于五代后梁，也称南衙。历代官府中，北宋开封府规模最为宏大，被称为天下首府，地位显赫。北宋都城的司法机构主要是指开封府，长官为权知开封府事，也称开封府尹。府尹总领府事，掌管京师民政、司法、捕捉盗贼、赋役、户籍等政务。综观北宋一朝，寇准、欧阳修、蔡襄、包拯、范仲淹、宗泽等名臣先后出任开封府尹。北宋的太宗、真宗、钦宗在未当皇帝之前也曾坐镇开封府，体察民情，治理京畿。

开封府下属的司法机构有左右厅、府院、左右军巡院和各厢公事所。左右厅设判官和推官各一名，共四人。府院设司录参军一名。左军巡院和右军巡院设左右军巡使、判官各两名，各厢公事所设左右厢公事勾当官四名。

由此看来，韩琦担任开封府推官，负责一府司法方面的事务，在开封府算作地位较高的官吏。

开封府位于京城，府事繁杂，案牍如山。韩琦到任后，视察监狱和诉讼情况，他往往为了弄清一个案件，手不停辍，理事不倦。

北宋统治者为了保持自己统治的长治久安，自觉地重视法制建设，他们认为"自古帝王理天下，未有不以法制为首务。法制立，然后万事有经，而治道可必"。依据这一宗旨，北宋统治阶级频繁地进行立法活动，几乎全面制定各种条法，而且不断编纂修订，日臻完善。自宋太祖至宋真宗大中祥符九年（1016 年）前，北宋朝廷只是临时委派官员立法，并不设立正式机构，参与立法的人选和编制也还没有形成一种制度，到了宋真宗大中祥符九年，北宋朝廷开始设置立法机构"编敕所"。从此，立法时必定设置正式机构就成为定制。这一年，"编敕所"编定的"编敕、敕书、德音、目录"就达到四十三卷之多。

然而在这衙门里面处理公务，你要考虑的不仅是依法办事的问题，更要考虑同僚之间人际关系的问题。这衙门里人际关系可没那么简单，不但不简单，反而很微妙。同僚之间相互补台的时候不多，相互陷害拆台的却不少，稍不留神就会陷入同僚所设的局中。尤其在司法方面，大家都是对刑律和敕令熟悉的人，有选择地适用刑律和敕令条文为自己谋求私利成为主管司法官员的普遍现象，于是就出现了玩弄法律的现象。至于究竟是原告胜诉还是被告胜诉则不在官员考虑之列。如果一把手领导想按自己的意思办案，你却认为应该依法办案，领导就会想方设法刁难你，不给你签发公文，不让你办的案子通过。如果你迫于压力按照领导的意思办案，他却一点也不承情，我没要求你按我的意思办案啊，那是你自己独自办理的，所以出了问题自己承担责任。

韩琦对案件采取一丝不苟的态度，很少考虑同僚之间的私人关系，不管新案旧案都要一一审核，尤其对过去那些刑名不当、存疑未清的案件，他都要逐一分析梳理，绝不含糊其词，给人留下把柄。对下面呈递上来的各种刑狱公文，他都要认真勘审推究，直到没有疑问和错误之处才予以批转。由于韩琦把关严格，因此，当时各种公文如果能够通过韩琦批复，开封府的官吏就会额手称庆、引以为幸，互相道贺，称为"过韩家关矣"。韩琦独自审理案件，勤于吏事，甚于常人，经常是就座开封府忙于公事，而不感到疲倦，于是深受时任开封府尹老臣王博文的器重。由此可见，王博文营造的风清气正的开封府办案环境也是韩琦敢于执法如山的原因之一。

"此人志存高远，异于他人，前途不可限量，治理百姓之事如此，真宰相气度也！"王博文这样赞赏韩琦。

一日，有百姓在开封府击鼓鸣冤，韩琦将上告之人传入开封府中，看过状纸方知案情。原来，陈留（今河南开封东南，隶属开封府管辖）官吏对当地皇家田猎禁地进行巡逻，遇到百姓在禁地放牧或者耕作均予以处罚。陈留附近百姓对这种处罚甚为不满。韩琦沉思良久，认为案情重大，这是典型的皇家与民争利的案子，要想从根本上处理好，就必须上奏朝廷。于是，他提起笔来，书写奏折，一挥而就。

臣韩琦言："伏蒙圣恩授臣开封府推官，窃以为邦以民为本，民以食为天。今陈留等七县月遣人一诣禁地，巡捉飞放，民颇为扰。陛下畋游之事，废之已久，蒐狝之地，共之斯众。岂容奸吏未革侵牟？愿申严禁止之。臣无任。"

在这封奏疏当中，韩琦要求对这些废之已久的蒐狝之地，向周边百姓进行开放，并废除过去官府派遣官吏巡逻驱逐这一旧制。韩琦的这一建议最后也得到了朝廷的批准。

依据惯例，开封府每年都要承担北宋朝廷军马草料六百万石，这一标准多年来雷打不动，没有更改过。韩琦了解到具体情况后，提出自己的想法：开封府所属各县时不时会遇到灾荒歉收，怎么能一概按照上面要求的数目上缴草料呢？于是，他又上奏朝廷，痛陈这一旧制之弊，结果开封府所属九县最终得以减免草料二百余万石，受益百姓无不感激涕零，盛赞韩琦韩大人的恩德。时年二十八岁的开封府推官韩琦爱民如子、执法如山的名声开始不胫而走。

宋仁宗景祐三年（1035年）十二月，韩琦迁度支判官，授太常博士。韩琦担任度支判官之后，又发生了那些事情呢？

第十二回

东京城度支判官　统月俸内外无别

宋仁宗景祐二年（1035 年）十二月，韩琦迁度支判官，授太常博士。度支判官是个什么官呢？这要从北宋的财政管理制度说起。

三司是北宋初年朝廷中央集中财权的主要机构，这一机构的长官是三司使和副使，他们握有朝廷强大的财权。三司使的职权为"掌邦国财用之大计，总盐铁、度支、户部之事，以经天下财赋而均其出入焉"。也就是说，三司下设盐铁、度支和户部三个部门，其中，盐铁部的职权为"掌天下山泽之货，关市、河渠、军器之事，以资邦国之用"；度支部的职权为"掌天下财赋之数，每岁均其有无，制其出入，以计邦国之用"；户部的职权为"掌天下户口、税赋之籍，榷酒、工作、衣储之事，以供邦国之用"。更通俗地概括来说，盐铁部和户部主要是负责收敛财赋，盐铁部偏重于负责征商和禁榷收入，户部偏重于负责田赋和榷酒收入；度支部则主要是负责财政支出。度支判官，就是负责财政支出的度支部帮助长官处理政务的一名官吏。

太常博士是太常寺的属官，是帮助长官太常少卿掌管宗庙祭祀、礼乐诸项事务的官员。说到这儿啊，您就明白了，度支判官是韩琦的实差，太常博士是虚衔。韩琦在度支判官的任上只干了一年，时间虽短，却干了一件让同僚人人称赞的大事，这件大事就是在丁忧官员月俸的发放上统一了标准。

原来，北宋朝廷规定，官员如遇父母亡故必须回乡丁忧，也就是要辞去工作为已故父母守孝三年。对于丁忧官员，月俸，也就是月工资，则要按百分比减少，但是标准却不统一。文武官员在京丁忧至丁忧期满，月俸发放按原有工资的百分之六十计算，而官员在外地丁忧，月俸只发放原有工资的百分之四十。这一规定使在外地丁忧的文武官员牢骚满腹，他们认为朝廷是在搞地域歧视。不过，如果细想一下，原制度也有合理的成分。想必当初这一制度的设计者考虑的是物价因素，东京汴梁作为北宋首都，由于商品经济发达，消费要比其他地区要高，在京丁忧文武官员多发月俸也符合实际情况。然而，作为负责财政支出的度支判官，韩琦却认为，文武官员均是丁忧，岂能有内外之别？作为国家法令应当标准统一。于是，他上奏朝廷，请求统一丁忧官员的月俸发放标准，最终被朝廷采纳。自此之后，丁忧文武官员无论在京城还是在地方，均按统一数额发放月俸，这作为定制沿袭下来。众文武官员人人称赞韩琦从大处着眼为官员考虑，在外地丁忧的官员更是对韩琦赞不绝口。

宋仁宗景祐三年（1036 年），韩琦因为家贫请求到外地做官，得到朝廷恩准，朝廷批准他到舒州（今安徽潜山）做知州。在即将赴任之时，韩琦又接到命令，他被升职为右司谏，从此他成为一名向皇帝进谏、议论时政得失的谏官。正是在他做谏官这段时间，他做出了惊天动地的大事，书写了他人生中浓墨重彩的一笔。韩琦究竟做出了什么惊天动地的大事呢？

第十三回
右司谏委婉劝谏　作乐论回奏官家

宋仁宗景祐三年（1036 年），韩琦接到命令，担任右司谏，从此他正式成为一名谏官，其职责是向皇帝进谏，议论时政得失。

想当初，宋太祖和太宗时期忙于征战，无暇顾及监察制度的建立和整顿。为了保证北宋朝廷行政机构统一执行法律和法规，维护政府机构高效廉洁运转，以及行政法制权威，北宋朝廷从宋真宗开始，着手正式建立和整顿朝廷监察机构御史台和谏院。

御史台是宋朝最高监察机构之一。北宋初年沿袭唐朝五代体制设立御史台，以御史大夫为长官，御史中丞为副长官，下设台院、殿院和察院三院，台院设侍御史，殿院设殿中侍御史，察院设监察御史，这一机构有宋一代始终未变。

谏院是宋朝的另一个最高监察机构。北宋初年，谏院尚未成为独立的机构。经常是以门下省和中书省两省的两名官员判谏院事，下设谏议大夫、补阙、拾遗等职。左谏议大夫和左补阙、左拾遗属门下省，右谏议大夫和右补阙、右拾遗属中书省。宋太宗雍熙五年（988 年）为改变补阙和拾遗"但务因循，止思慎默，忠言谠议，寂寥无闻"的状况，使谏官"修其职业"，决定将左右补阙改成左右司谏，左右拾遗改为左右正言，但司谏和正言仍兼领他职，不专谏诤。宋真宗天禧元年二月在门下省正式设置谏院，在门下省和中书省设置谏官六名，不在兼领其他职务，三年内，不准改任其他职务，保证谏官工作的专业性。韩琦担任的谏官就是专职谏官。

韩琦四岁丧父，自幼而孤，素有大志，端重寡言。端重寡言的人能做好谏官吗？事实证明韩琦不但能谏，而且善谏。

韩琦刚刚担任谏官，就遇到同议雅乐钟律之事，皇上命他与丁度、胥偃、高若讷、同祥等人一起，议定由阮逸、胡瑗、邓保信等人所造的钟律。

中国是一个特别重视礼乐的国家，礼乐是封建国家礼制中一项十分重要的内容，在重大国事活动中所演奏的雅乐代表着朝廷的形象，因此，历来受到各朝各代统治者的重视。《礼记·乐记》中说："乐者，天地之和也。夫乐者，先王之所以饰喜也。"《吕氏春秋·慎行论》中有以乐传教的说法。音乐，特别是礼乐，不仅是古代人们娱乐的方式，更是统治者用以教化百姓的重要方式。

韩琦遵照命令，对阮逸、胡瑗、邓保信等人所造钟律详加考察后，发表了一篇乐论，引发朝野关注。

韩琦说："乐音之起，生于人心，是以喜怒哀乐之情感于物，则噍杀啴缓之声随而应之，非器之然也。故孔子曰：'乐云乐云，钟鼓云乎哉'者，其旨斯在。孟子之对齐宣王，亦有'今乐犹古乐'之说，言能与百姓同乐，则古今一也。唐太宗听祖孝孙新乐，乃谓'礼乐之作，盖圣人缘物设教，治之隆替，亦不由此'。魏玄成对以'乐在人和，不由音调'，此皆圣贤述乐之大方也。臣粗考前志，参验今古，二家之说，差舛未安。盖逸、瑗之围方分，保信之用长黍，质之典据，皆所无闻。伏自艺祖造邦，二宗接统，缛礼具举，熙事咸备。通用王朴之乐，悉无更易，以至黎庶乂安，兵革销戢，天下无事，垂八十载。为乐之用，非不和也。顷因燕肃献规，妄加磨鑢，适会李照赴阙，谓非克谐。陛下发天纵之能，留日昃之听，精加练核，许之改作。逮于成功，即荐郊庙。暨逸、瑗继至，盛言照乐穿凿，再令造律，则又围径未合。保信续上新法，亦乃长广乘古。窃以祖宗旧乐，遵用斯久，属者徇一士之偏议，变数朝之定律，赐金增秩，优赏其劳，曾未周期，又将易制。臣切计之，不若穷作乐之源，为致治之本，使政令平简，民物熙洽，海内击壤鼓腹，以歌太平。斯乃上世之乐，可得以器象求乎？即述其源，又当究今日所急，以佑隆业。国家方夏宁一，朝廷宴清，西北边陲，久弛边备。寇敌之性，岂能常保？弱则卑顺，强则骄逆，渝盟背约，何代而无？必思密备不虞，未可全推大信，此陛下之与左右弼臣宵旰所虑，宜光及之。缓兹求乐之诚，移访安边之议。急其所急，在理为长。臣欲乞诏下攸司，尽记二家律法，及其造管、尺、钟、磬、权、量，存而未行，再命天下有精晓音律者，俾之祥正，然后施用。候一二年间，讫无至者，则将王朴、逸、瑗、保信三法，别诏稽古近臣，取其中多合典志者，以备雅奏，固亦未晚。今之定夺，权且停罢。"

　　韩琦这篇乐论，真可谓是他能谏善谏的典型体现，也不失为一篇劝谏的美文。在这篇乐论中他提出音乐的起源源自人的内心，是人们的喜怒哀乐的情感施加于外物的结果，而并非仅来源乐器，进而以孔子和孟子的事例来说明君王应当以与百姓同乐为目标，委婉地提出阮逸、胡瑗、邓保信这几位乐师所制作的乐律，乘鹄古怪，不符合历代典章制度以及礼乐传统。于是很自然地提出罢黜新作恢复古律，裁减冗员，把更多的精力、财力放在富国强兵，强固边防上。此篇谏疏可谓讽谏委婉，水到渠成，论述自然，毫无雕琢之感。宋仁宗当即下诏"照准"。

　　韩琦初任右司谏便能采用委婉劝谏的方法改变皇帝的决策，令文武百官刮目相看。在谏官的职位上，韩琦还做过哪些事情呢？

第十四回

进谏朝廷去祁禳　上奏仁宗除内降

宋仁宗景祐年间（1034—1038），灾异频见，地震、旱灾频发，搞得人心惶惶，上下不安。信奉道教的宋仁宗竟然下令在东京汴梁皇宫中的大庆殿内开设道场，斋醮禳灾，又分派使者到全国各地名山福地向神仙祈祷。韩琦反对这种盛行迷信、劳民伤财的行为，认为此举非但无益反而有损朝廷威严，有损国家法度。

于是劝谏仁宗皇帝：

启奏陛下，前世祁禳之法，必彻乐减膳，修德理刑，下诏求言。侧身避殿，始可转祸为福，愿陛下法而行之。或宫中有宴饮之事，亦想稍加节减。不独仰奉天戒，实可上安圣躬。且大庆殿者，国之路寝，朝之法宫。陛下非行大礼，被法服，未尝临御；臣下非大庆会，则不能一至于庭。岂僧道凡庸之人，继日累月，喧杂于上，非所谓正法度而尊威神也。昔唐高宗立皇太子，将会命妇于宣政殿，博士袁利谏曰"前殿正寝，非命妇宴会之地。望请命妇会于别殿，自可备恩私"。帝纳之。即令移于麟德殿，臣亦望今后凡有道场设醮之类，并于别所安置。

韩琦这番言语，可谓有理有据，他希望宋仁宗效法前代帝王，从自身做起。为政无逸，修养道德，清理刑狱，广求治国益言，才能减免灾祸。这潜台词呢，就是说靠设道场斋醮祈祷是没有用的，即使要设道场，也不应该设在大庆殿，大庆殿是国家的重要政治活动场所。本应是一个庄严肃穆的地方，如果没有什么特殊的国家大事，皇上及大臣一般是不能到这个地方的。如今这样一个朝堂重地，竟让一些僧道庸俗之人，继日累月地喧杂其上，有损朝廷威严和法度，对神灵也大为不敬。唐高宗立皇太子的时候都能做到让皇妃们在偏殿集会，因此，希望皇上把要举行的道场移置别所。

仁宗接受了韩琦的劝谏。

从此，朝廷设置道场之事逐渐减少，即使有，也在偏殿举行。影响逐渐减小，朝廷风气为之一变。

我们再说一件韩琦关于官员选拔，上奏皇帝提出建议的事情。

北宋统治者通过多种途径来选拔文武官员，其中主要有科举考试、学校考选、恩荫、流外、进纳、军功等。

在唐、五代的基础上，宋代的科举制度完全确立，而且日趋完善和严密。科举向士大夫广泛开放，不重门第，只要文章和诗赋合格，就可录取。

北宋初年，朝廷只设国子监。从仁宗起增设四门学和太学。学校考选是指太学考核学生成绩和学生升学以及学成授官的制度，称为"太学三舍考选法"。科举考试和学校考选是朝廷委任文武官员的主要途径。

恩荫是朝廷根据官员职阶高低而授给其子弟或亲属、门客以官衔或差遣的制度。

流外是怎么回事呢？宋代"流外人"是指在中央各个机构和各路、府州任职的吏胥。吏胥可以经几种途径出职补官，有年劳补官、官员奏补等。这种委任官员的现象称为"流外"。

富民向官府纳粟和现钱得官，称为"进纳"。分为两种情况：一种是纳粟赈粜和援助边区；另一种是单纯向国家纳粟或钱，获得文武臣的官阶，俗称"买官"。

军功是指军士在战场上亲冒矢石，或者获得敌人首级，或者受重伤，以及杀退敌人解围、运粮守城、进筑关口守卫之类的功勋而得官。

以上选官途径均是北宋的选官制度，合理合法。然而，宋朝自庄献明肃太后垂帘听政开始，形成了一种"内降"的不好风气。这庄献明肃太后是北宋第三个皇帝宋真宗赵恒的皇后，公元 1022 年二月二十日，宋真宗赵恒驾崩，留下遗诏"尊皇后为皇太后，权处分军国事"。这位赵恒在死后还要倚重的女人就是皇后刘氏。刘氏在民间话本小说中被描述为心肠如蛇蝎的毒妇，也是后世流传的"狸猫换太子"的主谋。刘氏原本是银匠龚美的妻子，《宋史纪事本末》中称她"善播鼗（táo）"。鼗是一种鼓。所以有演义小说把她描写成"花鼓女"的形象。她的前夫龚美后来改姓为刘，与刘氏以兄妹相称，刘氏成为皇太后垂帘听政之后，龚美也进入朝堂，手握重权。

刘氏虽然是皇后却一直无后，刘氏的侍女李氏偏巧在被真宗赵恒临幸后诞下日后的仁宗赵祯。

《宋史·后妃传》有关于侍女李氏的记载：

初入宫，为章献太后（刘妃）侍儿，庄重寡言，真宗以为司寝。

司寝就是侍候帝王、后妃就寝的宫女。据宋人笔记《宋人轶事汇编》，有一天宋真宗过刘妃处，欲盥手，二十二岁的宫女李氏"捧洗而前"真宗皇帝看见李氏双手"肤色玉耀"，心生怜爱，便对她嘘寒问暖。李氏乘此机会对真宗说道："昨夕忽梦一羽衣之士跣足从空下云：'来为汝子。'"真宗皇帝当时无子嗣，闻听此言后大喜，说道："当为汝成之。"当晚，便召幸李氏，果然有娠。赵祯出生后，李氏晋升为"崇阳县君"。县君是宋代御侍宫女的封号。天圣十年（1032 年）二月，李氏进位为宸妃，于当日病逝，得年四十六岁。

赵祯出生后就被刘氏携走抱养，所以赵祯认为刘氏就是他的生母，一直到刘氏死去后，才有人敢将真相告诉他。刘氏很有政治才能，在垂帘听政的十一年中将政事处理得井井有条。"后称制十一年，虽政出宫闱而号令严明，恩威加天下，左右近习少所假借，宫掖间未尝妄改作，内外赏予有节。"（《宋史·明肃庄懿之事》）

然而，政出宫闱也带来了一种"内降"的不好风气。所谓内降，是指一些人走后宫的门子，取悦、贿赂太后、皇后以及皇上宠幸的嫔妃，通过她们蛊惑皇上，为自己或家人谋取升官发财的好处。结果导致朝廷上出现赏罚颠倒、本末倒置的歪风，如此一来，天下正直有才之士深感不平。

生性耿直的韩琦对这一种外臣僚干求内降扰政之风十分厌恶，作为谏官，他毫不犹豫地上奏宋仁宗："祖宗以来，躬决万条，凡于赏罚任使，必于两地大臣于外朝公议。或有内中批旨，皆是出于宸衷。只自庄献明肃太后垂帘之日，遂有奔竞之辈，货赂公行，假托皇亲，因缘女谒，或于内中下表，或只口为奏求。是致侥幸日滋，赏罚倒置，法律不能惩有罪，爵禄无以劝立功。唐之斜封，今日内降，蠹坏纲纪，为害至深。

陛下盛德日新，惟此久弊未除，愿降招谕戒饬，及出干请者姓名，付有司治之。又闻文臣中近有进状，乞充三司副使，及武臣内示甚有进状乞加遥郡或横行使额之人。缘此任使，并是国家要近之职，必须稽合公议，选于圣衷，固非臣僚自可陈乞。此后辄上章妄求选任者，乞重置于法。"

韩琦希望朝廷明确降诏进行申谕，严禁投机钻营。他认为，对于那些走太后门路要官要权者要张榜公布。交给有关部门进行追究。他还建议，以后对于那些关系到国家大政的重要官职，必须征求大部分朝臣的意见，由皇帝亲自挑选合适的人选，对于那些不尊谕戒仍妄求选任者，应当依法从重处罚。

韩琦这封涉及国家选官选贤制度的奏疏得到了宋仁宗的认可，皇帝很快下诏，禁止"内降"，并且在诏书中又加了一条，即对那些知法犯法者，朝廷还要御史台及时予以纠劾。这一办法的实施，对于遏制当时官场上投机钻营、跑官卖官的腐败风气起到了十分重要的作用。

韩琦作为一名具有弹劾职权的谏官，具有一种锲而不舍、不达目的誓不罢休的精神。在他做谏官的政治生涯中，韩琦干得最为漂亮的一件事就是对当时的四名宰相进行连续弹劾，并最终使他们在同一天被罢相。这又是怎么回事儿呢？

第十五回

连上奏疏庸臣过　片纸落去四宰执

宋仁宗景祐年间（1034—1038），王随与陈尧佐为同中书门下平章事（宰相），韩亿与石中立为参知政事（副宰相）。这四人参赞机要，位高权重，是皇帝身边最重要的辅佐大臣。然而，他们四人却德才低下，口碑不佳，位居中枢而玩忽职守，毫无政绩。

宰相王随目光短浅，老而无能，延纳僧道，装神弄鬼并经常称病不朝，倚老卖老，实属尸位素餐。宰相陈尧佐以权谋私，陈尧佐之子任职左藏库，未经三司保奏便私自升他为官。副宰相韩亿，视朝廷要职如自家之物，随意更换。他擅自将朝廷原授予其子韩综的判官一职，以不以资为叙为由，让给其另一个儿子韩纲。副宰相石中立本以文章见长，然而任职之后不勤政事，整日热衷于舞文弄墨。北宋朝廷的众官员，在这四人恶劣行径的带动下，溜须拍马，阿谀奉承之风和奢靡浮华之风盛行。

王随等四人的劣迹和低下政绩令朝野上下议论纷纷，十分不满。连普通百姓也对他们怨声载道，认定他们是祸害朝廷的四虎。这时地方上发生严重旱灾，土地干裂，河湖干涸，庄稼旱死，颗粒无收。人畜饮水成为难题。大批灾民流离失所，饿殍遍野，甚而易子相食。

古代人迷信，北宋的人们也不例外。在当时人看来，这种不正常的现象是最高统治者治国失策而惹恼上苍，故而上天降下灾祸予以警告和惩罚。仁宗皇帝引咎自省，力戒铺张，严令各级官员各修其职，减轻百姓负担，大赦天下。然而作为百官之首的王随等四人救灾不利，对民间疾苦漠然处之，无动于衷，依然花天酒地，歌舞升平。王随仍旧延僧请道，祈福降灾。

身为谏官的韩琦决心打虎，准备弹劾王随等四人，于是他不畏权贵，挺身而出。在长达一年的时间里，他上疏多达十几次，认为皇帝选择的王随等辅弼之人不称其职，他先后向皇帝推荐了杜衍、范仲淹、孔道辅、宋祁、胥偃等忠正之臣和王曾、吕夷简、蔡齐、宋绶等众望所归之臣。因韩琦所奏之事涉及中枢重臣，国之根基所在，仁宗皇帝一直下不了决心，韩琦奏折均未被采纳。

屡次劝谏不成的韩琦并没有气馁，为参倒王随等四人，他做了精心准备，把王随、陈尧佐、韩亿和石中立的种种劣迹写成《丞弼之任未得其人奏》呈献仁宗皇帝，仁宗皇帝打开奏折，只见奏疏上写道：

臣伏闻有虞至聪也，成汤至明也，其命相则犹咨于岳，选于众，不敢以独鉴自决于上，必佥而举之，始正其位，故得百工信其治，而不仁者远于朝。未有众以为非才，上独谓可任，付以大柄，信其操执，而望万化可成，而众功尽美者也。臣职在谏净，志无回隐。自去秋迄今，累上封奏，指言陛下丞弼之任未得其人。盖以宰臣王随登庸以来，众望不协，差除任性，偏躁伤体。庙堂之上，不闻长才远略，仰盖盛化，徒有延纳僧道，信奉巫祝之癖，贻消中外。而自宿疹之作，几涉周星，安卧私家，备札求退。方天地有大灾变，陛下责躬访道之际，不思抗章引避，而不朝君父，扶疾于中书视事，引擢亲旧，怡然自居。暨物议沸腾，则简其拜礼，勉强入见。面求假告，都无省愧之心，固宠慢上，寡识不恭之咎。自古无有，今闻所患。再加不能复诣中书养疾，陛下优遇之礼既已备矣，彼人贪禄窃位之亦计已穷矣。其次则陈尧佐男述古，监左藏库，官不成资，未经三司保奏，而引界满酬奖之条，擢任三门白波发运使。况程琳任三司使日，曾定夺监藏库，吴守则虽界满出剩，而帐历凭由不能依限结绝，尚犹不应酬将条敕，保明之官，已重置其罪。以此教之，则述古之授，是为欺罔圣明。参知政事韩亿，初乞男综为群牧判官，以降成命，却令男综不以资叙回让史纲。将朝廷要职，从便退换，如己家之物，紊乱纲纪，举朝非笑。此二事，陛下若忽视而小之，因循不问，彼则曰：我营私若是，而上不之责也；言事者疏我之罪，而上不之听矣，则必愈任威福，公然为不善，更无畏忌矣。又石中立本以艺文，进居近署，兼领常局事，尚不能少有建明，但滑稽谈笑之誉，为人所称。处于翰墨之司，固当其职，若参决大政，则诚非所长。又况仍岁以来，灾异间作，众星流陨，躔次不顺，河东地震，压覆至多，虽历代所书谴告之事，未有如斯之大也。而又冬无积雪，春首霆震，寒燠之序，示甚均协。考天戒之自，则燮理之任，正当其责。而在上独使陛下引咎敷诏，询求言，继日临朝，孜孜正道，在外则降敕天下，偏责刺举牧长之吏，各修其职。于政府之臣，则以为过不在己，泰然自处于皋、夔、稷、契之右。臣僚欲广陛下之德，乞颁前诏于天下，而罢立其限，则皆抑而不从，盖臣事专而君道弱之明应也。

陛下用辅臣如此，不惟使四方观望，浸成驰慢之风，必恐外夷闻之，亦有轻视中国之意。如望天责可消，而福应自来，则又不可得也。陛下傥以为退免大臣，其事至重，非下臣所宜轻议，孰若以祖宗八十年太平之业，坐付庸臣，恣其坏乎？今下至闾里之人，犹能扬言而非之，投书而谤之，又况陛下置臣于言责之地，可知而不言哉？臣是以不避斧锧，屡有论奏，乞从罢黜，以慰具瞻之望，于己非私也，于柄臣非有嫌隙也，所切者以陛下有尧舜之资，而为在位壅蔽，一思开发睿明，以济亨运，非他意也。然虑陛下在以臣过有诋讦，疑在离间，是故久而不行。伏望出臣之疏，明示中书，委御史台于朝堂集百官会议，正其是非。如以为臣言不谬，则乞陛下公而行之，若以为辅弼等前件行事于朝政无损，国家无害，只是臣发于狂妄，则诛戮贬窜之罪，臣无所逃。矢引遇陛下勤政答天，申明赏罚之秋，特望判其邪正，以塞群议，幸甚幸甚！

仁宗皇帝看毕，合上奏折，不由得思潮翻滚，感慨万千，当下心中只有一念：韩琦真忠臣也！

综观韩琦这篇《丞弼之任未得其人奏》，说的是有理有据，情真意切；论的是鞭辟入里，入木三分；讲的是朝纲秩序，公忠体国；道的是判其邪正，谏臣本色！此篇奏疏开篇，便以仁宗比于虞舜至聪，成汤至明，劝谏仁宗皇帝效法二人，要做那至聪至明之帝，选才于众方可付以大柄。想那虞舜，受禅于唐尧，一生勤政爱民，流芳千古。再说那成汤，选伊尹于民间，以烹饪之师被选为宰相之尊，辅佐成汤开殷商基业六百载。这番言论自然把仁宗皇帝说得心中乐开了花，在韩琦眼中，我是有道明君啊！朕当励精图治，发奋有为！

接着韩琦笔锋一转，具体指出宰相王随众望不协，差除任性，延纳僧道，褊躁伤体；宰相陈尧佐因私弄取，欺罔圣明；副宰相韩亿素乱纲纪，举朝非笑；副宰相石中立滑稽谈笑，为人所称，参决大政，诚非所长。情况很突出，问题很严重啊，陛下！如果仍旧是营私若是而皇上不责罚，则必然愈任威福，更无畏忌。仁宗皇帝读到这儿，惊出一身冷汗！

进而韩琦又指出，天灾频发，连陛下您都引咎敷诏，继日临朝，孜孜正道，而以宰相王随为首的宰辅四人却依旧认为过不在己，泰然自处。陛下用这样的人担任辅政大臣，从朝廷内部来看，形成了驰慢之风，从朝廷外部来看，外邦亦有轻视中国之意啊！这样的君臣对比，朝廷内外对比，不由得仁宗皇帝不动摇！

最后，韩琦明确地郑重指出，谏官的职责是知而必言，不避斧锧。如果陛下认为我是在挑拨君臣关系，那就把我的奏疏明发中书省，让御史台在朝堂召集百官会议来明辨是非，希望陛下能够判其邪正，以塞群议。话都说到这份儿上了，您说，这位仁宗皇帝还能不答应韩琦的要求吗？

仁宗皇帝当即批示：准奏！

宋仁宗景祐三年（1036 年），年仅二十九岁的右司谏韩琦以其大无畏的政治勇气和卓越的远见卓识，以宰相王随、陈尧佐、副宰相韩亿、石中立，位在中书而罕所建功的缘故，连续上疏述其过，终于使四位宰相在同一天被罢免。一时间，朝野震动，韩琦从此名扬天下！

第十六回

韩司谏心细如发　高继嵩清白还边

韩琦为国家社稷，连续上疏十余次，弹劾同中书门下平章事王随、陈尧佐，参知政事韩亿、石中立位居中枢而罕所建功，时间长达一年，终于使仁宗皇帝痛下决心，在一日之内罢免四相，派遣传旨官到中书省传旨。罢宰臣王随判河阳，陈尧佐判郑州，参知政事韩亿本官归班，石中立为资政殿学士。

无人知道他们四人领旨时究竟是何种心情。

韩琦一心为国，不计私利，敢说敢为的精神和举动，使德高望重的"天下正人"王曾（诉公）大为感慨："如今些许谏官畏避权贵，言不痛不痒之语，对于弘扬当今圣上之圣德毫无作用。如韩公之奏疏，可谓切中时弊。"王曾是个不轻易夸奖别人的人，他对年仅二十九岁的韩琦说出这番赞话，实在是发自肺腑，而绝非溢美之词，而韩琦听了王诉公的话后更加自信，自此之后更是勤于国事，尽职尽责。韩琦因扳倒宰辅四人而一鸣惊人，成为深孚众望的朝廷干臣。

韩琦不畏高官，也不畏皇亲国戚。只要是谏官管辖范围内的事，他都无所畏惧，毫不退缩，直言进谏。

庄惠皇后有一个弟弟名叫杨景宗，此人本无任何功绩，只是由于他是皇亲国戚的缘故而被授予成州防御使的官职，这个纨绔子弟仗着自己是皇亲而不知天高地厚，目无礼教国法。

一次，杨景宗回京探亲，不知礼仪的他竟然在皇宫内的皇仪殿狂吃豪饮并大发酒疯，闹得整个皇宫不得安宁。韩琦得知此事后立即上奏弹劾杨景宗不知自爱自尊，肆意犯法，豪暴无改。韩琦指出，杨景宗在皇宫这样的场所尚敢酗酒撒泼，不知畏避，在地方上就更没有人敢对这个皇亲给予约束，他岂不是会更加无法无天？为此，韩琦强烈要求把杨景宗交付有关部门进行审查，确定其罪，以维护国法和皇家的尊严，也给犯法者一个警告。宋仁宗因为太后缘故，不想重贬杨景宗，故拉不下脸面，但最后在韩琦的坚持下，还是把他下放到兖州（今山东兖州）做了个兵马总管。

都官员外郎魏庄，是原宰相王随推荐提拔的官员。仗着自己有王随这个大靠山，魏庄野心勃勃。为了积攒政绩，以便日后能够得到提拔，魏庄前往陕西办理籴买粮草的公差。办差前，朝廷已经赐给他三品官服，他也算是朝廷的三品大员了，然而人心不足蛇吞象，魏庄对此并不满足。他从陕西办完公差回来后，自己提出来要做中央部门的官员。韩琦认为，魏庄此人人品低下，相貌猥琐，官位本已不低，竟然还恬不知耻地向朝廷伸手要官，此种歪风邪气决不可长。为此，韩琦请求朝廷对其进行处分。在韩琦的坚持下，魏庄被降为扬州（今江苏扬州）通判。

韩琦不仅敢于直言进谏，而且心细如发，思虑缜密。在京城做谏官的数年历练使得他逐渐成熟，为高继嵩平反一事便是一例。

宋仁宗宝元元年（1038 年）八月，韩琦以太常少卿、昭文馆直学士身份担任"北朝正旦国信使"一职。正旦国信使是宋辽结盟之后双方互派使节进行友好访问的一种制度，通过一介之使，彰显二君之心，进而达成对等交往、和平共处之协议，尤其宋朝突出强调贺正旦（春节）之意，以淡化大宋朝的澶渊之盟后的屈辱心理。因辽国在北面，北宋派往辽国的使臣被称为"北朝正旦国信使"。只是有一件事韩琦颇感疑惑，朝廷派给他的副手是原陕西环州（今甘肃环县）知州高继嵩。这高继嵩是镇边名将，久事边陲，以勇猛著称，此等边关武将为何来做使臣？如今宋夏交恶，正是朝廷用人之际，高继嵩本应镇守边关，朝廷为何用其短遣其来做韩某副职？其中必有蹊跷，带着这些疑问韩琦进行了深入调查，彻底弄清了事情的原委。

原来，高继嵩知环州时，有一天一名士兵捡到一支雕翎箭，上有匿名书信一封，信上说高继嵩将要叛宋归夏。一时间一传十，十传百，流言蜚语不胫而走。这一负面舆论，使得高继嵩如坐针毡，左右为难。为了表示自己的清白，高继嵩只得上奏朝廷，主动提出回京任职。朝廷答应了他的请求，并让其为副使跟随韩琦出使契丹。

韩琦虽是文臣出身，但自幼博览群书，熟读兵书战策，深识"间者，使敌自相疑忌也"的道理。中国古代不少军事战例说明了这一道理。

春秋时期齐国将领田单镇守即墨，想除掉燕国大将乐毅，于是他采用了挑拨离间的手段，散布谣言说乐毅没有攻下即墨，是想在齐地称王，现在齐国人还未服从他，所以他暂缓攻打即墨，齐国怕燕国调换乐毅。燕王果然中计，以骑劫代替乐毅，乐毅只好逃往赵国。齐人大喜，田单以火牛阵大破燕军。战国时期秦国攻打赵国，赵国老将廉颇防守不战，遏制了秦国进军的势头。为了搬开廉颇这块绊脚石，秦国派遣间谍秘密潜入赵国都城邯郸散布谣言，说秦军不怕老迈无能的廉颇，只惧怕马服君赵奢之子赵括。赵王果然中计，以年轻将领赵括代替廉颇为赵军统帅，结果秦赵长平之战赵国战败，赵军被坑杀四十多万士兵，赵括也死于乱军之中。

韩琦对高继嵩的事情进行了认真的思考和缜密的分析，他判断这完全是一出反间计。他认为这件事的出现有两种可能，一是高继嵩为边关名将，早已遭到敌人嫉恨，故西夏人设此反间计，意在将高继嵩驱逐；第二种可能是高继嵩平时治兵严格，纪律严明，使一些士兵心怀不满，于是设计陷害。

韩琦立即写下《乞急遣高继嵩还边奏》上奏朝廷，他在奏疏中指出，如果西夏与高继嵩勾结叛宋，那么此事就一定是在秘密的状态下进行的，绝不敢泄露于光天化日之下，又怎会留下带信之箭让人发觉呢？据此，韩琦认为此事肯定是西夏的一个阴谋，因而，韩琦请求朝廷马上让高继嵩回到环州任上为国戍边，从而使敌人的阴谋破产。同时要尽快查出写匿名信的人给予严惩，给西夏人或内部奸细以有力回击，使高继嵩心怀感激，从而能更用心的为大宋朝廷出力。接到韩琦的奏疏后，宋仁宗很快下诏，按韩琦所奏让高继嵩回到了环州任上。

韩琦不仅是一名优秀的谏官，也是一名简朴节约，反对奢侈浪费的仁人君子，还是一名出色的档案管理者，这又是怎么回事呢？

韩琦传

第十七回
罢省浮费倡节俭　直言善谏显本色

　　韩琦一生简朴节约，反对奢侈浪费，这在高消费的北宋王朝显得尤其难能可贵。

　　冗官、冗兵和冗费是北宋王朝的一个绝症。冗官耗于上，冗兵耗于下，再加上各种费用，导致财政枯竭，国力衰微。早在太宗时，三冗问题就已经出现，到真宗、仁宗、英宗时，三冗问题更加突出，批评意见越来越多，但三冗问题却始终无法解决。

　　造成北宋冗兵局面的原因有很多，想当初，北宋未循汉唐故事，选取有天险可依之地作为都城，据险以安天下。而是选取了一个一马平川的四战之地——开封作为都城，之所以选择开封，是由于我国自唐朝以后经济重心逐步南移，京师有赖东南漕运，而开封最便于接受东南诸路漕运。但由于开封四通八达，无险可依，唯有靠重兵守卫，加之幽云十六州尚未收复，北方藩篱尽撤，契丹强敌虎视眈眈，这些都决定了北宋是一个靠重兵立国的王朝。

　　另外，北宋王朝比较全面地实行募兵制度，并且赋予这项制度一个新的功能，那就是用募兵来缓和阶级矛盾，因此北宋初统治者对募兵制度十分青睐。

　　当初宋太祖即得天下，让赵普等二三大臣陈述可以为百代带来利益的政策。赵普屡次陈述，而太祖却说："更思其上者。"用今天的话说，就是再想想更好的。赵普等人绞尽脑汁却想不出来，这时太祖言道："可以利百代，惟养兵也，方凶年饥岁，有叛民而无叛兵；不幸乐岁而变生，则有叛兵而无叛民。"赵普等人顿首说道："此圣略非臣下所能及！"

　　宋代的募兵养兵制度是自宋太祖赵匡胤就确立下来的传家法宝。每遇灾害之年，北宋政府便大量招收流民、饥民甚至监狱罪犯为军人，供

048

其食禄，以免他们聚啸山林，结为盗贼。这样一来，北宋军队迅速增加，宋太祖建国初年（960年）北宋王朝军队总额为二十二万人，到太宗至道年间（995—997）军队总额增至六十六万六千余人，到真宗天禧年间（1017—1021），又增至九十一万两千人，在仁宗庆历年间（1041—1048）军队总额竟然达到一百二十五万九千人！这是当时世界上最为庞大的国家军队。不断增加的军费加剧了北宋朝廷的财政困难，而对辽国支付"澶渊之盟"规定的白银和绢帛更使北宋朝廷不堪重负。朝廷有识之士开始意识到财政危机存在的危险性，他们强烈呼吁节俭行事，罢省浮费。

宋仁宗康定元年（1040年）五月，侍御史王素上奏朝廷，请求将宋真宗景德年间至宋仁宗景祐年间（1004—1038）所有的国库收入与支出，不论数目大小，一律清查，然后列出并取消其中不急之费用。奏疏上达皇帝后，朝廷下令让韩琦与张若谷、任中师一起会同三司研究处理。

韩琦在认真思考后提出建议："景德以来，日久年深，文案必不齐备，倘若齐集文案而后议事，徒费时日，如朝廷果欲裁减冗费，理当见今日之浮费而裁减之。自古兴俭以劝天下，必以身先之。今欲减省浮费，莫若自宫掖始。"这是大刀阔斧的节俭措施，他建议节省经费从皇宫开始做起，由三司审查皇宫内廷历年来的支出数目。根据实际需要确定每项事务所需费用，免去一切无名的支出以减少宫廷开支。对在京官员进行审计时发现问题，从而裁减数千名已故军将和亲属的俸禄，而实际上这些人都是私人奴仆冒领国家俸禄。

数年的谏官生涯使得韩琦养成了做事严谨周密的作风，做谏官的数年中，他积累了大量的奏疏和谏稿，为仿效古人慎密之义，韩琦原计划对这些谏稿收集并焚烧。但他为了让后人知晓帝王虚心纳谏的美德，以及作为谏官应当如何谏诤，于是将自己多年来的谏稿收集七十余章编为三卷，取名为《谏垣存稿》，在这部书的篇首，韩琦书写了自序，序中言道："谏主于理性，而以至诚将之。在职越三载，凡明得失、正纲纪、辩忠良、击权幸，时人所不敢言者，必昧死论列。上览而可其奏者十八九。"韩琦在序言中说自己在谏官的职位上做了三年有余的时间，提出了许多有关朝政得失、国家纲纪的上疏，辨明了忠臣良将、抨击了权贵奸佞。这些都是当时其他谏官不敢做的，而他都冒死上疏进行了谏诤，而对于这些上疏，皇帝十有八九都给予认可并采纳。

韩琦的《谏垣存稿》留给我们关于仁宗与韩琦这对君臣的谏诤与纳谏的一段佳话，也为我们留下了北宋中期许多珍贵的历史档案，因此说韩琦是北宋中期一名优秀的档案管理者也不为过。

韩琦是宋代的魏征，不！他的功绩或许超过魏征。

第十八回

审刑院秉公司法　安抚使四川赈灾

宋仁宗宝元三年（1040 年），朝廷下诏，韩琦以谏官身份知制诰、知审刑院，赐三品服。

这知制诰是个什么官呢？知制诰的官职由来已久，唐朝时由加知制诰官名的翰林学士起草诏令，而其余的翰林学士仅备皇帝顾问。到了宋代，除翰林学士外，其他官员加知制诰官名的人也能起草诏令，称为外制；而翰林学士虽都负责起草诏令而又有知制诰衔的官员，称为内制。说白了，就是这时的韩琦既有谏官的身份，又有起草诏令的权力。

审刑院是宋代的一个司法机构，审刑院的职权原来都属于大理寺和刑部，宋代审刑院的出现剥夺了这两个司法机构的权力，目的一目了然，就是皇帝为了加强对大理寺和刑部这两个司法机关的监督。审刑院的长官为知院事，需要奏报皇帝的各种案件，先由大理寺审理，再报到审刑院复核，由知院事和其他属官商议，定出处理意见再由中书呈报皇帝决断。如果把大理寺比作最高法院，那么审刑院就是最高检察院，而这时的韩琦就相当于最高检察院的检察长。

这最高检察院可是有颁布司法解释的权力，宋代的审刑院也有这个权力，韩琦就是颁布司法解释方面的专家。话说大理寺审理了这样一起案件，在这个共同犯罪的案件中，一个盗贼杀死了他的同伙，然后被官府捕获。大理寺对这一盗贼定罪量刑时按照当时的宋朝法律规定做出了罪不至死的判决，因为宋朝法律规定这种情况应当减轻处罚。当案件的卷宗被移送到审刑院复核时，作为审刑院知院事的韩琦对该案提出异议："此但并有其赃，或欲灭其口，非有自新改过之心，无足矜者。"也就是说，这个案件应当做另外的考虑，有可能是犯罪嫌疑人杀人灭口毁灭罪证，而不是有改过自新的主观动机，对这个犯罪嫌疑人没有什么可以怜惜的。于是韩琦上奏皇帝，恳请朝廷重新解释这一法律条款，不久皇帝下诏，明确指出"盗杀其徒而不首者无得原"，盗贼杀死同伙而不自首的，不得减轻处罚。

司法是社会公正的最后一道屏障，监督案件审理能够做到有错必纠，能够做到主观和客观相一致。看待案件本身，既能分析犯罪嫌疑人的外在行为，又能分析其内在的犯罪心理，并且以动态眼光看待司法过程，从而促使立法和司法相结合，以司法促进立法，即使以今天法律人的眼光来审视，韩琦的见解也颇为先进，对现实具有深远的启示意义。

俗话说"能者多劳"。宋仁宗康定元年（1040年）八月，当审刑院知院事韩琦正在认真履行法律监督工作时，四川发生灾荒，颗粒无收，饥饿和死亡威胁着当地百姓。朝廷下诏令韩琦为体量安抚使，前往灾区赈灾。这体量安抚使是宋代处理路一级地区军民事务的官员，大多由皇帝的近臣担任，总辖军民，并得以便宜行事，遇有紧急情况不必向皇帝请示即可决断，权力很大。

韩琦身穿三品紫色公服，带领赈灾一干人等，出东京，经陕西，入四川。有道是"蜀道之难，难于上青天"！这一路之上，韩琦等人不辞劳苦，饥餐渴饮，晓行夜宿，不止一日来到四川。眼前之景非同想象！灾荒的程度远比韩琦在东京时想象的严重得多。为解民于倒悬，韩琦减轻当地赋税，招募青壮年男子入厢军和禁军，厢军是地方部队，禁军是中央部队。这样一来，就可以让这些人用当兵所得的津贴养活全家人。

接着，韩琦又发布檄令："民流移而欲东者勿禁。"一改往年救灾的旧传统，法令许可四川饥民出剑门关逃荒就食，各级官府不得禁止东去的流民，以确保饥民寻食活命。

历史一再证明，无视百姓死活、发国难财的官员比比皆是。韩琦深知其理，为从根本上赈灾，韩琦整顿吏治，罢免贪官污吏以及在赈灾中不称职、不作为的大批官员，使得赈灾工作在正常轨道上顺利进行。

进而，韩琦又广建粥棚，向饥民提供保命粥。在整个救灾期间，韩琦采用各种办法，千方百计赈济灾民，共救活饥民一百九十余万人，免除七百六十人的劳役，因此，四川百姓对他感激不尽，一致认为韩琦是他们的再生父母、救命恩人！

韩琦担任体量安抚使赈济灾民的工作完成得很出色，得到了皇帝的赞许、百姓的爱戴，更重要的是在往返四川的途中，韩琦了解了大宋西北边防的防御形势，为他出镇西陲抗御西夏，写下他一生中最为浓墨重彩的篇章奠定了基础。

韩琦是如何成为西夏之敌闻风丧胆的一代名将的呢？

第十八回　审刑院秉公司法　安抚使四川赈灾

第十九回

宋夏矛盾频显现　西夏历史深探源

宋仁宗宝元三年（1040 年）正月，西夏国王元昊带领西夏国大兵来犯北宋边境，这一路之上，西夏骑兵势如破竹、锐不可当，以迅雷不及掩耳之势攻下北宋金明砦（今陕西延安西北），并逼近延州（今陕西延安）。西夏骑兵沿途抢劫，气焰嚣张，大宋百姓突遇战火，生灵涂炭。北宋大将刘平接到战报，急忙带领本部人马自庆州驰援，行至三川口（今陕西安塞东）时，陷入元昊大兵的埋伏圈中。宋军监军宦官黄德和临阵脱逃，刘平终因寡不敌众被俘，宋军大败。宋仁宗遂命刚刚从四川赈灾回京的韩琦为陕西安抚使前往西北前线。

西夏大兵为何要来侵犯北宋边境？这还要从头说起。

这西夏国啊，原本是北宋王朝西部边境上的一个重要藩国，国王宗室是李氏家族。这李氏家族原是北魏拓跋氏的后代，居住在古夏州（今陕西靖边县）一带。其先祖拓跋恭在唐朝末年占据宥州，自称刺史，因为参加镇压唐朝末年黄巢起义有功，被唐僖宗任命为夏州节度使，赐给国姓"李"，令他统辖夏、绥、银、宥四州，从此李氏成为唐末西部边境上名副其实的藩镇势力。

五代十国时期，李氏采取保全实力的政策，尽力避免卷入中原内战的旋涡。五十年中，李氏对先后统治中原的后梁、后唐、后晋、后汉、后周以及盘踞在河东（今山西省）的北汉政权，名义上保持着"臣属"关系，从而一直享受着旧有的特权地位。后唐明宗时曾对夏州用兵，遭到李氏家族的顽强抵抗，导致后唐军队不胜而归。从此，李氏在西北各族特别是党项羌族中威望大增，中原政权对夏州的李氏势力再也不敢轻视。

宋太祖赵匡胤建国后，继续实行后周政权的政策，用加官晋爵的手段来笼络李氏的政策，追封李彝兴为"夏王"，李彝兴的儿子李克睿继位，曾出兵协助宋朝征伐北汉。李继筠承袭李克睿王位后不久而死，他的弟弟李继捧袭王位。李继捧因不能解决家族内部的矛盾，于公元982年率族人入北宋都城东京汴梁，并自动献出银、夏、绥、宥四州八县，称自己愿意留在东京汴梁，而李继捧的族弟李继迁却叛逃到地斤泽，并得到了当地戎人的拥护。宋朝遂派大将尹宪、曹光实趁着月黑风高夜奇袭李继迁，李继迁大败而走。后来北宋朝廷又派大将翟守素统兵征讨，李继迁感到恐惧，不得不在表面上表示归顺北宋朝廷，接受赐姓赐名和委任的官职，从形式上看，夏州至此正式归顺北宋王朝。

然而不久之后李继迁又发动叛乱，设计诱杀汝州团练使曹光实，后被王侁在浊轮川击败。这时北宋丞相赵普献上"以夷制夷"的策略，北宋皇帝赐名李继捧为赵保忠，并任命他为定难节度使，命他对付李继迁，在安庆泽大败李继迁，李继迁中箭遁逃，十分狼狈。后来商州团练使翟守素率兵前往夏州援助，李继迁因形势所迫，于是向朝廷请求投降。北宋朝廷授予李继迁为金紫光禄大夫、检校太傅兼御史大夫、银州管内观察使，封天水郡侯，食邑一千五百户，赐名为赵保吉。

李继迁向北宋朝廷投降以及北宋朝廷对他封官晋爵，标志着夏州、银州、绥州、宥州、静州五州之地再次归属北宋王朝，这在历史上被称为"夏台复入"，然而李继迁的投降是心甘情愿的吗？"夏台复入"的基础牢固吗？李继迁投降北宋之后又发生了什么事情呢？

第二十回

李继迁反复叛宋　夏州城一朝被毁

　　李继迁战败归顺北宋朝廷，被北宋朝廷加官晋爵，并赐名赵保吉。赵乃国姓，保吉取义保证赵宋王朝大吉之意，北宋王朝对李继迁之恩宠可见一斑。然而，这次宋太宗赵光义却看走了眼。这李继迁本是一个反复无常之人，加之本次归顺并非出于他本意，后来李继迁再度反叛。

　　宋太宗淳化二年（991年），先前已经献地归顺北宋，长期居住东京汴梁的李继捧（赵保忠）突然投降辽国。五年前，即公元986年，宋太宗赵光义为收复幽云十六州，御驾亲征北方的辽国，宋军先锋杨继业率领杨家将与契丹民族建立的大辽国骑兵激战，由于主帅潘美指挥错误导致杨家将兵败金沙滩，于是宋辽交恶。这次李继捧（赵保忠）投降辽国，被辽国封为西平王。北宋可谓是又多了一个敌人。宋太宗大怒，久居天子脚下之人竟然投奔辽国，大宋颜面何在?！命令生擒李继捧（赵保忠）!

　　淳化五年（994年），李继迁再度反叛北宋。北宋朝廷命李继隆率大军进讨。看到这儿啊，您可能会说，这李继隆和李继迁的名字怎么看得像亲兄弟一样。李继隆是北宋名将李处耘之子，因为其妹是宋太宗皇帝的正宫娘娘，所以他是太宗皇帝的大舅哥。这我们就明白了，李继迁是西夏党项人，李继隆是北宋皇亲国戚，这两个人没一点儿关系。

　　李继隆虽是皇亲国戚，却不是纨绔子弟。史料记载，李继隆"善骑射，晓音律，好读《春秋左氏传》，以礼待儒士，多智谋，谦虚谨慎"。想当初，他曾经在平定后蜀、讨伐南唐的战役中屡建奇功，后来，又在曹彬北征幽州期间多次大破辽军。

　　李继隆采取出其不意、直接攻取夏州的作战策略，因为有赵光嗣作为内应，于是宋军里应外合，轻易擒获了李继捧（赵保忠），李继迁（赵保吉）却再次逃窜。此时，宋太宗的圣旨到来，命令毁掉夏州城池！这一诏书令前方领兵的将领李继隆大惊失色。急忙修书一封派快马飞奔东京，陈说利害。在这封上疏中，李继隆认为保留夏州城池有利于同李继迁等反叛之人进行军事上的斗争，有利于守卫大宋边疆。然而这封奏疏也没能挡住夏州城池被毁。

原来宋太宗采纳了宰相吕蒙正的建议，毁掉城池将原有居民迁徙他处的目的是消除胡虏据城叛乱的祸患。客观来看，将领李继隆的意见是正确的，李氏的多次叛乱并非因为有夏州这座城池。夏州城池敌我双方都可以利用，保留城池对北宋更为有利。因为西夏军队大多以骑兵为主，相对于北宋的步兵而言，那简直就是机动化部队。来得快，抢得快，跑得快，西夏骑兵在与北宋军队作战中往往是以迅雷不及掩耳之势发动攻击，然后又迅速撤离战场。如果有城池防御，那么宋军和百姓的损失会减少很多。夏州城池是被毁掉了，而李继迁的势力并未因此而削弱，反而越来越成为边境上的重大祸患。可见，领导的决策并非都是高瞻远瞩的，处在一线的劳动者也并非都是目光短浅的。那位被生擒活捉的李继捧（赵保忠）被押解到东京之后，虽然被赦罪封侯，终因怏怏不自得，于宋真宗景德元年（1004 年）忧郁而死。

宋太宗淳化五年（944 年）秋七月乙亥日，李继迁（赵保吉）派遣使者向朝廷认错并进献良马作为贡品，宋太宗予以厚重的赏赐并在诏书中对李继迁（赵保吉）多有勉励。然而，反复无常的李继迁（赵保吉）第二年便带兵入寇边境。宋太宗至道二年（996 年），太宗派李继隆统率五路大军分别从环州、庆州、延州、夏州、麟州出发，约定日期会师于乌白池。然而由于主帅李继隆擅自变更原定作战方案，致使五路大军未能按期会师，李继迁（赵保吉）得以再次逃脱。

宋太宗至道三年（997 年），李继隆、杨琼相继击败李继迁（赵保吉），李继迁再次上表请求投降北宋朝廷。这一年，宋太宗病死，宋真宗即位，这位刚刚即位的年轻皇帝能够答应李继迁（赵保吉）的请求吗？

第二十一回
元昊兴兵犯边境　刘平兵败三川口

宋太宗至道三年（997 年），李继隆、杨琼相继击败李继迁（赵保吉），李继迁再次上表请求投降北宋朝廷。这时，宋太宗病死，宋真宗即位。这位宋真宗赵恒，爱好文学，擅长书法。谚语"书中自有黄金屋，书中自有颜如玉"即出自他的《励学篇》。宋真宗虽然察知李继迁是个多变欺诈之人，但念在居丧期间，姑且务求宁静，竟答应了李继迁的请求，加封李继迁为定难军节度使，再次赐给他姓名赵保吉，封给他夏、绥、银、宥、静五州之地。

宋真宗即位初年对李继迁（赵保吉）所实行的容忍政策，并没有能使李继迁中止他的入寇边界的行动，也没有换来西部边境地区的安宁。宋真宗咸平五年（1002 年）李继迁再次带兵进犯北宋边境。于是乎北宋边境狼烟四起，西北边陲战鼓声声。三月，李继迁大军攻陷灵州（今宁夏灵武），当即改为"西平府"，作为自己的都城。六月，李继迁率军围攻麟州（今陕西绥德西北），麟州知州卫居实率麟州军民奋起抵抗，正可谓"将军金甲夜不脱，半夜军行戈相拨"。麟州城内的宋军是人不离马，马不离鞍，只要李继迁大军前来攻城，麟州军民即上城守卫，一连数十日，李继迁大军攻城无果且死伤万余人，只得逃遁而去。

宋真宗咸平六年（1003 年），六谷酋长潘罗支被北宋朝廷任命为朔方节度使。潘罗支集结六万骑兵，请求与北宋大军会师，从而达到收复灵州之目的。潘罗支此人可谓是有勇有谋，采取诈降计向李继迁投降。李继迁未能识破计谋，答应潘罗支带兵来降。潘罗支攻其无备，出其不意，于半道截击李继迁，李继迁大败。最终一人一骑仓皇而逃，不料一支冷箭射来，李继迁中箭而亡。

宋真宗景德元年（1004 年），李继迁之子李德明继位，成为党项族的新首领。同年，辽国萧太后与辽圣宗耶律隆绪以收复瓦桥关（今河北雄县旧南关）为名，亲率辽国大军深入北宋国境。辽国大将萧挞凛率辽军攻破遂城，生俘宋朝大将王先知，全力猛攻定州，俘虏宋朝云州观察使王继忠。宋廷朝野震动，宋真宗畏敌，欲迁都南逃。宰相寇准力请宋真宗赵恒御驾亲征，宋真宗被迫北上。这时寇准倚重的将领是在历次抗辽战斗中屡立战功的金刀杨令公之子杨延昭。宋军在澶州前线以伏弩射杀辽南京统军使萧挞凛，辽军士气受挫。最终迫使辽国与北宋朝廷签订"澶渊之盟"。

这时，由于北宋与辽国激战正酣，北宋为了全力抗辽，对西夏只得采取笼络手段，对李德明加官晋爵，划夏、银、绥、宥、静五州之地给李德明管辖，还给予李德明很多特权。从宋真宗景德元年（1004年）李德明归顺至宋仁宗明道元年（1032年）李德明死去，首尾二十九年，北宋与西夏之间没有战事发生，边境上大体维持了安定和平的局面。

李德明之子李元昊雄才大略，野心勃勃。继位之后，为了实现他称霸天下的宏伟目标，采取了诸多措施。在政治上，他仿照中原王朝制度建立自己的统治机构；在军事上，他建立了一只五十余万人的骑兵队伍；在文化上，他根据汉字结构创造了方块西夏文字。宋仁宗景祐元年（1034年），李元昊建立年号制度，为称帝做准备，否认宋王朝赐给他的李、赵等姓氏。宋仁宗宝元元年（1038年），元昊定国号为"大夏"，自称"大夏皇帝"。他带领西夏骑兵对北宋采取突然袭击，迅速攻下北宋金明砦（今陕西延安西北），并步步紧逼。北宋大将刘平带兵行至三川口遭遇元昊大军埋伏，被元昊生擒，宋军大败。宋仁宗闻讯，急忙任命韩琦为陕西安抚使，东上阁门使符惟忠为陕西安抚副使，前往西北前线。

韩琦的到来能否扭转西北的战局呢？在北宋与西夏的战争过程中，韩琦书写了怎样绚丽多彩的人生篇章呢？

第二十二回
抗夏赴西北边境　察情荐范氏希文

宋仁宗宝元三年（1040年）正月，元昊带领西夏大兵进犯北宋边境，北宋军队与西夏骑兵交战于三川口，北宋大将刘平战败被元昊生擒，宋军大败。宋仁宗闻讯，急忙任命韩琦为陕西安抚使，东上阁门使符惟忠为陕西安抚副使，前往西北前线。

宝元三年二月廿一日，仁宗皇帝下诏，宣布改宝元三年为康定元年（1040年）。按照欧阳修的说法，正是因为元昊叛宋，"改姓元氏，朝廷恶之，遽改元曰康定"。（李焘：《续资治通鉴长篇》卷一百二十六）

这时的韩琦刚刚从四川赈灾回京述职，宋仁宗听取了他赈灾的汇报和往返四川途经陕西前线的见闻，倾听了他对于抵御西夏的军事策略的分析，因顾念禁军长期戍卫西北边境，又认为韩琦堪当大任，于是决定任命他为陕西安抚使。

仁宗皇帝勉励韩琦道：

> 异类猖獗，官军不习战，故数出无功。今因小警，乃开后福。
>
> ——李焘：《续资治通鉴长编·卷一百二十六》

军情紧急，韩琦不敢怠慢，在京只留五日即刻登程。韩琦与符惟忠弃轿乘马，带领随从一路之上快马加鞭，不止一日来到西北前线两军阵前。韩琦到达前线后立即投入战备工作，白天马不停蹄地巡视各砦防御工事，夜晚召开军事会议分析战局。经巡视发现，前线许多州郡城池残破，难以抵御西夏大兵进攻。他即刻命令当地将帅限期修浚，不得迟延。韩琦又仿效河北前线防御辽国军队的做法，在陕西普遍建立烽烟报警系统，这样一来，烽烟一起，宋军立刻就能进入防御状态。修筑防御工事需要财力支持，韩琦发现陕西前线财政困难，一时间难以拿出钱来修筑工事，他就奏请朝廷允许陕西利用当地产铁优势铸造铁钱自用。

再说那元昊大军，自从攻下北宋境内的金明砦（今陕西延安西北）后，又围攻延州（今陕西延安），春去秋来，天气转冷，天寒地冻，北风呼啸，天降大雪，有道是："云横秦岭家何在？雪拥蓝关马不前。"西夏士兵因春天开战身着单衣，军队围攻延州发生困难，元昊迫不得已而主动撤兵。韩琦到达陕西前线时，围攻延州的西夏主力已经撤离，元昊留下部分兵马继续围困塞门（今陕西子长西）、安远（今甘肃永宁东北）等寨。由于这次元昊大军来势凶猛，此时的北宋边关将领，就像是患上了"恐夏症"，人人畏惧，没有一个将领敢主动领兵去援救塞门、安远的北宋守军。

这时，久镇边关的延州知州、振武军节度使范雍已经接到圣旨，免去其象州防御使职务，由怀庆路总管赵振接替其职。边关众将闻讯，又惊又忧，纷纷来到韩琦帐中请求不要免除范雍职务。韩琦经过这段时间与众将士的朝夕相处，了解了西北前线的真实情况，深知范雍久镇边关，有勇有谋。于是提起笔来，刷刷点点写下一封名为《乞留范雍奏》的奏疏，写成之后交由宋军军校乘快马飞奔东京汴梁，上奏仁宗皇帝。

仁宗皇帝看到韩琦这封奏疏，不由得被奏疏中的情真意切的言辞所感动。

只见奏疏中说道：

雍二府旧臣，尽瘁边事，边人德之，且乞留雍，以安众心。赵振粗勇，俾为部署可矣。若谓雍节制无状，势当必易，则易召越州范仲淹委任之。方陛下焦劳之际，臣岂敢避形迹不言？若涉朋比，误国家事，当族。

在这封奏疏中，韩琦指出范雍是边关旧将，对边关战事鞠躬尽瘁，在北宋边境百姓以及众将领中有崇高威望，最好让范雍留镇边关。赵振这位将领性情粗犷，有勇武而少谋略，可以让他做范雍的部将，如果范雍节制不了赵振，一定要更换将领的话，我举荐越州知州范仲淹。当今陛下正在为边关战事焦虑操劳，我不敢不实话实说，如果有人认为我和范仲淹关系密切，认定我们是朋党，陛下可以族灭我的九族。

韩琦这话说得感人至深，仁宗皇帝立刻采纳韩琦建议，调范仲淹到西北前线任职。

宋仁宗康定元年（1040 年）五月，圣旨下达，韩琦进枢密直学士，这是北宋掌管军政的枢密院官员，用今天的话说，相当于中央军委委员。范仲淹为龙图阁直学士，龙图阁是宋真宗时修建的藏书阁，范仲淹这个官就是龙图阁中备皇帝顾问的侍从官。

范仲淹（989—1052），字希文，北宋著名的政治家、军事家和文学家。其先祖是唐朝宰相范履冰，世居邠州。范仲淹的高祖范隋，在唐懿宗时渡江南下，任丽水县丞，时逢中原战乱，遂定居吴县（今苏州市）。五代时，曾祖和祖父均仕吴越，父亲范墉早年亦在吴越为官。宋太祖赵匡胤于公元960 年建国后，范墉追随吴越王钱俶归降大宋，任武宁军节度掌书记。

宋太宗端拱二年（989 年）己丑秋八月丁丑日，范仲淹生于徐州节度掌书记官舍。宋太宗淳化元年（990 年），范墉因病卒于任所，母亲谢氏贫困无依，只得抱着刚刚两岁的范仲淹，改嫁淄州长山人朱文翰，范仲淹也改从其姓，取名朱说（yuè）。宋真宗大中祥符四年（1011 年），范仲淹得知家世，伤感不已，毅然辞别母亲，前往南京应天府（今河南商丘）求学，投师戚同文门下。范仲淹立志高远，勤学好问，孜孜不倦，数年寒窗生涯后，范仲淹已博通儒家经典的要义，有慷慨兼济天下的抱负。

宋真宗大中祥符八年（1015 年），范仲淹以"朱说"之名，考取功名，中乙科第九十七名，由"寒儒"成为进士，被任为广德军司理参军，掌管讼狱、案件事宜，官居九品。虽说官职低微，鉴于自己已有俸禄，范仲淹便把母亲接到身边奉养。宋真宗天禧元年（1017 年），范仲淹以治狱廉平、刚正不阿，被升为文林郎，任集庆军节度推官，便认祖归宗，恢复范仲淹之名。

宋仁宗天圣五年（1027 年），范母病故，范仲淹依礼为母守丧，居南京应天府（今河南商丘）。当时晏殊为南京留守、知应天府，听说范仲淹有才名，就邀请他到府学任职，执掌应天书院教席。范仲淹主持教务期间，勤勉督学，以身示教，创导时事政论，每当谈论天下大事，辄奋不顾身、慷慨陈词，当时士大夫矫正世风、严于律己、崇尚品德的节操，即由范仲淹倡导开始，书院学风亦为之焕然一新，范仲淹于是声誉日隆。

宋仁宗天圣六年（1028 年），范仲淹向朝廷上疏万言书，名曰《上执政书》，奏请皇帝改革吏治，裁汰冗员，安抚将帅。宰相王曾对万言书极为赞赏，当时晏殊在主管全国军事的枢密院，王曾便极力推举范仲淹，晏殊遂面圣陈述范仲淹既往政绩。当年十二月，仁宗征召范仲淹入京，任为秘阁校理，负责皇家图书典籍的校勘和整理。

宋仁宗景祐元年（1034 年），范仲淹调任苏州知州，辟所居南园之地，兴建郡学。当时苏州发生水灾，范仲淹命令民众疏通五条河渠，兴修水利，导引太湖水流入大海。次年，因治水有功，范仲淹被调回京师，判国子监，很快又转升为吏部员外郎、权知开封府。范仲淹在京城大力整顿官僚机构，革除弊政，开封府"肃然称治"，时称"朝廷无忧有范君，京师无事有希文"。

韩琦和范仲淹是挚友，比范仲淹小十九岁的韩琦对这位忘年交那是相当崇拜，鉴于边关守将人人胆怯、畏惧西夏大兵，无人敢领兵援救塞门、安远守军的实情。韩琦立刻意识到千军易得一将难求，若要治军先要置将，应当举荐范仲淹到西北前线来。范仲淹接到圣旨，不敢怠慢，即刻起身来到西北两军阵前。

抵御西夏的两位北宋主将韩琦与范仲淹都已到达西北前线，他们能否抵御西夏大兵的进攻？面对强敌入侵，他们又将演绎出怎样惊心动魄的战争故事呢？

第二十二回　抗夏赴西北边境　察情荐范氏希文

第二十三回
鱼鳞阵军中出力　铁鹞子阵前显威

话说宋仁宗康定元年（1040年）五月，范仲淹到达陕西前线，他与韩琦同时被任命为陕西经略安抚招讨副使，均受正使夏竦节制。韩琦主管泾原路（今甘肃东北部），范仲淹主管鄜延路（今陕西东北部）。

韩琦驻兵延州（今陕西延安）接受任命之际，探马来报，元昊带领西夏十万大兵再次杀奔延州而来。这元昊身高在八尺开外，剃发，穿耳带环，头戴毡盔，盔顶红结绶，身穿宽袖战袍，肩披掩膊，外套重甲，手持"夏人剑"，身背"神臂弓"，胯下一匹汗血宝马，精通武艺，弓马娴熟，有万夫不当之勇。

元昊带领西夏十万精锐之兵一路之上势如破竹，在十万大兵最前列的是被称为"铁鹞子"的重装骑兵部队。西夏以武立国，军队以骑兵和山地重步兵最为著名，骑兵中尤以重装铁骑平夏铁鹞子战斗力最强。"铁鹞子"是元昊立国之初就创立的重装骑兵部队，共有三千人。分为十队，每队三百人，队有队长，担任队长的将领皆一时之悍将。这支元昊手中的王牌军装备精良，乘善马，着重甲，刺斫不入，用钩索绞联，人马一体，骑兵将士虽死于马上也不会坠落。遇战则先出铁骑突阵，阵乱则冲击之；步兵挟骑以进，紧随其后。这支骑兵在纵横天下的蒙古铁骑出现之前，是世界上最凶悍的骑兵，也是大宋将领和士兵的梦魇。铁鹞子的选拔方式基本是世袭，父亲的盔甲传给儿子，儿子的盔甲传给孙子，祖祖辈辈的流传，造就了流淌在血液里的勇武。

《宋史·兵志》四记载：西夏"有平夏骑兵，谓之'铁鹞子'者，百里而走，千里而期，最能倏往忽来，若电击云飞。每于平原驰骋之处遇敌，则多用铁鹞子以为冲冒奔突之兵"。铁鹞子作战多用鱼鳞阵，简而言之，也就是一个个小队聚拢，然后朝对方防御阵形全部冲过去，加上西夏重视兵器打造，"夏人剑"和"神臂弓"均是闻名天下的兵器，将士所用铠甲，系冷锻而成，坚滑光莹，劲弩不入。这样的军队令北宋军队难以抵挡。

韩琦急令各砦宋军迎敌，由于韩琦是文臣出身，缺乏战场作战经验，加上对西夏敌人之强悍缺乏足够的认识，当时各砦宋军接到命令即出砦列队迎敌。不料元昊一声令下，三千铁鹞子掩杀过来，说时迟，那时快，西夏骑兵如闪电雷击，重甲骑兵自身的重量和速度发挥出强大的冲击力，冲入宋军队伍中的铁鹞子骑兵如削瓜切菜般横冲直撞，如入无人之境。夏人剑、西夏弯刀和狼牙棒在宋军队伍中左右挥舞，眼见得宋军将士人头落地，断臂断腿，鬼哭狼嚎，血流成河。第一轮攻击之后，西夏山地重步兵紧随铁鹞子之后，挥舞着西夏弯刀，特意砍杀在第一轮攻击中幸存的宋军士兵。两轮攻击之后，出砦迎敌的宋军便所剩无几。剩余宋军见西夏兵势大，抱头鼠窜，立刻溃散。这时西夏士兵开弓放箭，强弓硬弩之下，寥寥无几的宋军纷纷倒下。

元昊大军一连夺取数砦，旗开得胜，马到成功。宋军在接连数日的战斗中，战死将士五千余人，伤者无数，士气低落，韩琦急命高悬免战牌，紧闭各砦门，砦内一派凄凉景象，有范仲淹《渔家傲》为证：

塞下秋来风景异，衡阳雁去无留意。四面边声连角起，千嶂里，长烟落日孤城闭。

浊酒一杯家万里，燕然未勒归无计。羌管悠悠霜满地，人不寐，将军白发征夫泪。

秋天到了，西北边塞的风光和江南不同。大雁又飞回衡阳了，一点也没有停留之意。黄昏时，军中号角一吹，周围的边声也随之而起。层峦叠嶂里，暮霭沉沉，山衔落日，孤零零的城门紧闭。饮一杯浊酒，不由得想起万里之外的家乡，未能像窦宪那样战胜敌人，刻石燕然，不能早做归计。悠扬的羌笛响起来了，天气寒冷，霜雪满地。夜深了，将士们都不能安睡。将军为操持军事，须发都变白了；战士们久戍边塞，也流下了伤心的眼泪。

当夜，西夏谋士张元向元昊献计："射人先射马，擒贼先擒王。今宋军统帅韩琦也，不如派遣刺客趁宋军兵败之际，刺杀韩琦，结果韩琦性命，事成，则我军可不战而胜也。"元昊大喜，遂趁着夜色派刺客潜入宋军营中，前来刺杀韩琦。

究竟韩琦性命如何呢？

第二十四回

韩将军营中遇刺　黄德和诬告良将

　　西夏国谋士张元向皇帝元昊献计，派刺客深夜潜入宋军营中刺杀韩琦，以便达到不战而胜之目的。刺客领命，带利刃乘夜潜入宋军营中。

　　这献计的张元原是华州（今陕西华县）一书生，客居于长葛（今河南长葛），以游侠自许。长葛县内有一河，河中有蛟（像蟒蛇一样的动物）长达数丈，每当蛟饮水之时便会转入桥下，行人为此而不敢通过。有一天，蛟正在枕石饮水，恰逢张元从桥上通过，张元随即投大石击中蛟，蛟在水中翻转几下之后毙命，血流数里。自此，长葛县中百姓皆称道张元侠义勇武、为民除害。

　　张元与关中吴昊交好，二人屡次参加大宋科举而不中，无以施展自身抱负。于是二人相约弃中原而西去，直接奔西夏地界而来。平日张元每次夜游山林，便吹铁笛而行，笛声悠长，远扬数里之外，山林群盗闻笛声而恐惧，纷纷躲避。这日，两人路遇项羽庙，进庙之后，面对项羽泥像饮随身所带之酒，二人痛饮大醉，把酒沥在泥像上祭奠项羽，又歌唱道："秦皇乱世，刘项并起，吞并始皇。"歌声悲壮，二人高歌数日，痛哭而去。

　　张吴二人来到夏州，闻知元昊有意窥视吞并中原，便想到不出奇无以打动元昊。其实，这张元和吴昊原名并不叫张元和吴昊，他们的真实姓名历史已无从考证。这两个姓名之所以被流传下来就在于夏州的故事中被记载下来的。当日，两人约定用张元和吴昊名字，来到夏州一家酒馆饮酒，痛饮之后，张元取过笔墨在墙壁上写道："张元、吴昊来此饮酒。"巡逻的西夏士兵见此情景，观其服饰、气质，已知二人不是西夏国人，遂将他们拘捕，带至元昊面前。元昊责问他们为何不知避讳（指避讳元昊的名字），张、吴二人大声答道："你对姓尚且都不理会，我们还理会名做什么呢？"这一问突如其来，问到要害处，直指元昊不接受中原王朝赐予他的"李、赵"等国姓的行为。元昊肃然而觉二人出语不凡，遂拜二人为谋士，参与国家政事。后来元昊仿效大宋制度建立西夏政治制度，仿效汉字创立西夏方块文字，建立骑兵队伍等方法策略，多出于二人之谋。

却说这天夜里，刺客奉张元之命前来行刺韩琦。这刺客依仗自身身轻如燕，行走灵便，躲过宋军巡哨，顺利进入韩琦寝帐。这时韩琦刚刚读书完毕，熄灯就寝，闻得帐中响动，起身而坐。

韩琦问道："何人？来此何干？"

刺客回答："某来杀谏议（韩琦曾任右司谏）。"

韩琦问道："受何人所派？"

刺客回答："张相公。"

韩琦又卧枕说道："你携我头颅去吧。"

韩琦此语令刺客颇感意外，稍稍迟疑之后，刺客说道："某不忍心这样做，愿得谏议的金带便满足了。"遂取金带而离去。

历史学者在研究刺客为何没有实际行刺韩琦时往往百思不得其解。其实，如果我们用法学中的犯罪中止学说便能很好地理解这一现象的发生。

犯罪中止是指主体在实施犯罪行为的过程中，客观上能将犯罪行为进行下去，由于主体的犯罪意志动摇，犯罪动机发生改变，自动中止犯罪行为，或者有效地防止犯罪结果发生，使犯罪客观上处于未遂状态的行为。主体中止犯罪行为，是由于在主体心理结构中，某些积极因素在一定的情境因素作用下呈活跃状态，反对作案的动机战胜了犯罪动机，使原有的犯罪意志动摇，自动放弃犯罪目的的结果。促使主体犯罪动机转化的心理因素主要有：（1）恐惧心理。因担心犯罪行为败露，受到惩罚的恐惧心理而产生的自我心理强制。（2）真诚悔悟。因道德感、理智感的复苏而产生罪责感、羞耻感，良心受到谴责而真诚悔悟。（3）怜悯之心。因被害人或他人的忠告、求饶、义正词严地谴责等良性刺激，使主体产生对被害人的怜悯之心、同情心、罪责感等。（4）犯罪现场其他情境因素的刺激。如看到犯罪的可怕景象而胆怯、手软等使犯罪意志动摇。

　　刺客放弃行刺韩琦，应当是韩琦的大无畏精神和言语打动了刺客，一个"卧枕"的动作和一句"你携我头颅去吧"的言语促使刺客在短瞬间产生怜悯之心，遂放弃行刺只取金带而去。

　　第二天，韩琦也不再追问此事，即刻擂鼓升帐，商议退敌之策。

　　韩琦高声言语，为的是鼓舞士气凝聚军心，不料众将却怨声载道。经询问方知，众将的抱怨的不仅是因为初战失利，使他们更为不满的是从东京汴梁传来的消息。三川口大战时的大将刘平被元昊生擒，临战脱逃的监军宦官黄德和诬告刘平投降西夏，刘平家眷因此被朝廷悉数捕捉入狱。得到消息的前方将士愤愤不平，具言朝廷此举令边关将士大为寒心。

　　大敌当前，初战失利，宋军损失惨重，士气低落，刘平家眷被捕入狱消息又使军心不稳。正是：屋漏偏逢连夜雨，行船又遇打头风。

　　究竟韩琦如何处理呢？

第二十五回

韩稚圭上书陈情　好将军清白终还

东京汴梁传来消息，三川口大战时的大将刘平家眷被朝廷悉数捕捉入狱。韩琦深知，刘平家眷被捕入狱消息会使军心不稳，军心不稳，何以迎敌？于是韩琦开始在军中调查刘平被俘真相。金明砦幸存的将士愤愤不平，争先向韩琦述说三川口大战之情景。

原来，宋仁宗宝元元年（1038 年），刘平以殿前都虞候为环庆路马步军副总管。这时正赶上元昊称帝起兵进犯大宋，刘平旋即被北宋朝廷迁为邕州观察使，为鄜延路副总管兼鄜延、环庆路安抚使。不久，兼管泾原路兵马，晋升为步军副都指挥使。

北宋宝元三年（1040 年）正月，西夏元昊率西夏大军进攻延州，刘平与石元孙奉命增援。郭遵建议先侦查后进兵，刘平不听，恃勇轻敌，贸然轻进。正月二十二日夜，刘平带领兵马进至三川口（今陕西延安西北），遭到西夏军重兵突袭，三川口之战爆发。

忽然，四面旌旗招展，鼓声大震，当时刘平手下只带五千精兵作为前部，监军宦官黄德和带领大军在后。不料前军被围，后军皆逃。只见得西夏大兵四面军马对宋军前军渐渐逼近，八方箭弩交射甚急，刘平人马不能向前。两军苦战，双方伤亡惨重，宋军渐渐不支，刘平退至三川口附近山坡。只见元昊在山上指挥三军，旌旗作为号令，刘平投东则元昊东指，投西则元昊西指，因此刘平不能突围，只得引兵杀上山来，半山中滚木檑石打将下来，刘平兵马不能上山，被困于山谷之中。

元昊多次派人劝降："汝降乎？不然，当尽死！"刘平不理。突围不成，刘平只得派遣儿子刘宜孙求援于监军黄德和。只见刘宜孙领命，提枪上马，挺枪纵马而出，使尽全身力气，奋力拼杀，好不容易杀出重围，来见监军宦官黄德和。

刘宜孙告诉黄德和："监军大人，我军前部被敌围困，如今敌兵攻势甚急，大人当勒兵速还，并力拒贼，奈何先引去?!"刘宜孙恳求黄德和引兵还击，黄德和置之不理，却带兵逃往甘泉（今属陕西）。刘宜孙仰天痛哭，只得奋力杀回。西夏军向宋军驻守的山坡发动攻击，宋军不敌，刘平与副将石元孙跃马舞刀，往来驰骋，杀死敌军无数，筋疲力尽，终被西夏军所俘。

三川口败后，黄德和惧怕刘平返宋导致真相败露，于是恶人先告状，上奏朝廷，反诬刘平降敌，以此断绝刘平返宋之路，遂致刘平家眷被朝廷悉数逮捕入狱。

至此，韩琦了解了三川口兵败的全部真相，写下公文书信一封。信中写道：

平以疲兵数千，敌贼十余万众，昼夜力战，为德和所累。既就擒，犹詈（骂）贼不已，忠勇无愧于古人。今以诬言所惑，悯忠恤孤之典未下，边臣岂不解体乎？

在这封申诉信中，韩琦为刘平鸣不平，要求朝廷应当抚恤刘平家眷。

历史一再证明，忠贞不贰、矢志不渝之人每每屡遭恶人陷害。

此时，殿中侍御史文彦博在河中府置狱，派庞籍前往两军阵前调查，得到韩琦这封书信。韩琦的书信发挥了作用，庞籍调查后称"德和退怯当诛。刘平力战而没，宜加恤其子孙"，最终黄德和被判腰斩，枭首于延州城下。此时北宋朝廷以为刘平已死，追赠朔方节度使，谥壮武，"子孙及诸弟皆优迁"。不久有党项人来报刘平"在兴州未死，生子于贼中"，北宋朝廷不信。后来同被俘的石元孙放还返宋，确定刘平未死。刘平后来死于兴州。

北宋著名词人苏轼曾经写过一篇《赠刘景文》的诗歌，这首诗是苏轼于宋哲宗元祐五年（1090 年）任杭州太守时所作。刘景文名季孙，原籍开封，就是北宋名将刘平的小儿子。刘平驻守宋、夏边境，力拒西夏，因孤军无援战败被俘，最终身死异乡。身后萧条，诸子早卒，只剩景文一人。苏轼在杭州见到刘景文时，刘景文已经五十八岁。经苏轼向朝廷竭力保举，刘景文才得到小小升迁，不想只过了两年就死去了。苏轼此诗虽似写景，但每句都切合刘景文的身世，并用以勖勉对方。这在苏诗中确属精心之作。我们必须透过表面的景物描写，才能领略诗中的积极含义。诗云：

> 荷尽已无擎雨盖，菊残犹有傲霜枝。
>
> 一年好景君须记，正是橙黄橘绿时。

韩琦解决了刘平冤案，稳定了军心，开始认真分析总结三川口的失败教训。究竟韩琦总结出哪些经验教训呢？

第二十六回

平反冤案稳军心　周历边塞陈利害

韩琦平反了刘平冤案，稳定了宋军军心，正要商议进兵。此时，战场形势继续恶化，宋仁宗康定元年（1040 年）夏五月甲子日，元昊带领西夏军队号称三十万大兵攻陷塞门寨，守将高延德、王继元、蔡诉战死。乙亥日，元昊带兵攻陷安远寨，北宋朝野上下震惊。

有道是："口说不如亲逢，耳闻不如目见。"在亲历了战场的血腥和惨烈之后，韩琦对抵御西夏之战进行了深入的思考，写下了著名的《周历边塞陈利害奏》。

韩琦在奏疏中指出："臣窃以昊贼逆志，积有数年，朝廷待之不疑，养成凶慝。"韩琦认为西夏兵患实属大宋养虎成患，对西夏甲马雄盛，金帛富饶没有足够认识。以致元昊敢于带领号称三十万西夏大兵来犯大宋边境。韩琦的论述涉及了西夏与北宋战争爆发的根源。长期以来，北宋对西夏没有形成一个成熟的政治策略和成熟的外交方针，以致陷入经济笼络和武装抵御的怪圈。相比之下，元昊的对外政策则显得成熟得多。元昊时期的对外政策，即不同于李继迁时期的一贯联辽抗宋，又不同于李德明时期的与宋、辽和平相处，而是根据实际利益，随机应变。抗衡宋、辽，视二国"之势强弱以为异同"。这是十分灵活的外交政策。元昊继位后，同辽联姻，受辽封号。一旦两国因党项叛附问题发生纠纷，并引起战争，元昊在给辽以重创之后又立即以胜求和，恢复两国友好。对待宋朝，结盟于辽，有恃无恐，悍然发动攻掠战争。当元昊看到辽国以出卖夏国利益从中渔利，便立即决定同宋媾和，在一向坚持的名分问题上向宋做出让步。可以说，元昊这种周旋于辽宋两国之间的对外政策使西夏国实力不断增长。

素有"东方兵圣"之称的春秋时期兵法家孙武在《孙子兵法·谋攻

篇》中指出："夫用兵之法，全国为上，破国次之；全军为上，破军次之；全旅为上，破旅次之；全卒为上，破卒次之；全伍为上，破伍次之。是故百战百胜，非善之善者也；不战而屈人之兵，善之善者也。""故上兵伐谋，其次伐交，其次伐兵，其下攻城。"在对待西夏的问题上，北宋统治者既缺乏谋略，也缺乏外交策略。

德国军事理论家和军事历史学家，近代军事战略学的奠基人，被称为"西方兵圣"的克劳塞维茨在《战争论》中曾经这样论述："战争无非是政治通过另一种手段的继续""战争总是在某种政治形势下产生的，而且只能是某种政治动机引起的。""战争爆发之后，并未脱离政治，仍是政治交往的继续，是政治交往通过另一种手段的实现，是打仗的政治，是以剑代笔的政治。"西夏与北宋的战争也不例外，也是西夏和北宋政治交往的一种体现。

韩琦认为互不支援，缺乏部署，用人不当是北宋屡屡兵败的原因。"鄜州既不能守，则延州城寨非朝廷之有也。""庆州久缺部署，高继隆、张崇俊虽有心力，不经行阵，未可全然倚任。驻泊都监之内，亦无得力之人。"鄜州（今陕西富县）是元昊大军进攻大宋的必经之路，这里地势险要，然而却只有北宋驻兵三千，难以守御。庆州守将都是一些没有实战经验的将领，这些人从未见过战阵，如何能在两军阵前冲锋陷阵呢？

同时，韩琦指出北宋失败的重要原因是将帅失和，守兵骄横。"所在将帅，例复失和，嫉能害功，动致矛盾。东兵骄而好走，内臣战则失利，此方今之大弊也，臣深为朝廷忧之。"在这里，韩琦的论述触碰到了北宋终其一朝军事力量薄弱的根本原因：军队中将不知兵，兵不知将，将帅失和；同时来自中央的禁军，也被称为"东兵"，自持是皇帝的亲兵，平时军纪涣散，战时一触即溃，不堪一击。

说到这儿啊，我们有必要说一说北宋的军队制度。宋朝是中国历史上第一个比较全面实行募兵制而基本上依靠国家养兵的朝代，于是北宋的军人真正成为职业军人。职业军队的危险性，是远远大于兵农合一的府兵制度下的军队的。所以，当初宋太祖赵匡胤发动陈桥兵变之后，立刻"杯酒释兵权"，解除朝中大将石守信等人的兵权。后来，宋太祖和他的继任者宋太宗以及宋真宗大体上采用了三条措施来保证皇帝对军队的控制：枢密院——三衙的统兵体制，文武殊途的行政体制，务求循谨的驭将之道。

枢密院——三衙的统兵体制是把军队的训练、调动和出征的职责一分为三：枢密院掌管军政、军令；三衙（殿前司、侍卫马军司和侍卫步军司的合称）掌管军队的日常训练、管理工作；遇有战事，临时派遣将帅统兵出征。三方均向皇帝负责，这就充分保证了皇帝对军队的掌握，三方均不可能拥兵自重，从而有效地保证了皇权的稳定，但同时也带来了一个严重的问题：在战场上，将不知兵，兵不知将，为北宋军队在对外战争上屡屡败北早已埋下隐患。

文武殊途是指中央政府以中书省掌管国政，枢密院掌管军政，并称二府，文臣升迁、黜陟均由中书省掌握，武将升迁、黜陟均由枢密院掌握，而且宋王朝从始至终重文轻武，文臣地位远远高于武将。

务求循谨的驭将之道是指将帅出征作战时，颁发阵图等"锦囊妙计"，训令按其作战。然而，战场形势瞬息万变，"锦囊妙计"往往会起到置北宋军队于死地的负面作用。

韩琦清醒地认识到了在对西夏作战问题上北宋军队存在的问题，充分意识到要想取胜必须大刀阔斧地对军队进行强军改革，究竟韩琦如何改革呢？

第二十七回

韩稚圭举荐贤才　范希文出知延州

　　话说西夏北宋交战，北宋接连失利，韩琦认真分析总结三川口的失败教训，查找出原因所在，深知要想取胜，务必革除西北军中弊政，于是他立即进行大刀阔斧的改革。

　　韩琦举荐范仲淹之后，又向朝廷举荐陈淑度到西北前线任职。陈淑度，陕西庆州人，此人足智多谋，深有韬略。由于久历战乱，他对西北战事深思熟虑，终于思索出一整套守卫边疆的策略。然而朝廷却委任他到东南做官。韩琦闻讯，急忙上书朝廷，认为陈淑度是西北边关不可多得之人才，朝廷此举实是羁縻人才，朝廷采纳韩琦主张，调陈淑度到西北前线任职。

　　这时，范仲淹看到延州各寨多已失守，向朝廷请求在延州任职，诏令下达，令范仲淹兼任延州知州。在范仲淹担任延州知州之前，朝廷分配边境士兵以及作战按如下方式进行：部署领一万人，钤辖领五千人，都监领三千人。如遇敌寇入侵，官职卑下者首先率兵出击。范仲淹对此不以为然，说道："不以贼兵多少，而以官职尊卑为序进行出击，是自取失败之道。"于是，他大规模地检阅州兵，共得一万八千人，分配由狄青等六位将军统率，每将率三千人，"日夕训练精兵"（孔平仲：《谈苑》卷三），根据贼兵多少使六位将军轮番出御敌兵。西夏之敌闻之，相互告诫说："不要以为延州不在意，现在驻守延州的小范老子（指范仲淹），腹中自有数万甲兵，不像大范老子（指前任延州知州范雍）那样可欺。"至此，西夏大兵不敢轻易进犯延州边境。

　　韩琦认为范仲淹此举有效，应当在西北诸路推广，于是上书朝廷，在陕西都总管司中挑选有能力的将领，鄜延路挑选十五名将领，环庆路、泾原路、秦凤路各挑选十名将领，任命这些将领为各路军队的总教官、总指挥，驻扎在各地的中央禁军一律听从这些将领的节制。韩琦要求这些将领严格训练，以士兵训练程度、出阵胜负，重行赏罚。

韩琦认为自古以来临敌取胜必须有奇兵，如果军队并力出击则敌军必然崩溃。军中不乏骁果胆力出众之人，只是与普通士兵混杂在一起，临敌之际，势分力寡，虽然想挺身奋击，也不可得。所以，希望朝廷允许自己和范仲淹、庞籍等人分路驻扎，在厢军（地方部队）和禁军（中央军队）中挑选那些在马上能够使用弯刀、枪、槊、铁鞭、棍棒等勇力过人者，担任平羌指挥，军服和粮草如同龙卫军的标准。鄜延、怀庆、泾源、秦凤四路各安排两位指挥，屯驻、驻泊士兵安排一位指挥。鄜延路屯兵于延州、鄜州，怀庆路屯兵怀州、庆州，泾源路屯兵于泾州、镇戎军，秦凤路屯兵于秦州。

由此可见，韩琦的改革中针对西夏铁鹞子骑兵采取了相应的破敌之策，挑选那些在马上能够使用弯刀、枪、槊、铁鞭、棍棒，勇力过人者，担任平羌指挥，主要就是针对铁鹞子的进攻。其中，在羌族中挑选身强力壮勇武过人的士兵成为重点，挑选之后，严格训练。

经过韩琦这一番改革，驻扎在西北前线的北宋军队军容整肃，军纪严明。只见各州驻军训练旌旗蔽野，戈戟如林，进军有方，退军有法，擂鼓而进，鸣金而退，队伍整齐，人马威仪，旌旗鼓角，各按次序，各州将士"恐夏症"也在渐渐减弱。此时，范仲淹又请求朝廷建鄜城为军，诏令下达，以鄜城为康定军。范仲淹又令士兵修筑承平寨、水平寨等十二寨，逐渐召还流亡人口，增加侦查人员，在边界布置近探、远探、明探、暗探、流行探，警报系统逐渐齐备。于是，羌族、汉族人民相继归还就业。

宋仁宗康定元年（1040 年）八月，仁宗皇帝派遣翰林学士（翰林院属官，备皇帝顾问的高级侍从官）晁宗悫、入内都知（宋代内侍省的宦官）王守忠，亲持皇帝诏书来到陕西前线督战，要求韩琦尽快反击元昊大军。接到诏书的韩琦会怎么做呢？

第二十八回

元昊进攻三川寨　韩琦奇袭白豹城

　　宋仁宗康定元年（1040 年）八月，仁宗皇帝派遣翰林学士（翰林院属官，备皇帝顾问的高级侍从官）晁宗悫、入内都知（宋代内侍省的宦官）王守忠，亲持皇帝诏书来到陕西前线督战，要求韩琦尽快反击元昊大军。

　　韩琦接旨之后，召集众将商议，众将认为宋军反击西夏的时机尚未成熟。因为由韩琦主持的西北军队改革刚刚开始，虽已经步入正轨，然而训练尚未成熟，将领和士兵之间也尚未熟悉，此时开战，并无完全取胜把握。韩琦又与主管鄜延路的范仲淹商议，范仲淹也认为目前只可迎敌，不可大规模反击，于是韩琦请求朝廷应当宽限时日训练兵马，然后出击讨伐西夏。使臣晁宗悫、王守忠听了韩琦汇报，回京交旨。

　　宋仁宗康定元年九月十四日，元昊亲率大军进攻三川寨，韩琦命令严阵以待，韩琦部将、泾原路都监刘继宗、副将李纬、王秉带兵迎战，两阵对圆，列成阵势于三川寨前。刘继宗见元昊大军甚是雄壮，黄罗扇下有一人，胯下一匹汗血宝马，高冠龙袍，耳垂重环，外套重甲，盔明甲亮，威风凛凛，杀气腾腾，此人不是别人，正是大夏国王元昊。元昊左右分别是谋士张元和吴昊，其余将领均列身后。

　　西夏前军是精锐铁鹞子骑兵，中军是西夏山地重步兵，后军是西夏弓弩手。再看宋军，李继宗居中，李纬居左，王秉居右。为破西夏铁鹞子冲击，弓弩手为前军，勇力过人的平羌指挥手持弯刀、枪、槊、铁鞭、棍棒为中军，步兵为后军。

　　旌旗招展，戈戟如林，霎时间，只听得西夏大军号角齐鸣，鼓声震天。元昊一声令下，前军骑兵发起冲锋，一时间，西夏铁鹞子好似野狼般冲向宋军。

客观来讲，韩琦的改革和练兵是卓有成效的，然而，因为训练时间较短，只有三个月的时间，将士们对于应对西夏铁鹞子骑兵攻击的这套新的战法尚未完全熟悉和掌握，其战果就可想而知了。

西夏铁鹞子骑兵发起冲锋，宋军弓弩手的箭支无法穿透西夏铁鹞子骑兵的铠甲，即使偶尔几个铁鹞子骑兵战死，死在马上也不影响冲击，铁鹞子骑兵以迅雷不及掩耳之势杀到宋军近前。宋军渐渐不支，退下阵来，损兵折将。正在此时，忽见元昊大军后军混乱，一彪军斜刺里杀入元昊阵中。原来韩琦命令泾州驻泊都监王珪带三千人马从瓦亭寨赶来，冲击元昊后军，此所谓"攻其无备，出其不意"。在师子堡王珪兵马遭遇西夏大兵，只见王珪挥舞铁鞭，奋力突击，高喊："此死地也，不可不用命！"少顷，斩两员西夏将领于马下，西夏兵见王珪悬人头于马项之下，纷纷退却。王珪带人马趁机大杀一阵，斩获很多西夏兵士首级。

渭州知州、钤辖郭志高接到韩琦命令，率大军赶至三川寨，元昊大军才全线撤退。西夏军队沿途路上，将领纵兵抢劫，一连三日，大宋百姓苦不堪言。虽然击退敌军，但宋军在此次战斗中损失五千余人，那王珪也身中三箭，带伤回宋营。

这场交战中，元昊多路出击，三班借职（宋朝武将的最低职位等级）郭伦固守定州堡，安然无恙。刘璠堡本军指挥使、散直（侍从官）王遇，弓箭手都虞候刘用，因西夏大兵攻势猛烈而出城投降。由于刘璠堡地处要冲之地，刘璠堡失守导致乾沟、乾河、赵福三堡失陷。战后，韩琦上书仁宗皇帝要求论功行赏，论罪惩罚，王珪以三千人马重创元昊大军，当锋血战，斩杀贼兵无数，当赏黄金名马。

时穷节乃见，危难出英雄。历史不止一次证明，临危之际有英雄挺身而出，也有卑躬屈膝的小人出现。

此役夏宋双方皆有损失，鉴于此，为扭转战局，韩琦唤心腹将领怀庆副总管任福，吩咐如此如此，任福领命而去。

大将任福领命之后，领兵七千声称巡视边境，部署各将在夜间急行军七十里，到达白豹城。任福按韩琦之命秘密布置各将领，令副将王怀正带兵攻白豹城西，切断神树诸来路；令副将范全带兵攻城东，切断金汤之路；令副将谈家震带兵攻城北，切断叶市之路；令副将王庆、石全带兵攻城南；令副将武英带兵冲入城门斗敌。任福以大将驻于城外，策应各路人马。

天色转亮，任福一声令下，宋军从四面开始攻城，白豹城中的西夏军队毫无准备，闻宋军攻城，无心恋战，杀出城门，夺路而逃。宋军乘势取了白豹城。正是：鞭敲金镫响，高唱凯歌还。

任福打了胜仗，回营交令，韩琦大赏任福，称赞任福行军带兵有方，真将军也！这一赞赏不要紧，任福骄心滋生，为后来兵败好水川埋下隐患。

第二十九回

希文持防守之法　韩琦上攻守二策

大将任福成功夺取白豹城，回营交令，得到韩琦赞赏，心中大喜，不免骄心滋生，为后来兵败好水川埋下隐患，这是后话，这里暂时不提。

翰林学士晁宗悫、入内都知王守忠回京交旨，述说韩琦、范仲淹抵御西夏策略，仁宗皇帝不禁叹声连连。元昊大军进攻三川寨，泾原路都监刘继宗损兵折将，折损大宋军队五千余人，使得仁宗皇帝大为不满。于是他再次下诏，要求西北诸路军马在训练稍有起色后，要伺察西夏虚实，力求出奇制胜，痛行掩杀入侵的西夏军队。宋仁宗在诏书中斥责宋将道："如果我大宋军队只是消极防御，将会耗费国家大量钱粮，却不能彻底解决西夏对我大宋的威胁。不久前，西夏贼军深入延安保安军界内，威胁我金明寨，并烧毁熟户（已经归顺的边疆少数民族）族帐不少兵马，俘虏了多名高级使臣。西夏贼兵攻入我大宋疆界后，毫无顾忌，根本不把我大宋朝廷放在眼中。这是我大宋军队和国家的莫大耻辱！我大宋颜面何在？尔等边关将帅理应率军讨伐，一举歼灭顽凶，以雪国耻！"

仁宗皇帝的诏书措辞之所以如此严厉是有原因的。北宋在西北驻扎军队共计三十余万人，兵分五路，分别驻守在二十四个州，分散在二千多里的战线上。在对西夏的战争中，北宋采取的是防御性的战略，战线东起鄜城（今陕西富县）、延安府（今陕西延安），西至秦（今甘肃天水）、陇（今陕西千阳）。大多数军队坐食粮草，无所作为。

这时，在朝廷上，馆阁校勘欧阳修上书说："自元昊叛逆以来，三十万的士兵就食于西部边境已有两年，又有十四五万的厢兵不耕而自食于民，自古未有四五十万的军队连年仰食于民而国力不困乏的。"欧阳修的这封奏疏显然对仁宗皇帝产生了很大影响。

两千多年前的兵圣孙武对战争与后勤的关系有过经典的论述。《孙子兵法·作战篇》中说道：

孙子曰：凡用兵之法，驰车千驷，革车千乘，带甲十万，千里馈粮，则内外之费，宾客之用，胶漆之材，车甲之奉，日费千金，然后十万之师举矣。其用战也胜，久则钝兵挫锐，攻城则力屈，久暴师则国用不足。夫钝兵挫锐，屈力殚货，则诸侯乘其弊而起，虽有智者，不能善其后矣。故兵闻拙速，未睹巧之久也，夫兵久而国利者，未之有也。故不尽知用兵之害者，则不能尽知用兵之利也。

用今天话说啊，这意思就是："孙子说，根据一般作战常规，出动战车千乘，运输车千辆，统兵十万，沿途千里转运粮草，内外的日常开支，使者往来的费用，修缮武器用的胶漆，战车所需的膏油、修甲所需的金革等等，每日须耗费千金，做好这些准备后，十万大军才能出动啊！所以，用兵打仗就要做到胜任裕如，举兵必克，否则，长久僵持，兵锋折损、锐气被挫，攻城就力竭，长期陈兵国外则国内资财不足。如果兵锋折损、锐气受挫、兵力耗尽、财政枯竭，那么，其他诸侯国就会趁这个困顿局面举兵进攻，即使睿智高明的人也难以收拾好这个局面。用兵打仗，只听说计谋不足但靠神速取胜的，没有听说有计谋却要拖延战争时日的。战争时间长而对国家有利这种事，从来就没有过。因此，不能全面了解战争害处的人，也就不能真正懂得战争的有利之处。"

虽说大宋是一个富国，但宋仁宗对西北大军耗费国家大量钱粮而无所作为、屡遭败绩的状况十分不满，加上大宋北面还有一个虎视眈眈的大辽国时刻威胁着大宋安全，面对西北宋朝守军的一再拖延，仁宗皇帝再也等不及了，他要求西北边帅制定出进攻西夏的具体时间。

面对仁宗皇帝的催战诏书，前线的两位高级指挥官，一向志同道合的韩琦和范仲淹这时却出现了严重的分歧。

这一年，宋仁宗赵祯三十岁，韩琦三十三岁，范仲淹五十二岁。"三十而立，四十而不惑，五十而知天命"，而立之年的仁宗和韩琦血气方刚，而知天命之年的范仲淹却是老成持重，相比之下，在世事洞明、人生阅历等方面这两个年龄段的人有着巨大的差别，或许就是这一差别，在对待西夏是采取进攻还是防守问题上才会有截然不同的选择。

由于韩琦派大将任福只带七千人马就轻取白豹城，驻守白豹城的西夏军队不战而逃，大将任福骄傲之心滋生，回营交令时，述说元昊兵马不过是"西戎丑儿"，可"一鼓灭之"，这种情绪无疑影响到了韩琦，所以，在对待仁宗皇帝诏书问题上，韩琦主张进攻，认为应当毕其功于一役，果断出击，一举歼灭西夏来犯之敌。

然而，对于韩琦这种"速胜论"，范仲淹绝不同意，他认为：

> 今缘边城寨有五七分之备，而关中之备无二三分。若昊贼知我虚实，必先胁边城。不出战，则深入乘关中之虚，小城可破，大城可围，或东沮潼关，隔两川贡赋，缘边懦将，不能坚守，则朝廷不得高枕矣。为今之计，莫若且严边城，使持久可守；实关内，使无虚可乘。

> ——李焘：《续资治通鉴长编·卷一百二十七》

对此，韩琦表示坚决反对，他认为长期防守消耗大宋钱粮，长此以往，国力消耗不起，应当速战，主动出击。韩琦认为：

> 元昊聚兵出不意攻我，我仓卒赴敌，必败。

> ——李清臣：《韩忠献公琦行状》

范仲淹认为，战端一开就涉及无数将士身家性命，不可草率行事；韩琦却认为，战端一开，所有将士应将生死置之度外，即使为国捐躯也在所不惜！

韩琦、范仲淹争执不下，于是韩琦只得将两种意见一并上报，上书仁宗皇帝，提出"攻守二策"，其中，韩琦持"攻策"，范仲淹持"守策"，究竟仁宗皇帝如何定夺？仁宗皇帝的决定又对西北的大宋军队产生什么影响呢？

第三十回
韩琦发兵羊牧隆　任福兵败好水川

同为陕西经略安抚副使的韩琦、范仲淹在对西夏用兵的策略上争执不下，于是韩琦只得将两种意见一并上报，上书仁宗皇帝，提出"攻守二策"，其中，韩琦持"攻策"，范仲淹持"守策"，究竟仁宗皇帝如何定夺？

在对西夏用兵的策略上，仁宗皇帝自然倾向于韩琦的"攻策"，希望一劳永逸，一举歼灭西夏来犯之敌。这时，韩琦和范仲淹的共同领导，那位陕西经略安抚使夏竦的一番言辞，彻底坚定了宋仁宗出兵的决心。历来主张防御战略的夏竦突然力主大宋应当在正月出兵，而且义正词严地反驳范仲淹道："贼界已知所定进兵月日，岂得退却？"仁宗皇帝在听了夏竦这一番言语后，决定抛弃范仲淹的"守策"，采纳韩琦的"攻策"。于康定元年（1040 年）十二月下诏，命令鄜延、泾原两路次年正月上旬同时进兵讨伐元昊，并拨出内藏库绢一百万匹，划给三司，以助边疆军费。在此之前，十月，仁宗皇帝已经从内藏库拨出绢一百万匹给三司充作军费。显然，仁宗皇帝已经下了决心，要与元昊一决胜负的。

范仲淹得知消息后大惊，只得上书朝廷，称"鄜延路入界，必诸路最远"，不若"先修复城寨"，"择利进筑，因以牵制元昊东界军马"。而且，次年正月上旬就出兵，时间也太仓促。仁宗接到范仲淹奏疏，诏令范仲淹"与夏竦、韩琦等同谋，可以应机乘便，即不拘早晚出师"（李焘：《续资治通鉴长编》卷一百三十）。

历史就是这样的不可预测，往往在关键时刻，某位关键人物的一句话或许就改变了历史的走向。

夏竦（985—1051），字子乔，江州德安（今属江西）人。因为宋朝有恩荫的制度，最初他以父荫为润州丹阳县主簿，后担任台州通判。召直集贤院，编修国史，迁右正言。仁宗初年迁知制诰，为枢密副使、参知政事。明道二年（1033 年）罢知襄州。历知黄、邓、寿、安、洪、颖、青等州及永兴军。庆历七年（1047 年）为宰相，旋改枢密使，封英国公。后来罢知河南府，徙武宁军节度使，进郑国公。皇祐三年卒。

《宋史》记载，夏竦这个人年轻时为官刚正不阿，曾开仓救济百姓，颇得民心。曾任陕西经略安抚使，在好水川之战中被西夏打得大败，因此被贬职。同时，夏竦嫉贤妒能，曾上告仁宗，贬谪范仲淹、石介等贤臣，并且反对庆历新政。夏竦还是个贪官，家产数百万。

由此可见，夏竦这个人在好水川之败和庆历新政的失败这两件北宋王朝的大事上都扮演了重要的反面角色。《宋史》评价他"倾侧反覆，世以为奸邪"，这一评价可以说还是比较客观公允的。

康定二年（1041 年），宋仁宗为一举击溃西夏大军，采纳陕西经略安抚副使韩琦的建议，拟发泾原、鄜延两路大军反击。同任陕西经略安抚副使范仲淹持异议，坚决反对，仁宗皇帝只得令群臣再议。然而，西夏皇帝元昊可等不得北宋讨论出结果，他乘北宋是否进兵未决之际，率大军再度攻宋。

康定二年（1041 年）二月，元昊率西夏大兵十万从折姜（今宁夏同心县预旺东）进发，经天都寨（今宁夏海原），沿瓦亭川（今葫芦河）南下，直抵好水川地区。谋士张元献计，建议元昊发挥骑兵优势，采用设伏围歼战术，将主力埋伏于好水川口，派遣一部兵力至怀远城（今宁夏西吉县偏城）一带诱宋军入伏。元昊闻计大喜，立刻调兵遣将，吩咐引诱之将只准败，不准胜，务要将韩琦大军诱入包围圈。

韩琦闻西夏大军来攻，命环庆路副都部署任福率兵四万八千余人，自镇戎军（今宁夏固原）出发，途经怀远城、得胜寨（今西吉县将台北），最终抵达目的地是羊牧隆城（今西吉县兴隆镇西北），出西夏大军之后，伺机破敌。任福与泾原驻泊都监桑怿率精锐轻骑一万八千人先行出发，钤辖朱观、都监武英等带领三万兵马作为后军陆续跟进。临行前，韩琦反复嘱咐不可轻敌，应当时探时进，不可因冒进而误大事，"苟违节制，虽有功，亦斩"！任福领命而去。

临行前，韩琦告诫诸将："山间狭隘，可守，过此必有伏，或致师以怒我，为饵以诱我，皆无得辄出，待其归且惰也，邀击之。"（李清臣：《韩忠献公琦行状》）

二月十三日，任福带兵进至捺龙川（今西吉县偏城东北），探马来报，镇戎军西路都巡检常鼎等正与西夏大军战于张义堡（今固原县张易）南，遂转道南进，急趋交战处。任福拍马舞铜一路冲杀，宋军乘势掩杀，杀死近千余西夏兵士。任福带领精锐骑兵赶到张义堡支援，于是西夏军佯败，诱宋军追击。接连几次的小胜，让这位任福大将军有点飘飘然了。

这时，有快马飞奔而来，军校呈上韩琦亲笔书信，信中告诫任福不可冒进，应当先侦察后进兵。被胜利冲昏头脑的任福不以为然，带兵脱离辎重，轻装尾随追击。黄昏，宋军追至好水川，由于长途追击，粮草不继，人困马乏，饥渴交迫，于是任福命宋军就地安营扎寨。

朱观、武英带领本部人马驻扎笼洛川（今隆德西北什字路河）。相约次日会兵好水川口，合击西夏大军。十四日，任福、桑怿引军循川西行，至羊牧隆城东五里处，只见此地郁郁葱葱，森林茂密，一眼望去，不见边岸，无法分清方向。

再说西夏皇帝元昊此时擂鼓升帐，密授计谋，众将质疑道："林木如此茂密，宋军穿行于其中，无法辨识踪迹，如何杀敌？"元昊说道："诸位莫急，我自有计分辨敌军位置，还请诸位明日看场好戏！"

第二天，任福率大军出六盘山，接近羊牧隆城时，进军的北宋士兵惊讶地发现山谷中的道旁放置数个银泥盒，任福命士兵将盒打开，突然百余只带哨家鸽从盒中飞出，任福大叫："不好！中计了！"原来这带哨家鸽正是为西夏大军发出的合击信号。

霎时间，西夏大军号角齐鸣，鼓声大震，西夏铁骑满山遍野杀奔宋军而来。此时，宋军阵未成列，即遭西夏铁骑冲击。激战多时，宋军混乱，企图据险抵抗。西夏大军阵中忽然竖起两丈余高的大旗，挥左左边伏兵起，挥右右边伏兵起，居高临下，左右夹击，宋军死伤甚众，任福孤军深入，深陷重围，依旧挥舞四刃铁铜左右冲杀，誓与敌军血战到底，身中十余箭，浑然不知。这时，有一小将刘进冲到跟前，劝其突围。

面对部将刘进的规劝，任福不为所动，大喊道："吾为大将，兵败，以死报国尔!"言毕,挥四刀铁锏,挺身决斗,枪中左颊,绝其喉而死。

这时,朱观、武英带本部人马进至姚家川（什字路河口),亦陷入西夏大军重围中。自辰时交战到午时,宋军溃败,宋军将士战死一万零三百余人。任福之子任怀亮战死于乱军之中,桑怿、刘肃、武英、王珪、赵津、耿傅均战死。其中王珪为行营都监,率四千五百人自羊牧隆城来援,被西夏大军击败。他面向东方再拜,说道:"并非臣有负于国家。无奈力不能支,独有一死而已。"言毕,王珪持鞭上马,独自冲入西夏大军之中,挥舞铁鞭,直打得那铁鞭弯曲,手掌尽裂,气力衰竭,犹能奋目如电。胯下战马三次中箭,他三次换马,最后只得到一匹下等战马,尚且左右奔驰击杀,又杀敌数十人。不料一箭飞来,正中他的眼睛,战死沙场。昔日曾以三千兵马重创元昊大军的一代名将王珪就此为国捐躯。

此役宋军四万八千余人几乎全军覆没,仅朱观带领所部千人逃脱。西夏大军获胜后,闻宋环庆、秦凤路派兵来援,遂回师。宋夏好水川之战,宋军尸横遍野,惨不忍睹。

在宋夏战争的历史上,西夏皇帝元昊运筹周密,预先设伏,诱宋军就范,发挥骑兵优势,突然袭击,一举获胜,对于西夏而言,这是一次成功的伏击战;对于北宋而言,这是宋夏开战以来继三川口之战后的第二次大败。西夏相国张元在界上寺壁写诗嘲笑夏竦和韩琦道:

夏竦何曾耸,韩琦未足奇。满川龙虎辇,尤自说兵机。

——太师、尚书令兼中书令张元随大驾至此题

（吴广成《西夏书事》卷十五）

面对好水川之败,韩琦如何应对呢?

第三十一回
雍琴垂泪虚情恨　羌笛残梅未胜愁

宋夏好水川之战，以宋军的惨败、西夏军的完胜告终。消息传到北宋朝廷后，朝野震惊，宋仁宗悲痛欲绝，泪流不止。

作为大将任福的上级，韩琦主动上书谢罪：

> 臣馨所领将士以御贼，独居孤垒之中，日俟胜捷。而福等不依臣指纵，邀其归路，以致败亡，上挫国威，愿正显戮。

韩琦主动要求撤职查办。

北宋朝廷追究败军之责，撤去了夏竦的职务，韩琦、范仲淹也被调职他用。韩琦降为右司谏、知秦州；范仲淹因为擅自回复元昊的书信被降为户部员外郎、知耀州（今陕西耀县）。

韩琦被撤职离开前线时，数千百姓拦在路边，把他截了下来。有的百姓披麻戴孝，有的百姓抛撒纸钱，有的干脆走上前来抓住韩琦胯下坐骑的缰绳，哭着对韩琦大喊道："韩相公，我儿随你出征，现在你安然无恙，我的儿子在哪里啊！"这些百姓都是好水川战死将士的眷属。

此时此刻，此情此景，韩琦仰天长叹，泪流满面，闻听百姓哭声更觉得撕心裂肺，肝胆俱裂，内心深深自责。悔不听希文兄（范仲淹的字）良言，致有今日之败，连累百姓丧子丧夫。怪只怪自己一意孤行，用人不当，轻信任福，招致惨败，损我大宋国威。

这一刻，韩琦想到了自己离开淄州赴京任职时的情景，想那时，自己恪尽职守，深受百姓爱戴，淄州百姓拦住自己的去路，苦苦挽留。不想今日反遭百姓记恨！韩琦掩泣驻马不能行进，这时他才真正明白范仲淹的苦口婆心，"战端一开就涉及无数将士身家性命，不可草率行事"。

百姓对韩琦的记恨没过多久便烟消云散了，因为夏竦派人打扫战场时，找到了任福的尸体。在任福的战袍内发现了韩琦写给他"不可冒进，应当先侦察后进兵"的书信。朝廷这才知道事情的真相，得知真相的百姓也原谅了韩琦。

好水川之战已经过去了近一千年的时间，我们反思这场战役，应当可以得出一个历史性的结论。大举发兵出击的作战方案，主要是韩琦制定的，而他所选定的各路大军的主将是怀庆路副总管任福。从史书的记载来看，韩琦的作战方案是审慎可行的，但任福等部分将领却未能严格按照作战方案进兵。尽管发兵前韩琦再三告诫，违令者"有功亦斩"，但任福等人却违背作战方案，在好水川中了元昊大军的埋伏。在元昊十万精兵的重重包围下，尽管有像王珪、武英、朱观等一批将领的英勇作战，也终于难逃几万大军全军覆没的悲惨命运，任福父子以及王珪、武英、赵津、耿傅全部英勇战死。

好水川战败的直接原因是任福等将领违背原作战方案，中了敌人的诱兵之计和四面埋伏。然而，从总体上看，韩琦主张立即大举发兵在战略上是低估了西夏的军事力量，过高地估计了北宋的军事力量。事实证明，范仲淹主张以防守为主的谨慎行事的意见是正确的。好水川的战败，韩琦主动地承担了主要责任：他在指挥上不能使部将坚守原定作战方案，在战略上犯了轻敌的错误。这也反映了韩琦知错必改，主动承担责任的高贵品格。

好水川之败对韩琦产生了深远的影响，有韩琦的七律《闻角》为证，诗云：

古堞连云暝霭收，呜呜清调起边楼。雍琴垂泪虚情恨，羌笛残梅未胜愁。数曲伴风吹戍垒，几番侵梦入宾邮。听来便觉春心破，素发生多不待秋。

诗篇抒写了作者韩琦于傍晚时分听到角声响起时的内心感慨。西北前线高入云霄的古城笼罩在傍晚的烟雾中；凄清的角声在边关戍楼上呜呜响起。夜色苍茫而乐声凄清，渲染出边关独特悲凉的气氛。

韩琦以"雍琴垂泪"与"羌笛残梅"两个著名的典故咏喻角声，言角声不能消除别恨，也难以消解离愁。战国时有位乐人，人称"雍门周子"，善鼓琴，琴声哀婉，后人便以"雍琴""雍门琴"指哀伤的曲调。"残梅"之"梅"指古笛曲《梅花落》，"雍琴"这种哀伤的曲调使情与恨化为虚无，韩琦人在戍垒，风卷角声，侵扰睡梦，以致多次梦见问候平安的家书，此句显出浓烈的思乡离愁。

人在春日，本应满怀激情与梦想，但凄凉的角声改变了人的惯常心理，即使在春天也因多愁而白发多生。"春心破"而"素发生"，极言角声引发的心理煎熬。韩琦此诗紧扣"闻角"题旨，句句不离角声，字字蕴涵凄凉，既是西北边关气象的写照，也是诗人戍边思情的表白，从一个侧面反映出北宋好水川失败后韩琦的内心世界。

究竟韩琦如何走出好水川之败的阴影？韩琦如何振作精神与范仲淹共同抵御西夏？

第三十二回

军中有韩敌心寒　营内有范敌破胆

宋军兵败好水川，朝廷追责，夏竦被解职，判永兴军，陈执中被任命为陕西安抚经略招讨使，曹琮为副使。韩琦与范仲淹被解除陕西安抚经略招讨副使的职务。然而，事实证明，夏竦和陈执中并无统率全军、建设边防、抵御外敌的能力，不久夏竦和陈执中均被免除西北边防统帅的领导职务。

庆历元年（1041 年）十月，北宋朝廷分陕西为秦凤、泾原、环庆、鄜延四路，韩琦知秦州，王沿知渭州，范仲淹知庆州，庞籍知延州，并各兼本路马步军都部署、经略安抚缘边招讨使。边防建设从此出现了有利于北宋王朝的新局面。

庞籍治理延州有方，他起用狄青为部将，狄青作战勇敢，屡立战功，使得延州固若金汤。

狄青（1008—1057），字汉臣，汾州西河（今山西）人，北宋名将。他面有刺字，善骑射，人称"面涅将军"。他出身贫寒，宋仁宗宝元元年（1038 年）为延州指挥使，勇而善谋，在宋夏战争中，他每战披头散发，戴铜面具，冲锋陷阵，立下了卓越的战功。朝廷中尹洙、韩琦、范仲淹等重臣都与他的关系密切。

尹洙任经略判官时，狄青以指挥使身份求见，尹洙与他谈论军事，很欣赏他，便把他推荐给经略副使韩琦和范仲淹，并说："这是良将之才。"韩琦和范仲淹二人一见狄青，便认为他是个奇才，对他厚礼相待。韩琦与他谈论兵事，范仲淹教他读《左氏春秋》。范仲淹对他说："将帅不知古今历史，就只有匹夫之勇。"狄青从此改变志趣，认真读书，终于精通秦汉以来将帅的兵法，最终成为一代名将。

范仲淹治理庆州，安抚羌族等少数民族，修筑大顺城，成绩卓著。

在抵御西夏的战略问题上，范仲淹始终主张坚守为上的策略。范仲淹精通历史，三国时期的诸葛亮六出祁山、北伐中原的事例对他启发很大。想当初，被世人尊称为智圣的汉丞相、武乡侯诸葛亮带领三十余万蜀国大军讨伐魏国。魏国任命司马懿为征西大都督，抵御诸葛亮。老谋深算的司马懿采用深沟高垒、坚守不战的策略，屡次迫使诸葛亮粮尽退兵，使得这位大名鼎鼎的智圣诸葛亮星落五丈原，"出师未捷身先死，长使英雄泪满襟"，最终魏国赢得战争的胜利。

在大国抵御小国，富国抵御穷国的军事策略上，范仲淹的主张无疑是正确的。

然而，渭州知州王沿却命令副总管葛怀敏带兵大举进攻，由于葛怀敏的指挥无能，轻敌深入，不听名将、泾原都监赵珣的劝告，导致渭川战役的失败（有的书上称为定川寨之败），结果，葛怀敏以及部将曹瑛等十六人全部死难，九千四百余名士兵陷没于敌阵。这是继三川口、好水川之后的宋军第三次惨败。渭川之战的失败（定川寨之败），除了葛怀敏指挥错误之外，其他各路大军未能及时出兵救援也是重要原因。

韩琦自好水川之败后，认真总结经验教训，转变策略，由进攻转为防守，大量使用当地人民的力量来抵御西夏的进攻，他明确指出："对于延边城寨，必须加紧时间修缮，使敌军无机可乘。加强防守，最好的办法就是使用土兵。土兵相比中央禁军，熟悉当地地形，战斗经验丰富，战斗力较强。"韩琦提到的"土兵"，就是由陕北当地百姓子弟组成的地方军队。韩琦从这些军队里选拔出大量的羌族和藏族士兵充任弓弩手，提高了宋军的战斗力，有效地遏制了元昊大军的进攻。

范仲淹总结历年来的经验教训，向朝廷上奏，请求与韩琦共同经略泾原，并建议诏令庞籍兼领怀庆，以便在秦凤、泾原、怀庆、鄜延四路和三人（即韩琦、范仲淹和庞籍）之间，形成相互联防、相互救援、首尾相顾的掎角之势。宋仁宗采纳了范仲淹的这一建议，从此，西北边防建设和防御可以说是真正步入正轨，终于找到了一个符合实际、切实可行的有利方案，边疆建设出现了新的局面，西夏皇帝元昊屡次进兵均无功而返，只得在表面上取消帝号请求归顺。西夏和北宋终于达成和议，宋夏停战，恢复了正常的经济和文化往来。

韩琦终于从好水川之败的阴影中走出来，认真落实坚守的战略，与范仲淹一同抵御西夏，两人同心协力，互相声援，受到边境地区人民的爱戴，在安定西北边防方面做出了突出的贡献。由于两人守边疆时间最长，又名重一时，人心归服，北宋朝廷倚为长城，故天下人称为"韩范"。边塞上传诵这样的歌谣："军中有一韩，西贼闻之心骨寒。军中有一范，西贼闻之惊破胆。"

　　韩琦和范仲淹久镇边陲，劳苦功高，于宋仁宗庆历三年（1043 年）四月被北宋朝廷同时升为枢密副使。枢密院是北宋掌管全国军务的最高机构，担任枢密副使的韩琦又有哪些作为呢？

第三十三回
晏同叔商议议和　韩稚圭独持异议

　　韩琦和范仲淹久镇边陲，采用坚守战略，成功遏制西夏大兵进犯，劳苦功高。宋仁宗庆历三年（1043 年）四月，韩琦和范仲淹被北宋朝廷同时升为枢密副使。

　　这枢密副使是北宋中央军事指挥机构枢密院的副长官，用今天的话说啊，相当于中央军事委员会副主席。韩琦和范仲淹地位之高，在宋仁宗心目中分量之重，由此可见一斑。

　　枢密使的官职由来已久，始置于唐代宗（762—779 在位）时，由宦官担任。五代时期，枢密使改用士人，后梁时期枢密使曾经一度改名为崇政使。担任枢密使的人都是皇帝的心腹之臣，其权势越来越大，枢密院开始取代中书门下，成为中央政府。到了宋太祖乾德二年（964 年），宋朝开国元勋赵普出任宰相，中央事务权力开始从枢密院转到中书门下，枢密院仅仅掌握军政大权。宋太宗淳化元年（990 年），太宗皇帝听从左正言、直史馆谢泌的谏言，从此，凡行政事务送中书，凡军机事务送枢密院，凡财货事务送三司。枢密院遂成为专门掌管军政事务的机构。

　　虽说韩琦与范仲淹久镇边陲，成功遏制元昊大军进犯，双方停战，但西夏与北宋的和议谈判却异常艰难。

　　宋仁宗庆历三年（1043 年）三月，元昊派出使臣贺从勉来到北宋议和。这一议和活动是在西夏大举进攻北宋并且接连取得三川口、好水川、渭川战役胜利的背景下进行的，西夏使臣难免表现得傲慢不逊。

　　西夏提出的议和条件是：西夏不向北宋称臣，双方约为父子之国，北宋皇帝为父，西夏皇帝为子；元昊自号"兀卒"，自建年号；北宋使臣出使西夏，位在西夏宰相之上，但应和西夏臣僚一起参拜"兀卒"。

　　听到西夏提出的这种议和条件，北宋朝廷之上群情激愤，严词拒绝。

北宋朝廷遂提出西夏应向北宋称臣，元昊由北宋册封为夏国主，元昊可以自行设置官职；北宋使臣出使西夏时，北宋使臣应和辽国使臣享有相同的待遇（西夏和辽国具有姻亲关系，故北宋提出此要求，以示地位较高）；北宋在保安军设置榷场，双方进行贸易；北宋每年赐给西夏绢十万匹、茶三万斤。

宋仁宗庆历三年（1043 年）四月初六，北宋派邵良佐为使臣前往西夏议和，西夏使臣贺从勉和邵良佐一同返回西夏。邵良佐在西夏停留三个月，双方议和谈判却丝毫没有进展。七月二十日，邵良佐回京。双方开始在北宋议和，这次西夏派出的使臣是吕你如定。吕你如定提出了十一项议和条件，不仅坚持西夏对北宋称子不称臣，而且还把元昊的名号由"兀卒"改为"吾祖"，以羞辱北宋君臣。变本加厉的条件彻底激怒了北宋群臣，他们纷纷上书指责西夏傲慢不逊，要求仁宗皇帝拒绝议和。宰相晏殊却准备答应西夏的要求，这时，枢密副使韩琦挺身而出，坚决反对。

晏殊（991—1055），字同叔，抚州临川人。北宋著名文学家、政治家。他从小聪明好学，五岁就能创作，有"神童"之称。景德元年（1004 年），江南按抚张知白听说这件事，将他以神童的身份推荐。次年，十四岁的晏殊和来自各地的数千名考生同时入殿参加考试，晏殊的神色毫不胆怯，用笔很快完成了答卷。受到宋真宗的褒奖，赐同进士出身。宰相寇准说道："晏殊是外地人。"皇帝回答道："张九龄难道不是外地人吗？"过了两天，又要进行诗、赋、论的考试，晏殊上奏说道："我曾经做过这些题，请用别的题来测试我。"他的真诚与才华更受到宋真宗的赞赏，于是授其秘书省正事，留秘阁读书深造。他学习勤奋，交友持重，深得直使馆陈彭年的器重。景德三年（1006 年），召试中书，任太常寺奉礼郎。

宋仁宗明道元年（1032 年），晏殊升任参知政事（副宰相）加尚书左丞。第二年，晏殊因谏阻刘太后"服衮冕以谒太庙"而被贬知亳州、陈州。五年后召任刑部尚书兼御史中丞，复为三司使。时值元昊称帝，建立西夏国，并出兵陕西一带，而宋将屡屡败退。晏殊全面分析当时的军事形势，从失利中找原因，针对存在的问题，奏请仁宗后，办了四件加强军备的大事：撤销内臣监军，使军队统帅有权决定军中大事；招募、训练弓箭手，以备作战之用；清理宫中长期积压的财物，资助边关军饷；追回被各司侵占的物资，充实国库。由此，韩琦和范仲淹才能带领宋军较快遏制西夏大军的进犯。

晏殊在文学上能诗、善词，文章典丽，书法皆工，而以词最为突出，有"宰相词人"之称。他的词，吸收了南唐"花间派"和冯延巳的典雅流丽词风，开创了北宋婉约词风，被称为"北宋倚声家之初祖"。其"无可奈何花落去，似曾相识燕归来"（《浣溪沙》）、"昨夜西风凋碧树。独上高楼，望尽天涯路"（《蝶恋花》）、"念兰堂红烛，心长焰短，向人垂泪"（《撼庭秋》）等佳句广为流传。

晏殊虽多年身居要位，却平易近人。他唯贤是举，范仲淹、孔道辅、王安石等均出自其门下；韩琦、富弼、欧阳修等皆经他栽培、荐引，都得到重用。韩琦与晏殊交往甚厚，然而，在原则问题上韩琦却丝毫不会让步，在是否答应西夏议和条件问题上，韩琦与晏殊意见相左。

这日朝会，宰相晏殊上奏宋仁宗："诸位大臣意见相同，都主张接受元昊的条件，只有韩琦反对。"宋仁宗询问韩琦其中原委，韩琦出班启奏，历数了接受西夏元昊条件后，将会给国家带来的巨大危害。宋仁宗听后，指示中书、枢密院两府大臣继续讨论议和一事。朝会结束后，两府大臣在政事堂继续讨论是否接受西夏议和条件，韩琦坚持反对态度，宰相晏殊气急色变，拂袖而去。

韩琦回到府中，针对议和一事，思索再三，提笔写就《论与元昊议和有三患奏》，准备来日上奏皇帝，究竟韩琦在奏疏中是如何论述的呢？

第三十四回

上疏三患拒议和　备御七事论新政

在对待西夏提出的议和条件上，枢密副使韩琦与宰相晏殊意见相左，韩琦主张坚决拒绝西夏提出的极为苛刻的议和条件，回府之后写就《论与元昊议和有三患奏》准备来日上奏仁宗皇帝。

第二天早朝，韩琦出班启奏，仁宗皇帝打开奏疏御览，只见韩琦提出与西夏议和存在三患："既不可屈，则恐因此为名，再骧誓约，引一患也。""必忿而兴兵，北虏亦谓阻其来意，缘此生事，此二患也。""贼既从命，则契丹以为己功，遣使来贺，或过自尊大，或频有邀求，久则难从，此三患也。"这是什么意思呢？

原来，北宋朝廷曾经派梁适作为使臣出使辽国，让辽国从中斡旋，欲达到让元昊向北宋纳和称臣的目的。

辽国在回答北宋的国书中写道："梁适所说西夏一事，我大辽国已派出右金吾上将军耶律祥、彰德军节度使王惟吉，携带诏书前往西夏，谕令元昊罢兵息战。西夏在李德明当政时期，大辽国曾经册封他为夏国主，允许其自置官职。到元昊时，大辽国也允许他袭位夏国主。当时，大辽国派遣使臣前去西夏，会见时一直都是坐于矮殿之上接受夏国主参拜的。现在辽宋两国事同一家，如果元昊向大宋请罪求和，大宋对元昊的册封礼仪，也应当和我大辽国一样。"

韩琦看到大宋使臣邵良佐所记《贼中语录》，其中记录了西夏人的话，西夏人说："大宋朝廷要议和，何必让契丹人从中斡旋？"不久前，元昊先派人到保安军，称大宋朝廷派梁适前往辽国，令西夏同大宋议和。辽国已派耶律祥等人到西夏，所以西夏派贺从勉前来议和。贺从勉前来大宋议和，正是元昊接受辽国的谕令所致。然而，当西夏使臣贺从勉与大宋使臣邵良佐交涉时，西夏却拒不向大宋称臣。韩琦认为这其中必有缘故，如果大宋朝廷急于停战，允许元昊不向大宋称臣，辽国知道后必然会在宋辽两国的名分上提出别的要求；如果我大宋不肯接受这些要求，辽国就会以此为借口，再次破坏宋辽已经订立的盟约。韩琦认为这种状况是大宋与西夏议和的第一大隐患。

说到这儿啊，我们有必要说一下宋辽之间的"澶渊之盟"。想当初，宋太宗病故，宋真宗刚刚即位，辽国大军进犯中原，大宋朝野震惊。君臣惶恐，真宗皇帝本欲迁都金陵避敌，也就是俩鸭子加一个鸭子——撒丫子逃跑。宰相寇准力排众议，坚决主张真宗皇帝御驾亲征，宋真宗赵恒这才勉强来到澶州城，宋军前线将士得到鼓舞。真宗皇帝在城楼上召见了各军将领，宋军将士看到城楼上的黄龙旗，得知皇帝到了，立即高呼万岁，士气大振，将辽军打退数十里。

辽国南京统军使萧挞凛恃勇，率数十轻骑在澶州城下巡视。宋军大将张环（一说周文质）在澶州前线以伏弩射杀辽南京统军使萧挞凛，辽军士气受挫，萧太后等人闻萧挞凛死，痛哭不已，为之"辍朝五日"。辽军大将萧挞凛阵亡，使得辽军陷入进退两难境地，于是辽国派人求和。

宋辽达成协议：辽宋为兄弟之国，辽圣宗年幼，称宋真宗为兄，后世仍以此论。辽归还宋遂城及涿、瀛、莫三州并且宋辽以白沟河为国界，双方撤兵。此后凡有越界盗贼逃犯，彼此不得藏匿。两朝沿边城池，一切如常，不得创筑城隍。宋方每年向辽提供"助军旅之费"银十万两，绢二十万匹，至雄州交割。双方于边境设置榷场，开展互市贸易。

从此，宋辽两国的兄弟之国名分长达数十年没有改变过。韩琦能够在处理大宋与西夏的关系上，考虑到大宋与辽国的关系，可谓是在外交上颇有远见。

除了以上考虑，韩琦还有更深刻的思考。如果大宋只同意册封元昊为夏国主，其交换条件是增加送给西夏的岁赐数目，大宋朝廷也不再派人出使西夏，只要求西夏使臣把大宋的诏书带回去。恐怕西夏会大失所望，以为大宋已经拒绝议和，必然会恼羞成怒发兵攻打。辽国也会认为大宋拒绝他们的斡旋，以此生事。这是与西夏议和的第二大隐患。

如果大宋再派遣使臣携带诏书前往西夏，告谕元昊大宋对西夏的册封应和辽对西夏的册封相同，即西夏必须向大宋称臣，大宋则增加送给西夏的岁赐的数目。西夏同意之后，恐怕辽国认为双方的议和成功是辽国人从中斡旋的成果，辽国就会派使臣前来大宋邀功，辽国妄自尊大就会成为必然，到那时，他们会经常向大宋索求报酬，长久下去大宋势必难以答应。这是与西夏议和的第三大隐患。

韩琦认为，大宋朝廷本想借辽国来压服元昊，事情还未成功就形成了三患，在迫不得已的情况下，只得挑选其中危害最轻的方案。那么元昊要求自号"吾祖"，自称年号，大宋使臣到达西夏后，和他们的臣子一起参拜元昊，这些要求难道是可以答应的吗？韩琦希望仁宗皇帝诏令中书、枢密院两府大臣们对此再三讨论，使大宋朝廷不失体面，宋辽两国无争端，这样同西夏议和，才算可行。

由于枢密副使韩琦的极力反对，大宋朝廷最终放弃了尽快与西夏达成协议的打算，再次派出大理寺丞张子奭前往西夏议和。大理寺丞张子奭已动身前往西夏，然而韩琦却陷入深深的思索之中，大宋何时才能革除弊政，国富兵强？接连数日，韩琦辗转反侧，夜不能眠。终于，韩琦于宋仁宗庆历三年（1043 年）七月二十九日向宋仁宗上疏，全面阐述了自己革除弊政、实施新政的主张，这就是著名的《论备御七事奏》，由此拉开了庆历新政的序幕。

庆历新政是怎么一回事？韩琦在这场改革中究竟扮演了怎样的角色？

第三十五回

三冗致朝廷贫弱　七事助大宋富强

宋仁宗庆历年间，西夏在宋夏战争中虽多次获胜，但损失巨大，人心厌战，民怨沸腾，于是宋夏开始转入旷日持久的"庆历议和"。这时，北宋朝廷的"三冗"问题日益突出，所谓"三冗"即指"冗员、冗兵、冗费"，"三冗"造成北宋王朝积贫积弱的局面。

宋仁宗庆历三年（1043 年）七月二十九日，为改变北宋王朝积贫积弱局面，实现富国强兵的目的，韩琦向宋仁宗上疏，全面阐述了自己革除弊政、实施新政的主张，这就是著名的《论备御七事奏》，由此拉开了庆历新政的序幕。

这庆历新政就是要全面解决"三冗"问题。那么，北宋王朝的"三冗"问题是如何产生的呢？

想当初，后周显德七年（960 年），后周殿前都点检赵匡胤发动陈桥兵变，黄袍加身，一夜之间由一名带兵武将变成了君临天下的皇帝。赵匡胤对这抢来的江山那是倍感珍惜啊，同时也时时刻刻防范自己手下的武将向自己学习，于是，他在北宋王朝建立后，为了维护中央集权、防止地方割据势力产生，采取了一系列措施。

政治上：北宋王朝于内庭设"中书门下"（政事堂），由同中书门下平章事掌管民政权，为限制宰相权力，增设副宰相"参知政事"。

军事上：废除统领禁军大权的殿前都点检，增设殿前司、侍卫马军司、侍卫步军司，由"三帅"分别统领禁军，为限制三帅的权力过大，又在中央设枢密院，掌管调兵权。

财政上：设置三司（盐铁、度支、户部），三司使由皇帝亲信担任，掌管财政大权。

赵匡胤为了进一步加强中央集权，削弱官员的权力，实行一职多官，同时由于大兴科举、采用恩荫制、奉行"恩逮于百官唯恐其不足"的笼络政策，导致官员多贪恋权位，行政效率低下，官僚机构庞大而臃肿，各级官员缺乏进取心，"冗员"问题突出。

为了稳定社会秩序，抵御北方民族的南侵，北宋初年实行守内虚外策略，奉行"养兵"之策，废除府兵制，改为招募制。至仁宗时，全国军队总人数已达一百四十余万，形成了庞大的军事人员体系，养兵的费用，竟达到全部赋税收入的十分之七八；同时，皇帝为了防止武将专权，在军队中实行"更戍法"，使得兵将之间不相熟悉，兵士虽多但不精，削弱了军队的战斗力，对外作战时处于不利地位，从而形成"冗兵"。军队、官员的激增导致财政开支的增加，使得本就拮据的政府财政更加入不敷出，同时，在对西夏和辽的战争中，宋代统治者也常常付出大量金银和布匹，以金钱财富买得一时平安，再加上统治者大兴土木、修建寺观等，于是就形成了"冗费"。

三者紧密地联系在一起，最终形成北宋积贫积弱的局面。在经历了抵御西夏军事斗争之后，韩琦对改革弊政有了更深刻的见解。

韩琦的《论备御七事奏》这样写道：

臣闻汉文帝袭高、惠承平之后，躬行节俭，国治民富，刑措不用。时贾谊上书言事，尚以为可恸哭太息，岂其过哉？盖忧深思远，图长久之计，欲大汉之业垂千万世而无穷者也。今陛下绍三圣之休烈，仁德远被，天下大定，民乐其生者八十余载矣，而臣窃睹时事，谓可昼夜泣血，非直恸哭太息者，何哉？盖以西、北二敌，祸畔已成，而上下泰然，不知朝廷之将危，宗社之未安也。臣今不暇广有援引，请粗陈其大概。窃以契丹宅大漠，跨辽东，据全燕数十郡之雄，东服高丽，西臣元昊，自五代迄今，垂百余年，与中原抗衡，日益昌炽。至于典章文物、饮食服玩之盛，尽习汉风，故虏气愈骄，自以为昔时元魏之不若也。非如汉之匈奴，唐之突厥，本以夷狄自处，与中国好尚之异也。近者复幸朝廷西方用兵，违约遣使，求关南之地，以启争端。朝廷爱念生民，为之隐忍，岁益金币之数，且固前盟，而尚邀献纳之名，以自尊大。其轻视中国，情可见矣。

又元昊父祖以来，蓄养奸谋，招纳亡命，虽外示臣节，而内完兵力。

至元昊则好乱逞志，并甘、凉诸番，以拓境土，自度种落强盛，故僭号背恩，北连契丹，欲成鼎峙之势，非如继迁昔年跳梁于银、夏之间尔。元昊累岁盗边，官军屡衄，今乘定川全胜之势，而遣人约和，则知其计愈深，而其事可虞也。议者或谓昨假契丹传导之力，必事无不合，岂不思契丹既能使元昊罢兵，岂不能使元昊举兵乎？况比来辞礼骄抗，殊未屈下，契丹之言，既已无验，亦恐有合从之策，夹困中原。朝廷若轸西民之劳，暂求休养元元，且以金帛啖之，待以不臣之礼。臣恐契丹闻之，谓朝廷事力已屈，则又遣使移书，过邀尊大之称，或求朝廷不可从之事。隳其誓约，然后驱犬羊之众，直趋大河，复使元昊举兵，深寇关辅，当是时，未审朝廷以何术而御之？或西鄙称藩，专事契丹，陛下亲御六师，临澶渊以待之，即未知今之将卒事力与环卫统帅，比真宗北征时何如？如欲驻跸北京，以张军势，臣恐敌众由德、博渡河，直趋京师，则朝廷根本之地，宗庙、宫寝、府库、仓廪、百官、六军室家所在，而一无城守之略，陛下可拥北京之众却行而救之乎？臣所以谓可昼夜泣血者，诚忧及于此，冀陛下一悟，而急为拯救也。朝廷若为今之盟约，尚可固结，则前三十年之信誓，朝廷何负于彼，而一旦违之哉？彼豺狼之心，见利而动，又可推诚以待之乎？夫得于先见，预为之防，则功逸而事集。若变生仓卒，骇而图之，虽使良、平复生，为陛下计，亦不能及矣。臣是以夙夜思之，朝廷若不大兴纪律，则必不能革时弊而弭大患，臣辄画当今所宜先行者七事，条列以献其大略：

一曰清政本。夫枢密院，本兵之地，今所主多苛碎、纤末之务。中书公事虽不预闻，恐亦类此。谓宜诏中书、枢密院，事有例者著为法，可拟进者无面奏，其余微锁，可悉归有司，使得从容谋议。赐对之际，专论大事。二曰念边事。今政府循故事，才午即出，欲稍留则恐疑众，退朝食罢，匆遽签书而去，何暇议及疆事哉？谓宜须未正方出，延此一时，以专边论。三曰擢贤才。自承平以来，用人以叙迁之法，故遗才甚多。近中书、枢密院求一武臣代郭承祐，聚议累日不能得。谓宜效祖宗旧制，于文武臣中不次超擢，以试其能。四曰备河北。自北虏通好三十余年，武备悉废，近慢书之至，骚然莫知所为。宜选运使二员，密授经略，责以岁月，使营守御之备，则我待之有素也。五曰固河东。前岁昊贼陷丰州，掠河外属户殆尽，麟、府势孤绝。宜责本道帅度险要、建城堡、省转饷，为持久之计。六曰收民心。祖宗置内藏库，盖备水旱兵革之用，非私蓄财而充己欲也。自用兵以来，财用匮竭，宜稍出金帛以佐边用，民力可宽而众心安矣。七曰营洛邑。今帝都无城隍之固以备非常，议兴葺则为张皇劳民，不若阴葺洛都以为游幸之所，岁运太仓羡余之粟，以实其廪庾，则皇居状矣。

韩琦在这封奏疏中回顾了北宋王朝与辽国和西夏的关系，并一口气提出了七个建议：

一曰清政本。枢密院本来就是掌管军国大事的官署，应当从容谋议军国大事，其他不重要的事情交由有司处理。

二曰念边计。朝会应当延长一个时辰，专门讨论边疆事务。

三曰擢贤才。应当仿效祖制，测试文武臣僚的才能，不论个人资历如何，只要有才能，就破格提拔。

四曰备河北。应当专门任命两名转运使，密授其使命，让他们在规定的时间内，完成防御辽的军事设施和准备工作，对辽国的可能入侵做到有备无患。

五曰固河东。应当责成西北边疆将帅，探测险地，增修城堡，节减军费，准备与西夏长期对峙，展开持久战。

六曰收民心。应当打开内藏库，取出金帛财物，用以弥补常年用兵西北的亏空，减轻百姓负担，安定民心。

七曰营洛邑。营建洛阳，平时以开封为国都，战时移都地势险要的西京洛阳。

韩琦向仁宗皇帝上奏《论备御七事奏》之后，心潮澎湃，不能自已。几日后，他再次上书，进一步提出八项救弊主张：选将帅、明按察、丰财利、遏侥幸、进能吏、退不才、谨入官、去冗食，目的在于针对时弊进行全面革新。

仁宗皇帝看过韩琦的《论备御七事奏》这篇奏疏之后，不由得被韩琦心系朝廷、胸怀天下、忧国忧民的一片赤诚忠心所感动，被韩琦直言善谏、改革弊政、图新求强的进取精神所鼓舞。于是，宋仁宗庆历三年（1043 年）八月十二日，仁宗皇帝提升枢密副使、右谏议大夫范仲淹为参知政事（副宰相），任命富弼为枢密副使，让他们与韩琦一起谋划新政。

宋仁宗庆历三年（1043 年）九月，范仲淹、富弼、韩琦等人提出十项改革方案：明黜陟，抑侥幸，精贡举，择官长，均公田，厚农桑，修武备，减徭役，覃恩信，重命令。这一举动标志着庆历新政的正式开始。

庆历新政这场改革会顺利进行吗？在改革的过程中又有哪些故事呢？

第三十六回

臣子上条陈十事　皇帝推庆历新政

宋仁宗庆历三年（1043 年）八月，宋仁宗接受韩琦建议，欲推行新政，有道是："致天下之治者在人才"，想要改革，首先必须有推行改革的得力人才，仁宗皇帝选择了范仲淹。

仁宗皇帝下诏，任命正在担任枢密副使、右谏议大夫的范仲淹为参知政事，主持新政事务。范仲淹接到诏书后回答说："执政一职可以由谏官任上取得吗？"坚持辞谢不受，表示自己愿意与韩琦出行边疆地区，于是被任命为陕西宣抚使。未及前往上任，仁宗皇帝再次任命他为参知政事。

难道范仲淹不想主持改革吗？为什么在第一次任命时会坚持辞谢呢？我们在范仲淹与他人的对话中找到了答案。

这时的仁宗皇帝正想专心一意实现太平盛世，曾多次询问范仲淹政事。范仲淹曾经对他人说道："圣上对微臣的使用已经至极。政事有先有后，长期久安的弊病，并非一朝一夕可以革除。"显而易见，这时的范仲淹对即将进行的改革难度是有所预见的，同时可能也有观察仁宗皇帝改革决心的意图。仁宗皇帝为了让范仲淹能主持改革，再次向范仲淹赐予亲笔诏书，并为他开设天章阁，召集辅佐大臣分条陈述答对，范仲淹终于答应主持改革事务。

主持改革事务的人才有了，然而，单丝不成线，独木难成林。要想改革，还需要一个改革的班底，我们来看一下仁宗皇帝为这场改革组织了怎样一个领导班子。

同中书门下平章事（宰相）：章得象、晏殊；

参知政事（副宰相）：贾昌朝、范仲淹；

枢密使：杜衍；

枢密副使：韩琦、富弼；

三司使：王尧臣；

知谏院：欧阳修。

从历史的角度来看，在这个领导班子的组成人员中，范仲淹、韩琦、富弼、欧阳修、王尧臣都是改革派；晏殊是富弼的老丈人，被看作是改革派；章得象认为改革派很可爱，对改革派始终微笑对待；杜衍，对改革表示支持；好像不是改革派的外人只有一个：贾昌朝。然而，关键少数往往决定着一件事情的成败。

改革需要和平的外部环境，所以在新政实施之前，大宋朝廷还须派出得力大臣宣抚西部地区，以加强对元昊的防御，平息当地的反叛势力。

这天早朝，枢密副使韩琦出班启奏皇帝："西贼元昊请和，非为他故，只是我大宋两位大臣（指范仲淹和自己）遥领陕西、河东两地的宣抚使而已。西夏在与我国的议和过程中，如我大宋不能满足其要求，元昊必会负气盗边，再次进犯。眼下，范仲淹主持新政，只适宜宣抚河东。微臣正当壮年，应该到边关前线，为我大宋朝廷效犬马之劳。"

宋仁宗听过韩琦启奏，觉得言之有理，当即准奏，并于八月十八日正式下诏，韩琦代替范仲淹为陕西宣抚使，与陕西宣抚副使田况一起即刻离京，宣抚陕西。八月二十二日，朝廷又赐给韩琦一百份空白立功文书，让他便宜行事，嘉奖立功人员。主持新政事务的参知政事范仲淹则遥领河东宣抚使。

宋仁宗庆历三年九月初三，仁宗皇帝诏令在京御史以上官员到天章阁朝谒宋太祖、宋太宗遗像。这一拜谒仪式意义重大，相当于皇帝带领文武群臣拜谒太庙。由此可见，仁宗皇帝对这场新政的重视，对实现太平盛世的渴望。只见那仁宗皇帝赵祯头戴衮冕，身穿绛纱袍，腰扎金玉带，在钟鼓齐鸣的祭祀礼乐之中，缓缓走进天章阁，毕恭毕敬，对着大宋开国皇帝宋太祖的遗像行三拜九叩大礼，然后拜叩宋太宗遗像。众官员紧随其后，齐拜齐叩，庄重至极。

朝谒仪式之后，宋仁宗召开朝会，讨论新政大计。宋仁宗对着范仲淹、富弼等人说道："朝廷顺应天下人心，破例提拔众卿。如今，韩琦暂往陕西宣抚。范仲淹、富弼二臣应与宰相章得象一同尽心国事。你们为国办事，不要有所顾虑。当今时弊，如何拯救。若有条陈，请速向朕奏明。”

此时，仁宗皇帝给范仲淹、富弼赐座，并且摆上笔墨纸砚，让范仲淹和富弼二人当面书写革新时弊的条陈建议。这是自大宋开国以来从未有过的情景，彰显了皇帝对臣子上疏的高度重视。

只见范仲淹拿起笔来，飞笔走蛇，刷刷点点，写下了著名的《答手诏条陈十事》这篇奏疏，提出了实行改革的十个方面的内容：

一是"明黜陟"，即改变过去官吏定期"磨勘"，只要无大过失，照例升迁的做法，根据政绩，好的提前晋级，差的可延期或停职。这一措施一下子就斩断了那些尸位素餐却要不断升迁的官吏晋升之路，也因此触犯了既得利益阶层的利益。

二是"抑侥幸"，就是改变恩荫之滥，以减少官员数量。好嘛，这是对大宋家法的触碰，"老子英雄儿好汉"的时代即将过去，要想混得好，就凭真本事吧！

三是"精贡举"，改革科举考试制度，选拔具有真才实学的官员。这是从制度上、从源头上澄清吏治，够狠！

四是"择官长"，朝廷派人到地方巡视，根据政绩选择监司和州、县长官，罢免老病和不称职者。凡有懒政、乱政者，一律严惩不贷。

五是"均公田"，公田即职田，也就是分给地方官的土地，改变各地由于职田有多有少，而造成地方官贫富不均的现象。"不患寡而患不均"，这项措施是要稳定干部队伍。

六是"厚农桑"，即兴修水利，发展农业生产。"国以农为本，民以食为天"，抓好了农业生产，就解决了国家的大问题。

七是"修武备"，重视军事力量的发展，以求富国强兵。只有富国强兵，才能一雪国耻。

八是"减徭役"，减轻百姓的徭役负担，赢得百姓的爱戴。民为邦本，民富则国富，民强则国强。

九是"覃恩信"，即要兑现皇帝给百姓的各种恩泽。皇帝不能忽悠老百姓，大宋朝廷不能忽悠老百姓。

十是"重命令"，即要取信于民。说了就要兑现，百姓才会相信朝廷。

宋仁宗看过范仲淹的这一道奏疏，心中大喜，完全接受这些改革主张。接下来，皇帝连下诏书，颁布法令，实施改革。庆历三年（1043年）十月十二日，宋仁宗下诏实施"择官长"；十月二十八日，下诏实施"明黜陟"和"均公田"；十一月二十三日，下诏实施"抑侥幸"。庆历四年（1044年）三月十三日，宋仁宗下诏实施"精贡举"；五月四日，下诏实施"减徭役"。由此，庆历新政全面展开。

正当范仲淹、富弼等人在朝中大刀阔斧地推行新政时，韩琦正匆匆赶赴陕西，因为陕西的局势正在急剧恶化。陕西究竟发生了什么事情？

第三十七回

范仲淹实施新政　韩稚圭宣抚陕西

宋仁宗庆历三年（1043年），参知政事范仲淹，枢密副使富弼积极推行各项新政措施。

身为参知政事的范仲淹决心大干一场，坚决秉承君子动口也动手的原则，手持官员花名册，考察官员政绩，凡政绩平平、庸庸碌碌之辈，一律从花名册上勾掉——当即免职！枢密副使富弼看到范公频频"勾人"这一幕，不由得心惊肉跳，忍不住对范仲淹说道："范公啊！您这一笔下去，这一家子人还不得抱头痛哭啊?!"范仲淹面不改色地说道："宁可让他一家哭，也不能让一个州郡的百姓抱头痛哭！"

正当范仲淹大刀阔斧改革之际，枢密副使、陕西宣抚使韩琦正急急忙忙赶往陕西。韩琦深知此次西行之目的，不仅是平叛，还要震慑西夏元昊，最终是为推行新政创造良好条件。

陕西是大宋与西夏作战的前线，战火之后，又遇大旱，颗粒无收，饥民遍地。宋代诗人梅尧臣曾经写过一首著名的《田家语》五言诗，较为真实地反映了北宋与西夏作战之后的农民生活状况。

谁道田家乐？春税秋未足！里胥扣我门，里夕苦煎促。盛夏流潦多，白水高于屋。水既害我菽，蝗又食我粟。前月诏书来，生齿复版录；三丁籍一壮，恶使操弓韣。州符今又严，老吏持鞭朴。搜索稚与艾，惟存跛无目。田间敢怨嗟，父子各悲哭。南亩焉可事？买箭卖牛犊。愁气变久雨，铛缶空无粥；盲跛不能耕，死亡在迟速！我闻诚所惭，徒尔叨君禄；却咏《归去来》，刘薪向深谷。

谁说田家快乐呢？春天的租税，到秋天还未能交足。地保、里长敲打我家的门，正没早没晚地催迫交税呢。田家感叹春税到秋都未能交完繁重的租税，而催促又急，痛苦可知。在水灾、蝗灾的侵袭下，秋收难有指望。盛夏五、六月，内涝成灾，白水比住房还高，豆类、谷类都受到严重的灾害。

灾祸频仍，因而田家处境更加悲惨。除了租税剥夺和天灾威胁之外，兵役又带来严重的灾难。就在1040年夏天，西夏攻宋，朝廷增置河北、河东、京东西诸路弓手，朝廷诏书下来登记人口，三丁抽一壮丁（"三丁籍一壮"，即指三丁抽一），百姓被强迫操持弓箭。当时州里又下了公文，严紧地催迫，老吏拿着鞭子和敲扑，到乡下来搜索，连老年和幼年，也都在抽兵之列。幸免于服兵役的，只有跛子和瞎子。官吏变本加厉地为非作歹，抽丁太滥，造成田家都无壮丁在室，情况倍加凄惨。在兵役、租税、水灾等灾难的煎逼下，田家生活艰难，欲诉无门，走投无路。面临重重追迫，田家哪敢怨嗟，只有父子相对痛哭。种田地哪还有指望？为了买下弓箭，只好把牛犊卖掉。淫雨不止，天意愁怨，锅子里、罐子里连稀粥都没有了。瞎子和跛子都没有劳动力，不能耕种，死亡只在早晚之间。

这年，陕南大旱，饥荒蔓延，百姓揭竿而起，起义源于京西路的邓州（今河南邓县）。邓州人张海、郭邈山、党君子、范三、李宗等人因生活所迫聚众起义。农民起义军劫掠州县，张海等人率农民军转战虢州（今河南三门峡灵宝）卢氏以东、洛阳（今河南洛阳）长水（今河南洛宁西）以西广大地区。由于饥民纷纷加入，张海等人领导的农民起义军，迅速达到一千余人。

不久，光化军宣毅兵邵兴率部五百余人起义，一路接受兵员，等队伍到达商於（今陕西洛南东南）时，已有一千余人。这时，正好与永兴军东路都巡检上官珙率领的官军遭遇。哪知上官珙所带官军军心涣散，毫无战斗力可言。经过激战，官军失利，上官珙战死。官军溃败，群龙无首，由于失陷主将，将要受到朝廷责罚，于是溃散的官军士兵纷纷藏匿于蓝田（今陕西蓝田）的山谷间。邵兴乘胜在距商於城百里处驻扎下来，让手下到处张贴告示，招募商州铸钱监兵两千余人，以扩大队伍。这些铸钱监兵都是隶属于南方鼎（今湖南常德）、澧（今湖南澧县）、岳（今湖南岳阳）、鄂（今湖北武汉）等州的禁军，他们到鄜延、泾原四路参加与元昊的作战，因失陷主将而在这里接受惩罚。

面对张海、绍兴两支起义军，商州、虢州、蓝田守将急忙向延安、凤翔主将报告，但这两地将帅并没有马上出动大军镇压起义军。

韩琦来到陕西后，派出属官火速前往商於，对商於铸钱监兵进行精简整顿。原隶属延边禁军的，立刻归建，到原军报到，不得有误。同时，挑选其他强壮士兵补充禁军龙猛、龙骑、状勇三军的缺额。这样一来，邵兴招募商於铸钱监兵的计谋不攻自破。韩琦还派出内侍黄琮、范迁携带陕西宣抚司的文告，诏谕上官琪的溃军，赦免了他们失陷主将的罪过，让他们回归本部。

随后，韩琦调集西北善于山地作战的官军，迅速镇压了起义。同时鉴于灾情严重，还采取了一些果断措施：选派官吏分赴各州县，发放官粮赈济饥民；减免各种苛杂的赋役；考察官吏，贤能的提升，庸陋的罢免；将军队中老弱不堪征战者淘汰一万余人，以减少用度。

为震慑西夏，为大宋与西夏议和提供武力后盾，韩琦率领边民修缮边疆城池，整顿边疆兵马，有利地配合了大理寺丞张子奭在西夏国的谈判。最终双方达成协议：西夏向北宋称臣，北宋每年销售西夏青盐十万石，允许西夏商人到北宋京师地区贸易，北宋每年送给西夏财物合计价值白银二十万两。

庆历四年春，韩琦宣抚陕西圆满完成任务，奉召回到东京汴梁。

然而，韩琦哪里知道，正当他在陕西平定叛乱、赈济灾民、震慑西夏之际，一场针对庆历新政实施者的阴谋正在按计划进行。范仲淹、富弼、韩琦等人都身处于这场即将到来的危机之中。

新政的推行究竟出现了什么问题呢？韩琦又将面临怎样的命运呢？

第三十八回

石介著诗颂圣德　庆历新政埋隐忧

韩琦宣抚陕西，在陕西顺利平定了叛乱，赈济了灾民，震慑了西夏，促成了谈判，可谓收获颇丰，功绩卓著。然而，他哪里知道，一场针对庆历新政实施者的阴谋正在按计划进行，他与范仲淹、富弼等人都身处于这场即将到来的危机之中。这是怎么回事呢？这话还要从头说起。

原来，针对庆历新政实施者的阴谋与一个宋朝大学者有关，他的名字叫石介。

石介（1005—1045），北宋学者，字守道、公操，兖州奉符（今山东泰安市岱岳区徂徕镇桥沟村）人，与胡瑗、孙复合称为"宋初三先生"，可见此人学问之大。早年读书于徂徕山（泰安城东南），世称徂徕先生。仁宗天圣八年进士，历任秘书省校书郎、郓州观察推官、镇南军节度掌书记、嘉州军事判官等职，庆历新政开始实施三个月时，由韩琦推荐，担任国子监直讲。用今天话说，相当于国家最高学府的教授。人就是这样，有点才华就会恃才傲物，史书记载，他曾著《唐鉴》，以诚奸臣、宦官，指切时政，无所讳忌。

面对庆历新政，石介抑制不住内心中的激动，写了一首《庆历圣德诗》来讴歌这一改革新气象。诗曰：

于维庆历，三年三月。皇帝龙兴，徐出闱阖。晨坐太极，书开阊阖。躬揽英贤，手锄奸桥。大声沨沨，震摇六合。如乾之动，如雷之发。昆虫蹢躅，妖怪藏灭。同明道初，天地嘉吉。初闻皇帝，戚然言曰：予父予祖，付予太业。予恐失坠，实赖辅弼。汝得象殊，重慎徽密。君相予久，予嘉君伐。君仍相予，笙镛斯协。昌朝儒者，学问刻洽。与予论政，傅以经术。汝贰二相，庶绩咸秩。惟汝仲淹，汝诚予察。太后乘势，汤沸火热。汝时小臣，危言藁藁。为予司谏，正予门闑。为予京兆，圣予谏说。赋叛于夏，为予式遏。六月酷日，大冬积雪。汝暑汝寒，同于士卒。予闻辛酸，汝不告乏。予晚得弼，予心弼悦。弼每见予，无有私谒。以道辅予，弼言深切。予不尧舜，弼自答罚。谏官一年，奏疏满篚。侍从周岁，忠力尽竭。契丹亡义，樽俎饕餮。敢侮大国，其辞慢悖。弼将予命，不畏不慑。卒复旧好，民得食褐。沙碛万里，死生一节。视弼之肤，霜剥风裂。观弼之心，炼金锻铁。宠名大官，以酬劳渴。弼辞不受，其志莫夺。惟仲淹弼，一夔一契。天实贵予，予其敢忽。并来弼予，民无瘥札。曰衍汝来，汝予黄发。事予二纪，毛秃齿龋。心如一吩，率履弗越。遂长枢符，兵政毋蹶。予早识琦，琦有奇骨。其哭魁櫑，岂视庈楔。其人浑朴，不施剞劂。可属大事，敦厚如勃。琦汝副衍，知人予哲。惟修惟靖，立朝巘巘。言论碌砢，忠诚特达。禄微身贱，其志不怯。赏诋大臣，亟遭贬黜。万里归来，刚气不折。屡进直言，以补予阙。素相之后，含忠履洁。昔为御史，几叩予榻。至今谏疏，在予箱匣。襄虽小臣，名闻予彻。亦尝献言，箴予之失。刚守粹悫，与修俦匹。并为谏官，正色在列。予过汝言，无钳汝舌。皇帝明圣，忠邪辨别。举摞俊良，扫除妖魅。众贤之进，如茅斯拔。大奸之去，如距斯脱。上倚辅弼，司予调燮。下赖谏诤，维予纪法。左右正人，无有邪孽。予望太平，日不逾浃。皇帝嗣位，二十二年。神武不杀，其默如渊。圣人不测，其动如天。赏罚在予，不失其權。恭已南面，退奸进贤。知贤不易，非明不得。去邪惟难，惟断乃克。明则不贰，断则不惑。既明且断，惟皇之惑。群下踧踖，重足屏息。交相告语，曰惟正直。毋作侧僻，皇帝汝殛。诸侯危栗，坠玉失舄。交相告语，皇帝神明。四时朝觐，谨修臣职。四夷走马，坠镫遗策。交相告语，皇帝神武。解兵修贡，永为属国。皇帝一举，群臣慴焉。诸侯畏焉，四夷服焉。

上述诗中所涉及庆历新政时期的大臣有：章得象、晏殊、贾昌朝、范仲淹、富弼、杜衍、韩琦、蔡襄以及欧阳修共九人。这首颇具古风的诗歌，四字一句，共九百六十字，以皇帝的口吻对新政时所任命的宰执、谏官一一歌颂表彰。诗中说这是一个开天辟地以来最好的时代，天地人神、昆虫草木都非常兴奋。因为皇帝圣明，把两位大贤人范仲淹和富弼升职，他们是"一夔一契"，一夔一契都是古代的大圣人；同时又把卑劣的小人夏竦赶走，我们才迎来了这个"众贤之进，如茅斯拨。大奸之去，如距斯脱"的好局面。

在石介看来，他热情地讴歌新政是一件值得称赞的事情，这样一来，不仅会扩大新政的影响力，而且会让更多的君子参与到推行新政的行列中来。然而，讴歌新政的现实效果却让石介很郁闷，这首诗歌除了让夏竦和众多的小人对他咬牙切齿外，就连推行新政的君子们也对他多有批评。

此诗一经传出，"宋初三先生"之一的孙复不禁说道："石介的祸患从此开始了。"范仲淹对韩琦说："为此鬼怪辈坏事也。"这话说得已经够狠了，"被石介这种鬼怪之徒坏了大事"，显示出范仲淹很愤怒，同时也显示出范仲淹对新政走向的忧虑。作为石介的推荐人，想必韩琦此时心中也是五味杂陈。

无独有偶，本为歌颂推动新政，却为新政的推行埋下隐患，这样做的人不止石介一人，还有谁呢？还有一个人，这个人大名鼎鼎，就是唐宋八大家之一、文坛领袖欧阳修。他在新政推行过程中写了一篇流传至今的著名文章，就是这篇文章最终加速了庆历新政的失败。

欧阳修究竟做了什么事情呢？他写了什么样的文章呢？

第三十九回

圣德诗已埋隐忧　朋党论再遭猜忌

欧阳修与韩琦、范仲淹、富弼等人"素所厚善"，不止一次公开赞美范仲淹"略不以形迹嫌疑顾避"（李焘：《续资治通鉴长编》）。身为谏官，一味地给执政官员唱赞歌，难免让人生疑，这就给了夏竦把柄。夏竦抓住欧阳修这个毛病，散布流言，称欧阳修与范仲淹、韩琦、杜衍等人结成"朋党"。

宋仁宗庆历四年（1044 年）四月，针对反对派宣扬改革派是朋党的污蔑，欧阳修给仁宗皇帝上了一篇千古名文，就是这篇在文学上很有研究价值的文章加速了新政的失败，文章的名字叫作《朋党论》。文章这样写道：

臣闻朋党之说，自古有之，惟幸人君辨其君子小人而已。大凡君子与君子以同道为朋，小人与小人以同利为朋，此自然之理也。

然臣谓小人无朋，惟君子则有之。其故何哉？小人所好者禄利也，所贪者财货也。当其同利之时，暂相党引以为朋者，伪也；及其见利而争先，或利尽而交疏，则反相贼害，虽其兄弟亲戚，不能自保。故臣谓小人无朋，其暂为朋者，伪也。君子则不然。所守者道义，所行者忠信，所惜者名节。以之修身，则同道而相益；以之事国，则同心而共济；终始如一，此君子之朋也。故为人君者，但当退小人之伪朋，用君子之真朋，则天下治矣。

尧之时，小人共工、驩兜等四人为一朋，君子八元、八恺十六人为一朋。舜佐尧，退四凶小人之朋，而进元、恺君子之朋，尧之天下大治。及舜自为天子，而皋、夔、稷、契等二十二人并列于朝，更相称美，更相推让，凡二十二人为一朋，而舜皆用之，天下亦大治。《书》曰："纣有臣亿万，惟亿万心；周有臣三千，惟一心。"纣之时，亿万人各异心，可谓不为朋矣，然纣以亡国。周武王之臣，三千人为一大朋，而周用以兴。后汉献帝时，尽取天下名士囚禁之，目为党人。及黄巾贼起，汉室大乱，后方悔悟，尽解党人而释之，然已无救矣。唐之晚年，渐起朋党之论。及昭宗时，尽杀朝之名士，或投之黄河，曰："此辈清流，可投浊流。"而唐遂亡矣。

夫前世之主，能使人人异心不为朋，莫如纣；能禁绝善人为朋，莫如汉献帝；能诛戮清流之朋，莫如唐昭宗之世；然皆乱亡其国。更相称美推让而不自疑，莫如舜之二十二臣，舜亦不疑而皆用之；然而后世不诮舜为二十二人朋党所欺，而称舜为聪明之圣者，以能辨君子与小人也。周武之世，举其国之臣三千人共为一朋，自古为朋之多且大，莫如周；然周用此以兴者，善人虽多而不厌也。

嗟呼！兴亡治乱之迹，为人君者，可以鉴矣。

我之所以将欧阳修的这篇文章全部录于此，是想让大家看到文章的全貌，而不是断章取义，以便自己能够研读文章得出结论，为什么这篇文章会加速庆历新政的失败。

接下来，让我像语文老师一样，和大家一起细细品味这篇千古名文。

欧阳修说，关于朋党的言论，是自古就有的，只是希望君主能分清他们是君子还是小人就好了。

大概君子与君子因志趣一致结为朋党，而小人则因利益相同结为朋党，这是很自然的规律。但是臣以为：小人并无朋党，只有君子才有。这是什么原因呢？小人所爱所贪的是薪俸钱财。当他们利益相同的时候，暂时地互相勾结成为朋党，那是虚假的；等到他们见到利益而争先恐后，或者利益已尽而交情淡漠之时，就会反过来互相残害，即使是兄弟亲戚，也不会互相保护。所以说小人并无朋党，他们暂时结为朋党，也是虚假的。君子就不是这样：他们坚持的是道义，履行的是忠信，珍惜的是名节。用这些来提高自身修养，那么志趣一致就能相互补益。用这些来为国家做事，那么观点相同就能共同前进。始终如一，这就是君子的朋党啊。所以做君主的，只要能斥退小人的假朋党，进用君子的真朋党，那么天下就可以安定了。

唐尧的时候，小人共工、驩兜等四人结为一个朋党，君子八元、八恺等十六人结为一个朋党。舜辅佐尧，斥退"四凶"的小人朋党，而进用"元、恺"的君子朋党，唐尧的天下因此非常太平。等到虞舜自己做了天子，皋陶、夔、稷、契等二十二人同时列位于朝廷。他们互相推举，互相谦让，一共二十二人结为一个朋党。但是虞舜全都进用他们，天下也因此得到大治。《尚书》上说："商纣有亿万臣，是亿万条心；周有三千臣，却是一条心。"商纣王的时候，亿万人各存异心，可以说不成朋党了，于是纣王因此而亡国。周武王的臣下，三千人结成一个大朋党，但周朝却因此而兴盛。后汉献帝的时候，把天下名士都关押起来，把他们视作"党人"。等到黄巾贼来了，汉王朝大乱，然后才悔悟，解除了党锢释放了他们，可是已经无可挽救了。唐朝的末期，逐渐生出朋党的议论，到了昭宗时，把朝廷中的名士都杀害了，有的竟被投入黄河，说什么"这些人自命为清流，应当把他们投到浊流中去"。唐朝也就随之灭亡了。

前代的君主，能使人人异心不结为朋党的，谁也不及商纣王；能禁绝好人结为朋党的，谁也不及汉献帝；能杀害"清流"们的朋党的，谁也不及唐昭宗之时；但是都由此而使他们的国家招来混乱以至灭亡。互相推举谦让而不疑忌的，谁也不及虞舜的二十二位大臣，虞舜也毫不猜疑地进用他们。但是后世并不讥笑虞舜被二十二人的朋党所蒙骗，却赞美虞舜是聪明的圣主，原因就在于他能区别君子和小人。周武王时，全国所有的臣下三千人结成一个朋党，自古以来作为朋党又多又大的，谁也不及周朝；然而周朝因此而兴盛，原因就在于善良之士虽多却不感到满足。

前代治乱兴亡的过程，为君主的可以作为借鉴了。

被学术界誉为"二十世纪海内外宋史第一人"的著名宋史研究专家邓广铭先生认为："范仲淹、韩琦于庆历三年进入北宋中央政府，并受命出谋献策以'兴致太平'之后，他们和富弼、欧阳修等人，几乎可以说是同心协力，和衷共济，有时且还有互相推崇。这自然容易招致朋党之讥，而事实上也确已发生了这样的讥议。范、韩、欧阳诸人，对此不但不稍加避忌，却反而对之直认不讳。欧阳修甚至还特地写了一篇《朋党论》，极力论证只有君子才能结为朋党，小人则皆以利相结，'利尽则交疏'，是不会结为朋党的。这就是更授予反对派以口实和把柄。于是而

'谤议浸兴，朋党之论滋不可解'，迫使韩、范、富、欧阳最终不能不离开北宋中央政府。所以，导致庆历新政失败的最深层的原因之一，也在于它抵触了宋朝的家法。"

邓广铭先生所说的家法，指的是不能威胁赵氏皇族统治的传统之法。威胁到皇族的统治，不论你是君子党还是小人党，皇帝的内心都是恐惧的，这也注定了，主张改革的君子党不会长久。

庆历新政，进行到这儿逐渐演变为一场闹剧！

以天下兴亡为己任的君子们在动口上颇为擅长，他们哪里知道，反对派的小人们不仅动口上擅长，动手上更擅长。夏竦已经打定主意拿石介开刀并开始实施行动，那么，处在这场新政中的韩琦又遭遇到了什么事件呢？韩琦的命运又如何呢？

第四十回

夏辣阴谋施诡计　石介因诗入天牢

　　夏竦已经打定主意拿石介开刀并开始实施行动，那么夏竦究竟采取了什么样的行动呢？前文已述，石介写了《庆历圣德诗》来歌颂庆历新政，暗指夏竦是小人，从此夏竦就盯上了石介，整天琢磨如何拿石介开刀以便报仇。常言道："莫与小人为仇，小人自有对头。"可惜，大学者石介不懂这个道理，终于遭到暗算。这一日，夏竦计上心来，这一计可谓别出心裁。

　　夏竦有一小妾，生有沉鱼落雁之容，闭月羞花之貌，深得夏竦宠爱。不仅如此，此女才艺俱佳，书法超群，模仿他人笔迹惟妙惟肖。夏竦找来石介一堆文章让其模仿，小妾也不敢询问原因，只是认认真真研究石介笔迹的间架结构，仔细琢磨，每日临摹，一连数月，终于达到了以假乱真的程度。

　　见小妾已经临摹成功，夏竦找来一份石介写给富弼的书信，在这封书信中，石介高度赞扬范仲淹和富弼有"伊、周之才"，夏竦却让小妾把"伊、周"二字改为"伊、霍"二字，一字之改，意思大相径庭。

　　石介原文的意思是指希望范仲淹、富弼效法殷商时期的伊尹、西周时期的周公，辅佐君主成就一番功业。石介的文章让夏竦小妾这一改，意思就成了石介希望范仲淹、富弼效法殷商时期的伊尹、西汉时期的霍光——范仲淹、富弼危矣！

　　为什么范仲淹和富弼处于危险之中呢？我们介绍一下伊尹和霍光您就知道了。

　　伊尹（前1649—前1549），伊姓，名挚。伊尹为中国商朝初年著名政治家、思想家，已知最早的道家人物之一，也是中华厨祖。约公元前16世纪初，伊尹辅助商汤灭夏朝，为商朝的建立立下汗马功劳。"以鼎调羹""调和五味"的理论来治理天下，就是老子所说的"治大国若烹小鲜"。商汤死后，伊尹历经外丙、仲壬，又做了汤王长孙太甲的师保。传说，商王太甲不遵守商汤的大政方针，为了教育太甲，伊尹将太甲安置在特定的教育环境中——成汤墓葬之地桐宫，他本人与诸大臣代为执政，史称共和执政。这等于将商王太甲软禁，可见伊尹权倾朝野。

霍光（？—前68），字子孟，西汉河东平阳人，西汉政治家，麒麟阁十一功臣之首，西汉名将霍去病的同父异母兄弟。汉武帝死后，他受命为汉昭帝的辅政大臣，执掌汉室最高权力近二十年；曾经击败上官桀等人发动的政变，废刘贺，立汉宣帝，使汉室转危为安。请注意，霍光曾经废立过皇帝！

伊尹和霍光常被后人并提，称为伊霍，往往以行伊霍之事代指权臣摄政废立皇帝。这就糟糕了，本来范仲淹、富弼是忠心耿耿的辅佐大臣，这一下便成了欲行废立之事的篡逆之臣了！

为达到最佳效果，夏竦伪造了一份石介笔迹的废立诏书，打造了完美的证据链条。之后，夏竦派人将这些书信内容在京城宣传，闹得满城风雨。结果，宋仁宗大怒，将石介打入天牢，等候圣裁。

最终，虽然在范仲淹等人的劝说下，石介被无罪释放，但范仲淹和富弼已从仁宗皇帝那里读出了极度的不信任，只得主动要求外放，离开朝廷。范仲淹的好友滕子京也被监察御史梁坚弹劾，说他在边关驻守泾州时有贪腐行为，最后被贬至岳州。后来，滕子京重修岳阳楼，要求好友范仲淹作记，这才有了那篇流传千古的《岳阳楼记》。在这篇《岳阳楼记》中我们看不出范仲淹的政治失意，相反，我们看到的是他"先天下之忧而忧，后天下之乐而乐"的积极心态。

再说韩琦，自从宣抚陕西，成功完成使命回京以来，日夜以国事为重。庆历四年（1044年）二月，上陈西北边防攻守四策，以为"今当以和好为权宜，战守为实务。请缮甲厉兵，营修都城，密定讨伐大计"。韩琦为人爽直，对于军政大事，向来是"必尽言"，也就是必须陈述完自己的主张才罢休。他虽为枢密副使，主管军事，但事关中书之政事，他也要"指陈其实"，于是，便有同僚不高兴，指责他越权言事，仁宗却了解他，说"韩琦性直"。对于范仲淹、富弼的贬谪，韩琦挺身而出，据理辨析，但最终也未能挽回局面。庆历五年（1045年）三月，韩琦也因陈述十三条理由，支持尹洙反对修建水洛城（今甘肃庄浪）而被贬出朝，历史上称为"水洛城事件"。韩琦被罢枢密副使，以资政殿学士出知扬州，至此，主持庆历新政的主要人物全被逐出朝廷，短暂的"庆历新政"以失败而告终。

那么，水洛城事件又是怎么一回事呢？韩琦究竟经历了什么？为什么遭到贬官呢？

第四十一回

刘沪重筑水洛城　新政人物起争执

　　庆历四年（1044 年），郑戬接替了韩琦在西北的职位，郑戬的部将刘沪提出重修水洛城，于是引发水洛城之争，争论导致了改革派内部的分裂，进一步加速了庆历新政的失败。

　　水洛城，位于今天甘肃省庄浪县境内，是抵御西夏的军事据点。关于水落城该不该修筑的问题，其实曾经有过三次争论。

　　第一次争论发生在庆历二年（1042 年），陕西经略安抚招讨使、庆州知州范仲淹向仁宗皇帝上疏，首次在《再议攻守》奏议中提出了修筑水洛城、斩断西夏南下进兵之路的建议，在这封奏折中范仲淹提出"进修水洛，断贼入秦亭之路，其利甚大，非徒通四路之势，因以张三军之威也"。接到奏折的仁宗皇帝让陕西诸路经略招讨司商议对策，由此拉开了朝廷关于是否在水洛川筑城的争论，史称"争水洛城事"。

　　水落筑城一经提起，朝廷大臣立刻分为两派，一派是以范仲淹为代表的筑城派；一派是以秦州知州韩琦为代表的反对派。大家请注意，这场争论的两派其实都是庆历新政中的改革派，而且争论的代表人物还是改革派中的核心人物。可以说水洛城之争已经为改革派日后的分裂埋下了隐患。

　　庆历二年（1042 年）八月，韩琦上疏提出："范仲淹议进兵修水洛城，通秦渭道路，穿蓦生户几二百里，计其土工亦数百万，止可通二州援兵，亦未能断绝西贼往来。"意思是说，秦、渭两地相距较远，修建水洛城既要耗费大量的人力物力，而且筑城并不能有效阻止西夏军队的进攻，明确反对兴修水洛城。由于韩琦当时是秦州军政长官，邻近水洛城，所以，朝廷同意了韩琦的请求，下令停止筑城。这是关于水洛城修筑的第一次争论。

庆历二年（1042 年）九月，元昊挥师南下，西夏大兵发动了渭川战役（今宁夏固原市西北，也有的书上称为定川寨之战），元昊占据有利地形，诱宋军出战，然后派兵断绝宋军粮道和归路，宋军大将葛怀敏带兵迎战，结果导致出战宋军几乎全军覆没。西夏军队乘胜出击，一路之上西夏兵焚民舍、毁城寨，直抵渭州，纵横六百余里，沿途宋军无力出战，只好固垒自守。定川寨之战后，宋朝在军事力量比较薄弱的秦渭之间修筑一个城寨，加大阻击西夏南侵之事就显得尤为重要。修筑水洛城这个重大责任就历史性地落在了郑戬部将刘沪的肩上。

刘沪（？—1047），字子俊，保州保寨（今河北保定市）人，曾姑祖母是宋太祖赵匡胤的祖母。祖父刘审琦随从宋太祖征战时殉职。父亲刘文质，幼年随母亲入宫，为人谨慎，忠实可信，深得宋太宗信任，曾经担任麟州（今陕西神木县）、庆州（今甘肃庆阳市）、秦州等州知州。兄长刘焕，以抗旨忤言、除暴惩奸而名重一时，后来官至工部尚书。刘沪从小沉默寡言，饱读经典，谋略善断，胸有大志，荫补三班奉职，在禁军任职，升为右侍禁。虽出身皇亲国戚，但不愿坐食朝廷俸禄。仁宗康定元年（1040 年），刘沪出任瓦亭寨（今宁夏固原县瓦亭）钤辖，代理临近的静边寨（今甘肃静宁县城川乡）寨主。庆历元年（1041 年），好水川战役之后，西夏军队势如破竹，宋军沿线城堡纷纷关闭，居民遭受掠夺屠戮，只有刘沪下令开城门接受周边难民，逃难百姓亲切地称之为"刘开门"。刘沪接受难民的义举也得到了当时主持西北军政的陕西经略安抚副使韩琦和范仲淹的赞赏，被二人推荐提拔为阁门左侍禁、阁门祗候。

刘沪代理静边寨主之后，为了打通渭州与秦州之间的交通线，又在水洛川西北修筑章川堡（今甘肃静宁县古城乡），在此屯军并得到了数百顷良田，进一步加强了对水洛川吐蕃贵族的威慑，形成了从东边的瓦亭寨、北边的静边寨、西北的章川堡、东南的秦州诸寨对水洛川的包围之势，收复水洛城的时机已经成熟。但是，熟读兵书战策的刘沪并未急于出动兵力，而是采取隔岸观火的计谋，静观其变。不出刘沪所料，在宋军军事压力之下，水洛城中的蕃氏部族内部势力发生了分化。刘沪择机劝降以铎斯那、王元宁为首的吐蕃部族和以穆宁为首的氏族部族。蕃氏部族为了各自利益，开始与刘沪接触，剑拔弩张的气氛逐渐缓和，双方从猜忌试探转向初步信任。

庆历三年（1043 年）十月，负责抵御西夏的韩琦回朝，继任的陕西四路都总管兼经略安抚招讨使郑戬赴水洛川周边视察。在刘沪的精心安排下，蕃氏部族首领与郑戬会面并得到较高礼遇，从此打消了心中疑虑，决定归附宋朝。水洛城主铎斯那为了表示诚心，还愿意将路罗甘、结公城（今庄浪县南湖镇）一并归献。郑戬随即下令刘沪率部受降。不料中途生变，水洛城西的氐人在穆宁的带领下，聚众万人纵火围攻水洛城，企图阻挠宋军的收编行动。当时情况危急，宋军仅仅只有一千人，敌我力量悬殊，周围数百里也没有援军，但是，刘沪临危不乱，冷静指挥，充分展现出边关大将的风度，"令晨炊缓食，坐胡床指挥进退，一战氐溃，追奔至石门（今庄浪朱店镇石门口），酋皆稽颡请服。因尽驱其众隶麾下，以通秦、渭之路"，他抓住战机迅速平叛，紧接着又打退了前来增援的临洮氐兵。这次行动不仅顺利收复了水洛城，而且打通了秦渭之路，刘沪因此被朝廷升迁为内殿崇班。

这时，刘沪建议重筑水洛城，那么，水洛城的修筑是否顺利呢？关于修筑水洛城的第二次争论情况又是怎样的呢？

第四十二回

改革派陆续罢黜　韩大人默然离京

内殿崇班刘沪建议重筑水洛城，这内殿崇班是宋代武臣阶官。据《宋史·职官志九》记载："武臣三班借职至节度使叙迁之制……东头供奉官转内殿崇班，内殿崇班转内殿承制。"宋代李心传《建炎以来朝野杂记·官制三·勋官》记载："国朝遁唐制，文臣朝官，武臣崇班以上，遇恩辄加之。"由此可见，在重文轻武的宋代，武将做到内殿崇班以上，才会有一定的话语权，也才会受到皇上恩典。

郑戬采纳刘沪建议向朝廷上疏，朝廷当即采纳了郑戬的建议，并派著作佐郎董士廉率将士前往督役。十二月份，闻听重修水洛城消息的韩琦联合文彦博、尹洙、狄青等人上疏表示反对。为不使水洛城修筑导致朝廷大员之间的纷争，仁宗皇帝决定水洛城修筑事宜应当暂缓。

庆历四年（1044 年）正月，为了调和朝廷大员之间的关系，当水洛城筑城工程尚未过半时，宋仁宗下旨调离郑戬知永兴军（治所在京兆府，今陕西省西安市），同时派韩琦到任。这时，在西北边地就出现了同时存在两个军政长官的局面，新任的韩琦已经到任、原来的郑戬尚未离职。朝廷听从陕西宣抚使韩琦、渭州知州尹洙的奏请，下令停止筑城。为了阻止筑城，尹洙又派瓦亭寨主张忠取代刘沪。但是，在尚未离任的郑戬支持下，刘沪不肯离职，又在蕃氏部族"请自备财力修城"的推动下，加快了施工进程。刘沪的想法很简单，你们之所以不让我修筑水洛城，无非是因为修城耗费国家钱粮，如果我不用朝廷花费一文钱就能把水洛城修好，也就不会有人反对了。

韩琦、尹洙是非常讲究规则和原则的两个人，刘沪的公然抗旨行为使他们大怒，于是二人上疏朝廷《奉诏令刘沪董士廉却且往水洛城勾当状》《乞与郑戬下御史台照对水洛事状》，认为刘沪、董士廉二人公然抗命，派遣泾原副都部署狄青率兵抓捕刘、董二人并投入德顺军监狱，准备以违抗军令将二人处斩。这时，郑戬据理力争，担心水洛川"蕃汉人民惊溃，互相仇杀，别生边患"，指出尹洙的行为有图谋构陷之嫌，但没有得到朝廷采纳，仁宗皇帝下旨停止筑城。这是筑城水洛的第二次公开争论。

刘沪、董士廉被捕入狱之后，归降的蕃氏部族对归宋产生疑虑，纷纷造反，杀掉官吏和汉族民众，致使水洛城局面失控。庆历四年（1044年）三月十二日，朝廷派遣盐铁副使、户部员外郎鱼周询，宫苑使周惟德和都转运使程戬解决水洛城事件。鱼周询等人刚到达水洛川，蕃氏部族首领就紧急求见，并提出了三点请求：一是允许继续修筑水洛城；二是以壮丁、牛羊襄助筑城；三是任命刘沪为水洛城寨主。在百姓的强烈要求之下，鱼周询等人顺应民意，上疏支持郑戬意见，建议释放刘沪、董士廉二人，继续筑城。

在鱼周询等人实地调查的同时，朝廷大臣对于水洛筑城事件也发生了激烈争论。韩琦依然坚决反对水洛筑城，他在《修水洛城不便奏》中列举十三条，批评水洛筑城的失误，包括耗费大量人力物力、筑城并非带来许多便利之处等。尹洙也认为筑城有害无利，由于秦、渭据点太多，各自为战，导致了前一个阶段军事上的失利，现在又增加水洛城，更分散兵力，削弱了防守力量。但是，范仲淹、孙甫等人却坚定支持刘沪，参知政事范仲淹在《奏为刘沪董士廉修水洛城乞委鱼周询等勘鞫》奏议中指出，刘沪守边"最有战功，国家且须爱惜，不可轻弃"。谏官孙甫也认为："水洛通秦、渭，于国家为利，（刘）沪不可罪。"争论双方剑拔弩张，互不相让，这种情况使得庆历新政中的改革派严重分裂，给反对派的进攻创造了有利时机。

欧阳修、余靖等人试图调和双方关系，他们两人在肯定筑城行动的同时，建议调解双方的争议。欧阳修连上两疏《论水洛城事宜乞保全刘沪等劄子》《再论水洛城事乞保全刘沪劄子》，充分肯定刘沪筑城的功劳，"自西事以来，擢用边将固多，能立功效者殊少。惟范仲淹筑大顺城，种世衡筑青涧城，（刘）沪筑水洛城，沪尤为艰难，其功不在二人下"；接着分析了解决水洛城事件的"三利三害"，指出"狄青、刘沪等皆是可惜之人，事体须要两全，利害最难处置"；最后提出了释放刘沪，调离尹洙来平息争讼的办法。经过半年的争论，事体大致明了，舆论越来越倾向于支持刘沪。宋仁宗权衡利弊，最终释放刘沪，但以不服从节制，将其降职为镇戎军西路都巡检，兼领水洛城兵马监押；董士廉罚铜八斤；尹洙从渭州调任庆州。在文臣武将攻防策略的争论声中，新筑成的水洛城终于矗立于关山余脉紫荆山之下、南北洛河的怀抱之中。这就是筑城水洛的第三次公开争论。

历史地来看，水洛城的修筑具有重要的作用和深远的影响。一是加速了水洛川的繁荣发展。据学者李俊刚的观点，随着重筑水洛城，北宋的边疆政策吸引了大批移民涌入水洛川，带来了更加先进的生产技术，成为水洛川开发与建设新的开始。二是促进了当地各民族的交流融合。当地各个民族在团结一心抵御西夏入侵的同时，文化传统、风俗民情也相互交融。三是巩固了宋代的西北边防。四是反映了北宋庆历新政中文臣武将之间的复杂关系。

刘双怡博士也认为，修筑水洛城之所以被闹得沸沸扬扬，主要由于其所发生的时机正好处于庆历新政期间、宋夏关系发生变化之时，从筑城牵扯到的蕃部安抚、文臣武将之间的关系、对夏政策，都导致这次事件被放大。水洛城事件的起因是大臣之间攻防军事策略之争，后来因掺杂了个人恩怨等诸多因素，变得日趋复杂。

水洛城事件中的重要人物，范仲淹、欧阳修、韩琦、余靖等人，都是庆历新政的代表人物。学者李强博士认为，范仲淹、韩琦在西北军事战略方面多有共识，曾经联合上书《奏陕西河北和守攻备四策》，但在攻防策略上存在明显分歧。范仲淹重视基础军事设施，主张广筑城寨；韩琦则侧重进攻，反对分兵守土和建城损耗物力，这是造成水洛城之争的最根本原因。

韩琦内心中一直有着扫平西夏，扬大宋国威的情结，好水川之败是韩琦心中难以抹去的痛。所以，他坚决主张用有限的钱粮和军队用来练兵、强兵，使用进攻的战略彻底解决西夏的威胁，而不是耗费钱粮分兵据守。采用历史观点，我们不能苛责韩琦的立场和行为。但是，由于水洛城之争而导致庆历新政的失败，则是令人惋惜和痛心的。

大势已去，舆论已经完全倾向于筑城派，而且水洛城事件尘埃落定之后，董士廉又上书控告尹洙，牵连韩琦，再次引发了争讼，于是韩琦只得上奏要求离职外任。庆历五年（1045年）三月初五日，韩琦罢枢密副使，加资政殿学士，知扬州。在范仲淹、富弼被迫离开朝廷之后，他也黯然离去。

韩琦哪里知道，在扬州他会遇到另一个和他争论的人，而且这个人与他的争论程度远远比水洛城之争更加激烈。这个人是谁呢？

第四十三回

扬州理政结恩怨　韩琦安石两不知

"故人西辞黄鹤楼，烟花三月下扬州。"庆历五年（1045 年）三月初五日，韩琦罢枢密副使，加资政殿学士，出任扬州知州。从此，韩琦离开了朝廷核心部门枢密院，想必其内心是极为失落的，毕竟从古至今能够做到"不以物喜，不以己悲"的知识分子为数不多。

真的是这样吗？如果您这样想就错了。韩琦是立志高远、勤劳国事的大丈夫，庆历新政的挫折不但没有击倒他，反而使他更加坚毅，政治上也更加成熟。有诗为证：

人观落叶悲，我视落叶喜。请看四序速，次第若屈指。风霜一瞬过，望春时有几？荣固悴之端，衰亦盛之始。须知众木疏，便是群芳启。举此较人事，盖不异物理。否泰与消长，反复殊未已。酿酒整笙歌，坐待新萌起。

这是韩琦在担任扬州知州时写的一首古风。诗中说人们看到落叶便会产生悲秋心理，而我却喜看落叶，那是由于我看到了春夏秋冬，四时变易。时光如梭，春日几何？春天的荣耀乃是秋冬凋悴的端首，秋风扫落叶众木稀疏乃是春日群芳争艳的开始。以草木荣枯四时变化喻人之事，方知盛衰荣辱亦为寻常轮替，无足为忧。这是万物生生之理。否极泰来，此消彼长，如此反复无穷。与其黯然神伤，不如酿酒笙歌，坐待新一轮春日的到来。

大家请注意，韩琦的"坐待"不是消极的坐待，而是积极的坐待，因为他相信，只要勤劳国事，造福地方，终有一天自己一定会被重新召回朝廷得到重用。

韩琦抱着为官一任造福一方的想法，心中始终装着百姓，上任以来便关注扬州民生，立刻废除无名征敛，保护百姓利益。

　　五代十国时期吴国奠基人、南吴太祖杨行密统治扬州之时，以军需匮乏为由，让扬州百姓每年在常税之外，再交一半作为军费。北宋平定扬州之后沿袭了这种不合理的税收政策。韩琦到任了解到这一情况之后，立刻奏请朝廷取消了这种不合理的搜刮政策。韩琦的此举赢得了扬州百姓的爱戴。

　　韩琦认为这种工作并快乐的状态会一直持续下去，他哪里知道，在这里他会遇到一个日后与自己争论的人，这个人就是王安石。

　　王安石（1021—1086），字介甫，号半山，临川（今江西抚州市临川区）人，北宋著名的思想家、政治家、文学家、改革家。因主持变法而名闻天下，也因主持变法而引发后人颇多争议。

　　宋仁宗庆历二年（1042 年）秋天，考中进士后的王安石被授予淮南东路节度判官，用今天的话说，相当于扬州市政府办公室秘书，这一年王安石二十二岁，而他的顶头上司就是扬州知州韩琦。

　　据宋代邵伯温《邵氏闻见录》记载，王安石特别喜欢读书，而且读起书来往往是通宵达旦。每当读书读到四五更时便会困倦，瞌睡了就眯上一会儿，这一眯不要紧，过了上班时间，赶紧爬起来，不洗脸、不梳头、不刷牙、不吃饭，随便套件衣服、蹬双鞋，头发蓬乱、两眼红肿、脸色煞白地就去上班了。韩琦是一个很重仪表的人，一看二十出头的年轻人怎么这副打扮？心中暗想，莫不是昨晚王安石是去哪里花天酒地了？时间长了，韩琦忍无可忍，有一天专门找王安石谈话，规劝王安石，年轻人要多用心读书工作，不可只贪图享受，少壮不努力，老大徒伤悲！弄坏了身体，辜负了大好青春年华，岂不可惜？希望王安石好自为之！这叫领导谈话啊，但凡一个普通员工都会引起注意，王安石此人却固执倔强，当时一声没吭，下班之后对同僚说，这个老韩，根本不了解我！把我看成什么人了？

　　这就是王安石的不对了，韩知州找你谈话是出于爱护年轻人的善意，你说领导不了解你，你为什么不把事实说清楚呢？谈话本应是信息的双向交流，为什么你一声不吭呢？反过来还要怪领导看错了你。实在令人难以理解。

　　韩琦也因为王安石衣冠不整、上班迟到等行为对他产生了不良印象，尽量不让他插手扬州的公务管理，对此王安石满腹牢骚。他多次引经据典同韩琦争论公事。看来王安石不懂"不与上级争锋，不与同级争功，不与下级争利"的道理。韩琦因此认为王安石十分迂腐，所举理由不切实际，对王安石的意见往往置之不理。不久王安石在扬州担任判官期满后便离开扬州到别处任职了。

然而，后来发生的一件事，却使得两人的成见加深，从此结怨。

一天，韩琦接到一封书信，信是扬州的一位儒生写的，在信中这位儒生使用了很多古文字。韩琦笑着跟别人说，可惜王安石不在这儿，不然这份公文让他看最合适，他认得的古字多！韩琦这话后来传到了王安石的耳朵里，他听后十分生气，认为这是韩琦轻视自己。这也为后来王安石变法时两人的长期争论埋下了种子。

韩琦在扬州知州任上只干了两年多，但却政绩卓著，深受百姓爱戴。宋仁宗庆历七年（1047）年五月，韩琦接到朝廷任命，担任郓州知州。在郓州，等待韩琦的又是什么呢？

第四十四回

徙知郓州除弊政　仁宗下诏赏三军

宋仁宗庆历七年（1047 年）五月，韩琦接到朝廷调令，徙知郓州（今山东东平县）。郓州属于京东东路，京东是一个出响马的地方，社会治安一向不好，盗贼活动猖獗。

针对这种局面，朝廷法令规定，抓捕盗贼以百日为限。捕快们如果在一百天内抓不到要抓捕的盗贼就要抵罪，这就造成了盗贼还没有被抓捕归案，捕快却先受刑罚的结果。韩琦到任之后，了解到这一情况，认为这项政策不尽合理，于是他上奏朝廷，提出了改革方案，认为应当允许捕快们抓捕其他盗贼以代替要他抓捕的盗贼。此方案被朝廷批准，仁宗皇帝下诏，全国各地抓捕盗贼也按郓州的方法实行。韩琦的这项改革，拓宽了捕快们抓捕盗贼的对象范围，不仅大大减少了捕快们的牢狱之灾，而且大大增加了破案率，京东地区的社会治安明显好转。韩琦的这项改革在北宋刑事诉讼法律的问责制方面做出了贡献。

庆历七年（1047 年）十一月二十八日，涿州人王则聚众造反，在贝州（今山东清河）发动起义。得知起义的河北转运使、北京留守（注意：这里的北京是指河北大名府）贾昌朝一面派兵前往镇压，一面急忙上奏仁宗皇帝，恳请皇帝下诏，调韩琦前往河北。

在韩琦到达河北之前，朝廷平叛兵马在枢密学士、左谏议大夫明镐的统率下向贝州城发起了猛攻，结果损兵折将，贝州城仍旧没有攻下。接到奏报的宋仁宗十分忧虑，他召集文武群臣商议征讨方略。参知政事文彦博主动请战，仁宗皇帝大喜，任命文彦博为河北宣抚使，让明镐为河北宣抚副使。

文彦博接受宋仁宗任命后于庆历八年（1048 年）一月十六日来到贝州城下，接替明镐全权指挥宋军进攻贝州。闰正月初一日，宋军经过血战，终于攻破贝州城，王则被俘，被押解京师斩首。

宋仁宗庆历八年（1048年）闰正月初五日，仁宗皇帝下诏处理战后事宜，赏赐立功将士，抚恤阵亡将士家属，追究失职人员责任。初九日，文彦博因平叛有功升任同中书门下平章事兼任礼部侍郎，明镐升任端明殿学士、给事中，其他立功人员四千八百人按功劳大小都获得朝廷封赏。宋仁宗还下诏改贝州为恩州。

在这次封赏中，河北转运使、北京留守贾昌朝也因叛乱被平定而被晋封为安国公。见到这种情况，翰林侍学士杨偕立刻上奏皇帝，他认为恩州地属贾昌朝管辖，王则起义占据恩州，贾昌朝身为河北转运使、北京留守却战不能战，守不能守，致使朝廷损兵折将，这本是贾昌朝的罪过，怎么能对他进行封赏呢？顺便说一句，这个贾昌朝能力平庸，政绩平平，在庆历新政中欧阳修得罪了他，他就设下计谋将欧阳修轰出了朝廷。

宋仁宗接到杨偕奏疏后并没有采纳他的建议，仍旧封贾昌朝为安国公。贾昌朝由于受到弹劾，于是奏请皇帝重新考虑对平定恩州有功人员的封赏，宋仁宗接受了他的建议，下诏更改前面所颁布的封赐。

韩琦于庆历七年（1047年）十二月十三日被调往河北，知成德军（属真定府，今河北阜平）。韩琦闻听这一消息后，立刻上疏进行制止，他的奏疏这样写道："如今军心不稳，应当以安定军心为上。一旦朝廷政策失误，三军就会发生骚乱，现在，封赏将校已经各就各位，怎么能突然更改这么多人员的任命呢？希望皇上收回成命，以安定军心。"仁宗皇帝觉得有理，采纳了韩琦的主张。

韩琦在知成德军这段时间，还做了一件造福当地百姓的事情。原来，北宋建立初年，为了抵御辽国进犯，发布了"斩伐令"，把距边境五六十里的地区划为禁地，禁地之中的山林树木禁止砍伐，目的是抵御辽国的骑兵。韩琦到任后经过调查，当地百姓因得不到木材深感不便，而抵御辽国骑兵不需要这么大面积的树林，于是奏请朝廷开放了部分禁地，允许百姓采伐林木。于是百姓得到六百余里林地，争相传颂韩琦圣德。

庆历八年（1048年），四十一岁的韩琦被任命为定州路安抚使、都总管，知定州。定州施政，韩琦又有哪些政绩呢？

第四十五回

韩琦扩建众春园　稚圭整肃定州军

庆历八年（1048年），四十一岁的韩琦被任命为定州路安抚使、都总管，知定州。纵观韩琦一生，在地方任职的经历中以定州时间最长，从宋仁宗庆历八年（1048年）到宋仁宗皇祐五年（1053年），长达六年。

宋仁宗庆历八年（1048年），朝廷设置定州路，治所在定州，管辖八州之地。定州即今天河北省中部定州市，是春秋战国时期中山国的首都，拥有二千六百多年的建城史，是"中山文化"的主要发祥地。

在定州东北有一座众春园，这座众春园是北宋定州知州李昭亮始建，来到定州的韩琦对众春园进行了扩建，并在每年春节时在此与定州百姓同乐。他在《众春园》这首诗中写道："中山雄北边，地得要害扼。烽警昔未彻，民日困兵革。"定州与辽国接壤，属于军事重地，烽火不断，百姓生活也受到影响。

按理来说，在北宋边境之地的定州，宋军应当队伍整肃，军纪严明，谁知这里的驻军却是疏于管理，士兵骄横，军纪涣散。在北宋朝廷的国家军队中，定州兵不服管制是出了名的。在宋仁宗庆历七年（1047年）十一月对贝州王则起义平叛时，枢密直学士明镐指挥诸州兵马进讨王则，各州军队都能够按将令行事，听从调遣，唯有定州兵在主将的带领下向明镐讨价还价，要求厚赏，然后才肯进兵。韩琦当时刚刚接到调令来到河北，知真定府，他听说这件事后认为应当对定州兵大力整顿，否则，势必引发叛乱威胁朝廷安全，即使不引发叛乱，这样的军队也不能抵御辽国大军的进攻。于是韩琦决定修明军政，革除宿弊。

熟读兵书战策、有过抵御西夏进攻经历的韩琦深知带兵之道。《孙子兵法》计篇有云："孙子曰：兵者，国之大事，死生之地，存亡之道，不可不察也。故经之以五事，校之以计而索其情：一曰道，二曰天，三曰地，四曰将，五曰法。"将者，智、信、仁、勇、严也。法者，曲制、官道、主用也。"孙子说："战争是国家的大事，它关系到百姓的生死，国家的存亡，不能不认真地思考和研究。因此，要通过对敌我五个方面的情况进行综合比较，来探讨战争胜负的情形：一是政治，二是天时，三是地势，四是将领，五是制度。将领，就是指挥者所具备的智慧、诚信、仁爱、勇猛、严明等素质。制度，就是军制、军法、军需的制定和管理。"韩琦决定从整顿将领和建立制度着手。

韩琦来到军中，重申军法，撤换不合格的将领，凡不具备智慧、诚信、仁爱、勇猛、严明等为将标准的一律撤换；清除军中害群之马，凡是横行军中，不服管教的士兵一律斩首；对战死的将士家属进行抚慰，给他们送去钱财，抚养他们的孤儿；这种恩威并施的治军之法立刻收到了良好的效果。一时间，定州军军纪严明，军容整肃。朝廷曾有诏令，士兵都头以上的官职都要从东京差补。韩琦认为这样做等于断绝了广大士兵的升迁之路，对军队的制度建设未必有利，于是他上疏奏请按原来的晋升之法激励将士。

为提高定州军队的战斗力，韩琦研读《李卫公兵法》，这《李卫公兵法》是唐代著名军事家李靖所撰。

李靖，生于公元 571 年，卒于公元 649 年，字药师，唐京兆三原（今属陕西）人。他曾任隋朝下级官吏，后随唐高祖李渊、唐太宗李世民南征北战，立下了赫赫战功。唐太宗时，以军功官至兵部尚书、尚书右仆射等职。公元 629 年，东突厥叛乱，李靖以兵部尚书为定襄道行军总管，率领三千精兵，全歼东突厥，擒获其首领颉利可汗。此后不久，吐谷浑侵扰边境，李靖任西海道行军大总管，率兵反击吐谷浑，彻底征服了吐谷浑。李靖因功晋封为卫国公，世称李卫公。

韩琦学习《李卫公兵法》颇有收获，依据兵法，韩琦创制了方、圆、锐三种阵法，让部将根据阵法日夜训练定州士兵。不久，定州军队训练有素，擂鼓而进，鸣金而退，进兵有方，退兵有法。在韩琦的治理和整顿下，定州军队成为一支北宋朝廷抵御辽国进犯的劲旅，北方的辽国因此不敢轻举妄动。

优秀的将帅除了治兵有方之外，还需要有爱兵如子的素养，韩琦也不例外。

　　一次韩琦夜晚写信，让一名侍兵（古代军中的勤务兵）手执蜡烛照明。这名侍兵三心二意，左顾右盼，不料手中的蜡烛凑到了韩琦的脸前，把韩琦的胡须燃着了。韩琦用衣袖拂了一下胡须，继续写信。不一会儿，信写完了。韩琦回头一瞧，发现执烛之人已被更换。韩琦担心那个侍兵会因此受到官长的鞭打，急忙叫道："不要把他换掉，他很会持烛的。"这件事情在军中被传为韩琦爱兵如子的佳话，韩琦的仁爱让三军将士十分感动。

　　常言道："兵马未动，粮草先行。"关于军需和后勤保障工作，韩琦又是怎么做的呢?

第四十六回

上奏疏确保军粮　保边境严加防范

北宋河北、河东、陕西三路长期屯驻重兵，用来抵御和防范西夏、辽国的进攻。这样一来军需储备不可缺少，而当地的租赋"不足以供兵费，屯田、营田岁入无几"，调民运粮又扰民太甚，于是北宋边防驻军所需粮草长期以来靠募人入中进行。所谓募人入中是指朝廷招募商人运输粮草，粮草运抵边地后，由驻军开付凭证，商人凭证到有关部门换取财物。

宋仁宗庆历八年（1048 年）以前，北宋朝廷采取的是见钱入中的办法，运输粮草的商人可以直接拿到现钱，用今天的话说，这是一种现钱交易。庆历八年（1048 年），朝廷更改见钱入中法，改为茶、盐、香、药等四种货物入中，这时，运输粮草的商人从驻军那里获得的不是现钱，而是茶、盐、香、药等四种专卖商品的许可权。用今天的话说，这是一种期货交易，商人送了粮草却不能立刻拿到现钱。期货交易是需要周期的，这种期货交易的周期性致使越来越多的商人运送粮草的积极性大减。时间长了，一方面，驻军手中的凭证发放不出去，被一些专门收购凭证的富商以极低的价格买去，然后换取巨额利润；另一方面，边防驻军却出现了粮草短缺的现象，致使军粮价格暴涨，在河北一斗米要价七百个铜钱甚至一千个铜钱。

《孙子兵法·作战篇》说道："善用兵者，役不再籍，粮不三载；取用于国，因粮于敌，故军食可足也。"意思是说，"善于用兵的人，兵员不再次征调，粮饷不再三转运。各项军用从国内取得后，粮草补给在敌国就地解决，那么，军粮就可满足了。"这是孙子著名的因粮于敌、以战养战的思想，然而孙子说的是开战以后的军需供应问题，而韩琦面对的却是边地驻军的军粮供应问题。

　　针对军粮价格飞涨的实情，韩琦写下了《论河东税外和籴粮草奏》的上疏，要求恢复以前见钱入中的办法，保护运粮商人的利益以平抑粮草价格，确保军粮供应。宋仁宗皇祐三年（1051 年）八月，在韩琦多次上疏之后，仁宗皇帝终于同意他的要求，下诏河北沿边地区粮草供应恢复见钱入中之法。

　　军粮供应得到了保障，解决了宋辽边界宋军的后顾之忧。在此基础上，韩琦增加了对边地的巡逻的次数，加强了警戒。在巡逻之中，韩琦发现禁地之中经常发现契丹人采伐林木，甚至发现定州境内出现契丹人劫掠百姓的情况，而当地官府竟然不敢制止。于是，韩琦以定州路军事主帅的身份给辽国边境长官写了一封书信，要求其约束部下不要再偷渡边境、越界劫掠。对于那些继续偷渡边境的契丹人，一旦发现韩琦则立刻派兵掩杀。朝廷听到韩琦的防范措施，也不加干涉，认为这是韩琦有理、有利、有节的军事行动，维护了大宋百姓的利益，彰显了大宋朝廷的国威。

　　"或见大敌去，便可遗巾帼。酣战方气振，俄景忽晡夕。人笑山公归，酩酊倒巾帻。谁知酩酊心，自有制胜策。"韩琦在《众春园》这首诗的末尾写下了这样的诗句。

　　诗句中描写了一个宾客彼此以酒相逼，如临大敌，若不能胜，脱帽遗巾，以示服输的场景。敌我双方酒战正酣，不知不觉太阳偏西，已到了黄昏时分。作者韩琦自比山公（晋代山简，字季伦，竹林七贤之一山涛的幼子），虽酩酊大醉，却能决胜千里。韩琦以此诗句抒发了"胸中自有百万兵，心中自有制胜策"的建功立业之心和彰显大宋国威的英雄情怀！

　　正当韩琦在定州练兵强军之际，河北出了一件大事，这件事也凸显了韩琦爱民如子、公忠体国的精神，河北究竟出了什么大事呢？

第四十七回

琦公赈灾为黎庶　百姓立祠表敬仰

宋仁宗皇祐二年（1050 年），河北遭遇百年不遇的水灾。洪水来时，波涛汹涌，山崩地裂，排山倒海，怒浪涛天。肆虐的洪水夹杂着折断的树枝和石块从山谷中倾泻而下，不断冲入早已翻腾汹涌的河流中，洪水巨浪在拍打着河流两岸的同时，也最大限度地摧毁了河北百姓的生命和他们仅有的些许财产。

这年闰十一月，朝廷下诏赈济灾民，免去河北百姓所欠官府的田租，并拨付赈灾财物钱四十万缗、绢四十万匹。当时医疗条件较差，大灾之后又有大疫，疫病蔓延，饿殍遍野，流民遍地。宋仁宗皇祐三年（1051年），为督促河北各地赈灾，朝廷派出官员到河北视察。哪知有些地方官员竟然欺上瞒下，用美酒佳肴款待视察使臣，以便弄虚作假，邀功请赏。宋仁宗闻讯大怒，于四月初三特意下诏，禁止河北灾区一切宴饮活动。

韩琦曾经做过四川体量安抚使，在赈灾方面很有经验，他下令开仓放粮，赈济灾民；同时招募人员从其他各州运送粮食以解定州燃眉之急，又派官吏开设粥厂，向流民提供保命粥。韩琦则日夜巡视粥厂，不敢丝毫怠慢。除此之外，韩琦还招募流民中的强壮者修筑工程，以粮食充作报酬，以便从根本上治理水灾。参加劳动的流民可以在灾后返回家乡，重操旧业。

在河北赈灾时，发生了这样一件事情。河北安抚司（宋代掌管一路军政、民政的机构，其长官为安抚使）曾下令禁止边民购买粮食运往城外，违禁米粮超过四斗的就要严厉处罚。韩琦闻讯，认为这项命令很不合理，城外百姓也是大宋子民，为何不加体恤呢？于是下令废除这项命令。听到这项命令被废除的消息，河北百姓争相传诵韩琦恩德。由于韩琦赈灾有方，定州灾情逐渐好转，宋仁宗特意下诏褒奖。

韩琦传

韩琦在定州施政的这段时间，曾经参与过庆历新政的范仲淹、富弼等人又重新得到朝廷的任用。宋仁宗皇祐元年（1049 年），仁宗皇帝赵祯念及执政旧臣，谕令推恩，于是韩琦、范仲淹、富弼等十余人都得以晋升官职。韩琦于皇祐元年被授予资政殿大学士，皇祐二年被授予礼部侍郎，皇祐三年八月被授予观文殿学士，再任河北。也就是说，干满一任三年后，韩琦在定州又多干了一任。

宋仁宗皇祐三年（1051 年）富弼担任蔡州知州时（蔡州，治所在今河南省汝南县），韩琦写下了《览资政富公新诗》，诗中写道："贤辅于朝廷，中外唯所用。中则翊万枢，天业日以重。外则泰一方，君治亦云共。"在这首诗中，韩琦表达了无论在中央还是地方，都要以国事为重、以百姓为念的思想。赈济灾民的事迹和理政地方的诗句凸显了韩琦爱民如子、公忠体国的精神。

宋仁宗皇祐四年（1051 年）二月，在山东赈灾后的范仲淹走到徐州突然身染重病，不久便驾鹤西去，终身以"先天下之忧而忧，后天下之乐而乐"为政治理想的一代政治家与世长辞。朝廷追赠其为兵部尚书，谥号文正。韩琦闻讯，悲痛不已。

韩琦在定州任职长达六年，切实维护定州百姓利益，深得定州百姓爱戴。定州各地百姓到京师乞求朝廷为韩琦建立生祠。生祠是指为活人修建的祠堂。在古代社会，只有那些深得百姓爱戴的人才有这种情况，当然，以强权强迫建立生祠的除外。朝廷接到定州百姓的请求后没有同意，但定州百姓在韩琦去世后，为韩琦建立庙宇，以表敬仰之意，代代相传。正是：

琦公勤劳理政为黎庶，百姓乞立生祠表敬仰。

宋仁宗皇祐五年（1053 年），韩琦官拜武康节度使、河东路经略安抚使，由定州调任并州（山西太原）。韩琦哪里知道，这次调动非比寻常，这里面又有什么故事呢？

第四十八回

河东执法报君恩　并州施政惠黎民

宋仁宗皇祐五年（1053 年）正月二十一日，韩琦由定州调任并州（今山西太原），官拜武康节度使、河东路经略安抚使。走马上任之后，韩琦经过调查，了解到前任地方官李昭亮大兴土木、劳民伤财，百姓劳役繁重，立刻下令取消了那些不是很急需的工程，减轻了百姓负担。

经过时间的推移，韩琦才逐渐了解到自己之所以被调任并州的原因。原来，自己的这次调动并非正常调动，而是由于前任地方官李昭亮与走马承受廖浩然矛盾激化的结果。

走马承受是宋代官名，每路设置一名，隶属于经略安抚司，无事的时候每年入京上奏一次，有边关警报时可以随时上奏。可能就是因为自己手中有上奏之权，加上仁宗皇帝的宠信，廖浩然自从来到并州就经常地向皇帝打小报告，一会儿说李昭亮不尊朝廷祖制，一会儿又说李昭亮所作所为违犯大宋律法。

这李昭亮也不是好惹的主。李昭亮，字晦之，宋太宗明德皇后的哥哥李继隆的儿子。年仅四岁就当了东头供奉官，后任数职。说白了，这是一名外戚，而且还是一位地位显赫、富有个性的外戚。

《宋史》记载：保州兵叛，杀官吏，诏遣王果招降之，叛者乘堞呼曰："得李步军来，我降矣。"于是遣昭亮，昭亮从轻骑数十人，不持甲盾弓矢，叩城门呼城上曰："尔辈第来降，我保其无虞也。不尔，几无噍类矣。"卒稍稍绲城下。明日，相率开城门降。改淮康军节度观察留后，复知定州，敕使存劳，赐黄金三百两，给节度使奉，以褒其功。

你看，保州发生叛乱，别人平叛无功而返，李昭亮只带数十人前来，这叛军就乖乖投降。这样一个人物，怎么会把一个小小的走马承受廖浩然放在眼里？于是，廖浩然告李昭亮一次，李昭亮就骂廖浩然一顿，一来二去，双方矛盾升级，终于到了不可收拾的地步。

皇帝需要的局面是属下不能一条心，要有矛盾，要有派别，但是矛盾又不能太大，最好势均力敌，该斗争时斗争，该为我皇帝办事时又要齐心协力地去办事。于是，仁宗皇帝为了缓和李昭亮和廖浩然之间的矛盾，下令并州、成德军（今河北阜平）、定州三地的地方长官对调，判并州李昭亮徙判成德军，知成德军宋祁改知定州，知定州韩琦改知并州。

韩琦到并州之后，经过观察了解，发现走马承受廖浩然心术不正。常言道："守天下之法者吏也，吏不良则有法莫守。"深知此理的韩琦立刻上奏皇帝道："臣韩琦来到并州经过多方察访，察知走马承受廖浩然所奏多有不实，不久前，朝廷差派内侍冯靖同为并州走马承受。冯靖廉洁奉公，然廖浩然却对冯靖深为忌恨，多次诬告冯靖，致使朝廷将冯靖调任他职。廖浩然以前就因手握上奏之权，屡次诬告赶走了地方长官，现在又诬告排挤同僚。朝廷对廖浩然的这种诬告行为，从来不加考察，不辨真伪，一概相信，皆从其请，致使其要求得以满足，其行为得以得逞。对此，地方官吏都忧叹不安。臣已查明，廖浩然性情贪婪，他所做不法之事不胜枚举，臣希望朝廷将其召回，以保全他。否则，臣韩琦就要按律治罪，明正典刑。"仁宗皇帝接到韩琦的奏疏后，急忙下诏召回廖浩然，交由内侍省加以鞭打以示警诫。

"人臣之欺君误国，必自其贪于货赂也。"历史不止一次证明，性情贪婪之人往往容易变质，变质之后便只知利害，不知是非。于是诬告、诽谤他人便成为寻常之事。"伤其身者不在外物，皆由嗜欲以成其祸。"经过韩琦明察秋毫的察访追究，廖浩然被鞭打警诫也是罪有应得，而被诬告调走的李昭亮和冯靖也因韩琦的不畏权贵、执法如山而得以证明清白。

韩琦在并州任职虽然仅有两年时间，但却政绩卓著。在这片土地上，身为百姓父母，他罢黜扰民之举，减轻百姓负担，开放酒禁之令，处理宋辽关系，改革旧有役法，留下了一段段令人称道的传世佳话。

上兵伐谋取天池　捍边报国显丹心

　　韩琦担任武康节度使、河东路经略安抚使、知并州期间，再次发生了辽宋天池之争，之所以说是再次发生，是因为辽宋天池之争前后持续长达三十余年，辽宋多次争夺天池地区，韩琦在任期间只是其中一次。

　　想当初，北宋大军灭北汉之后，宋太宗太平兴国四年（979 年），并州主帅潘美设立"令民内徙，空塞下不耕"的禁地。这个禁地大致上是沿北宋河东地区的辽宋边境一带，包括与辽国蔚州（今河北蔚县）、应州（今山西应县）、朔州（今山西朔州市）接壤的代州（今山西代县）、宁化军（今山西宁武县西南宁化）、岢岚军（今山西岢岚县）、火山军（今陕西河曲县东南）等地区。所谓禁地，即禁止民户居住与耕种之地，也称之为两不耕地，其实质就是辽宋两国的缓冲地区。

　　说了半天，这天池在哪儿啊？天池，因其地有庙宇，也常称为天池庙，或天池神堂。《宋史·地理志》及《辽史·地理志》中都没有关于天池的记载，只在《太平寰宇记》中有这样的文字：

　　天池俗名祁连泊，在静乐县（太原市西北，隶属于忻州市）东北一百四十里，周回八里。

　　宋仁宗皇祐五年（1053 年），辽国派遣军队采用步步蚕食的方法吞蚀北宋边地。孙子曰："故用兵之法，上兵伐谋，其次伐交，其次伐兵，其下攻城。"上等的兵法是用智慧谋略战胜敌人，其次是通过外交手段战胜敌人，再次是通过战争征服敌人，最下之策是攻打城池。于是，韩琦唤来帐下神将苏安静，授予密计，派遣他到达辽宋边境线上，召辽国军队主帅前来，一场外交斗争就此开始。

　　韩琦使者苏安静义正词严，开门见山，单刀直入，责之曰："大辽国曾向我大宋下达国书暂借天池庙，天池庙周围方圆数十里皆我大宋土地，贵国为何破坏信义，侵吞我国边地?"

"哦? 常言道，天下土地天下人共有之，何言天池是大宋土地呢?"辽国主帅听后不以为然，当面耍赖。

"侵吞我地，事实俱在，现有贵国暂借天池庙国书在此，请过目。"苏安静拿出证据。

"武康节度使、河东路经略安抚使韩琦韩大人与在下都是大宋边臣，为天子守此土，势必与尔等争辩，此事不决，断无中止之理。"苏安静趁着辽国主帅看国书之际继续说道。

拿着暂借天池国书的辽国主帅，一看证据确凿，一时无语。

苏安静继续据理力争："天池既是我大宋国土，理应奉还。今韩琦韩大人带兵来取，将军不可使我空手而归。"

辽军边地主帅素知韩琦威名。早在韩琦担任枢密使时就曾经招募强壮之民充作弓箭手，由朝廷发给田地供他们耕种，命令他们坐地防边，于是得到四千民户，垦田九千六百顷，三司每年取河东树木数万运往京师。现在韩琦带领大兵近在咫尺，难怪大宋使臣态度强硬。

这时，理屈词穷的辽军主帅只好答应归还大宋冷泉村，带兵撤离。

任何外交场合的胜利都是以武力做后盾的，在这场大宋与辽国的外交斗争中，由于韩琦的周密部署，外交使臣苏安静的有利、有理、有节的斗争策略，终于使辽国归还一部分边地，取得了外交上的胜利。

正是："丹心报国期输尽"，"捍边虽久即甘心"。

河东每年向朝廷贡献数万木料，运输这些木料极其艰难。木料砍伐之后，要经过陆路长途跋涉到达黄河，然后经黄河顺流东下。黄土高原上的黄河迂回曲折，木料运抵京师颇费时日。

河东路转运司为了聚敛钱财，搜刮民脂民膏，分别在府州沙谷、保德军（今山西保德）大堡、火山军（今山西河曲南）雄军、岚州（今山西岚县北）合河等黄河重要渡口设置关卡，征收高额渡河费，致使往来之人深感不便，徒增负担。河东路转运司的这种行为使百姓深恶痛绝、怨声载道。了解到这种情况的并州知州韩琦，立刻下令废除这些扰民之举，百姓闻讯，纷纷拍手称快。

"只期名遂扁舟去，掉臂江湖掷锦袍。"只有拥有如此胸怀的韩琦才能置高官厚禄于度外，时时处处以国家利益为重，以百姓利益为重。

成功处理了辽宋边境争端和废除扰民之举的韩琦又做了其他什么事情呢？

第四十九回　上兵伐谋取天池　捍边报国显丹心

第五十回

西北边陲知民风　麟州重镇解酒禁

宣恩来到极西州，城下羌山隔一流。

不见耕桑见烽火，愿封丞相富人侯。

这是北宋著名政治家、文学家范仲淹的《留题麟州》，在这首诗中作者写道：为了传达帝王对边地的慰抚，我来到了地处西部偏远边陲的麟州，这麟州城与西夏只隔一条窟野河，放眼望去，只看到一片烽火设施，看不到人民的耕桑气象，希望驻守边疆的官吏要以百姓的生计为重，要做一个富民侯。在这首诗里，范仲淹用了汉代的典故，汉武帝末年，欲使百姓殷实，所以特意把丞相封为富民侯。表达了作者爱惜民力、爱民如子的情怀。

麟州位于北宋与辽国、西夏交界处，在今天陕西北部，此地汉族与少数民族杂居，历史上这是一个英雄辈出的地方，北宋赫赫有名的杨家将祖籍就在麟州。

北宋初年，"无敌将军"杨业的青少年时期就是在麟州度过的，史料记载，他性格开朗，行侠仗义，喜爱骑马射箭，武艺超群。二十岁时离开家乡到太原，在北汉皇帝刘崇手下当了指挥使。宋太宗赵光义北征太原时，杨业带领杨家子女归降宋朝，遂成为北宋名将。公元986年，契丹国母萧太后统兵十万进犯大宋，杨业因潘美、王侁不发援兵，提前撤离战场而陷入孤军奋战境地，受伤几十处，被辽兵俘虏，宁死不屈，绝食三日而死。其子杨延昭继承父志，镇守大宋边关二十余年，病死后棺木南运时，一路上百姓望棺痛哭失声者比比皆是。后来，杨延昭的儿子杨文广被范仲淹和韩琦宣抚陕西时提拔为重要将领，在大将狄青麾下任职，跟随狄青东西征讨，屡立战功。杨家三代镇守麟州，杨业父子三世抗辽，杨文广抵御西夏，他们都是北宋名将，留下了无数可歌可泣的英雄故事。

这些故事后来被演绎为"杨家将"的传奇故事，在民间流传甚广。后来，人们把古麟州呼为"杨家城"，正是表达了他们对杨家将英雄的热爱和崇敬之情。

麟州民风彪悍，尚武风气盛行，在保卫北宋边疆、抵御辽国和西夏入侵方面发挥了巨大作用。鉴于当地民众就能起到御边作用，北宋在麟州就没有派驻中央禁军，这对于北宋朝廷来讲，就节省了相当一部分军费开支。作为褒奖，北宋朝廷对麟州采取了开放酒禁的优惠政策，允许当地百姓自由酿酒。据说麟州百姓酿制的酒味美甘甜，回味无穷。

酒，是一种文化。中国拥有上下五千年的酒文化，曹操有"对酒当歌，人生几何"的感慨；李白有"举杯邀明月，对影成三人"的雅兴；杜甫有"白日放歌须纵酒，青春作伴好还乡"的潇洒；欧阳修有"酒逢知己千杯少"的豪迈；苏轼有"明月几时有，把酒问青天"的胸怀。

酒禁一旦放开，就会形成民间的酒风，这种民间的酒风就是当地的一种民风。麟州就是如此，北宋自从开国以来对麟州解除酒禁，酿酒、饮酒、品酒、斗酒之风在麟州盛行，在酒中我们看到的是麟州人的豪爽，在酒中我们品出的是麟州人的尚武。

谁也没有想到，这种豪爽和尚武将伴随着宋夏战争的结束而结束。

宋夏战争结束后，麟州人口锐减，政府财政收入大跌，为保证当地财政收入，麟州当地官吏上奏朝廷实行榷酤，也就是政府对酒实行专卖政策，禁止民间酿酒。禁酒令一下，立刻引起了麟州百姓的强烈不满，于是产生了民风与法令的冲突。民风一旦形成，单靠法令来禁止就显得法令不接地气，民众依旧偷偷酿酒，出现了法不责众的现象。

宋仁宗庆历年间（1041—1048），韩琦在麟州御边时了解到这种情况，深知民风改变不易，况且麟州民间酿酒由来已久。于是，他上疏奏请朝廷废除麟州的榷酤政策，得到了朝廷的批准。这反映了韩琦主张贯彻法令禁止与教化民众相结合的原则。

韩琦在河北知定州时，定州是实行榷酤政策的，他认为定州与麟州相邻，近在咫尺，民风相似，定州也应当开放酒禁，于是，他上奏朝廷请求取消定州的酒禁，朝廷没有批准。这件事情直到后来韩琦当了宰相时才最终解除了定州的榷酤政策。

解除酒禁后的韩琦，又把目光转向了百姓的劳役，提出了改革役法的主张，这是怎么回事呢？

第五十一回

知州减生民之苦　琦公罢衙前之役

韩琦开放了酒禁，赢得了麟州百姓的爱戴，然而他却高兴不起来，因为这时的韩琦已经把目光转向了并州繁重的百姓劳役。

劳役在中国由来已久，无论奴隶社会还是封建社会，各朝各代都有劳役，不同时期的诗歌反映了当时劳役的繁重。

《东方未明》一诗出自《诗经·国风·齐风》，是周代在齐国京都地区（今山东省淄博市临淄）广为流传的一首民歌，它描写了奴隶们被强迫服苦役的痛苦生活，揭露了当时社会的阶级矛盾和统治阶级的残暴，诉说了奴隶们受压榨的痛苦，反映了奴隶阶级的怨恨和反抗心声。诗曰：

> 东方未明，颠倒衣裳。颠之倒之，自公召之。
>
> 东方未晞，颠倒裳衣。倒之颠之，自公令之。
>
> 折柳樊圃，狂夫瞿瞿。不能辰夜，不夙则莫。

让我们说得通俗一点：

东方漆黑天未亮，衣裤颠倒乱穿上。衣作裤来裤作衣，公爷召唤催得慌。东方朦胧没放亮，衣裤颠倒乱穿起。裤作衣来衣作裤，公爷命令催得慌。折下柳条围篱笆，狂夫监工瞪着眼。不分白天与黑夜，不是起早就睡晚。

以上是奴隶社会的劳役，封建社会的劳役又是怎样的呢？

元代张养浩所写的《山坡羊·潼关怀古》一诗流传甚广，虽然全诗对劳役只字未提，但却处处是在说劳役繁重。诗曰：

> 峰峦如聚，波涛如怒，山河表里潼关路。望西都，意踟蹰。伤心秦汉经行处，宫阙万间都做了土。兴，百姓苦；亡，百姓苦！

让我们再一次用通俗的语言来表达：

华山的山峰从四面八方会聚，黄河的波涛像发怒似的汹涌。潼关外

149

有黄河，内有华山，山河雄伟，地势险要。遥望古都长安，陷于思索之中。从秦汉宫遗址经过，引发无限伤感，万间宫殿早已化作了尘土。一朝兴盛，大兴土木，百姓受苦；一朝灭亡，流离失所，百姓依旧受苦！

劳役是统治者强迫人民出劳力当差服役的行为。这里我们重点要说的是"衙前"役，"衙前"是宋代职役之一，唐朝时有衙前军，但非官役。宋代"衙前"开始成为负担最重的差役，其主要职责是职掌官物押运和供应，负赔偿失误和短缺等责任，这样一来，承担"衙前役"者往往因赔偿过重而破产。

宋朝初年无固定役法，宋仁宗初期，有派里正轮流充当的"里正衙前"，募人充当的"长名衙前"和以富户承担充任的"乡户衙前"等名目。为减轻亏累，官府特许承担重难差役的衙前，承包酒坊，以资弥补，但在宋仁宗嘉祐年间（1056—1064）和宋英宗治平年间（1064—1067）各地又相继废止。宋神宗熙宁三年（1070年）实行免役法，"衙前"改为雇役，也就是雇人来当差，以坊场钱（酒税）募人充任。当然，这已经是王安石变法时期的事情了，这里暂时不提，后面我们还会讲到。

韩琦在并州，了解到"州县生民之苦，无重于里正"，"至有孀母改嫁，亲族分居，或弃田与人以免上等，或非命以就单丁"，造成"富者休息有余，贫者败亡相继"的局面。这是怎么回事呢？

原来，由里正充役的称"里正衙前"，由乡户轮流充役的称"乡户衙前"，而"里正衙前"是固定里正服役，这就使得里正服役而承担的风险要比"乡户衙前"承担的风险大得多。并州又地处山区，东汉时的著作家应邵曾经这样说："地在两谷之间，故曰并州。"可见并州之地山高路险，交通不便，这就给押运官物的役人带来了巨大的风险，充役的里正多因赔偿官物而倾家荡产。如果在押运官物的过程中再上演一出《水浒传》里的"黄泥岗智取生辰纲"的故事，那就更加雪上加霜。

经过深入了解，韩琦决定上奏朝廷，宋仁宗皇祐五年（1053年），他要求改革役法，罢黜"里正衙前"。在奏疏中韩琦指出"里正衙前"之役的不合理，提出以"乡户衙前"代替"里正衙前"。具体办法是，转运司将各州军现在服役的里正衙前人数确定下来，打破诸乡界限，在一县第一等户中，选派最富有的一户服役。在役满变更时，也按照这个方式来选派。如果有甲乙两县，甲县户少而役多，乙县户多而役少，就把甲县的差役均给乙县。如果百姓的实际人户情况同户口登记的情况不一致，也允许地方长官变更服役的人户。地方长官不再负责赋税的征收，仍让里正们催促缴纳，而是三年轮换一次。

韩琦这种制度设计既减轻了里正们的负担，又减轻了地方官的负担，而且做到了相对均衡，相对公平。

宋仁宗接到韩琦的上疏后，下诏京畿、河北、河东、陕西、京东、京西诸地转运司讨论韩琦改革建议，大家一致赞同韩琦的这项主张，于是，宋仁宗于至和二年（1055 年）四月二十三日下诏，在全国范围内罢黜里正衙前之役。

韩琦的罢黜"里正衙前"之役的改革，是中国役法史上的重大进步，这次改革调整了生产关系，对发展农业生产、减轻农民负担有着重大意义，为促进由差役向雇役的转变积累了制度经验，奠定了役法转变的基础。

"安然解印归，万喜无一愠。"韩琦在并州举荐贤才、练兵强军、移风易俗，最终积劳成疾。于是，他上疏朝廷，请求回祖籍相州（今河南安阳）静养，这才引出一段韩琦衣锦还乡修建昼锦堂、欧阳修追字书美文的千古佳话。那么，一千年来，昼锦堂为什么闻名天下？《昼锦堂记》又写了哪些内容呢？

第五十二回

韩稚圭行为世范　昼锦堂名闻天下

韩琦在并州日理万机，每日为地方政事操劳，身体虚弱，积劳成疾，病情加重。在幕僚和家人的劝说之下，韩琦只好于宋仁宗至和元年（1054 年）十二月上奏皇帝，请求朝廷派太医齐士明给自己诊病。

仁宗皇帝接到韩琦奏疏后，为韩琦健康担忧，立刻下诏翰林医官院（太医院，管理太医的机构）齐士明前往并州为韩琦诊病，然而翰林医官院答复说："士明当诊御脉，不可遣。"齐士明是为皇帝诊病的专职大夫，怎么能给韩琦去看病呢？仁宗皇帝说："韩琦，吾重臣也！"立即下令让自己信任的内侍窦昭齐陪同太医齐士明立刻动身前往并州，为韩琦诊治疾病。

齐太医医术高明，诊断过后，建议韩琦不可再过于劳累，应当安心静养。这一建议引起韩琦对家乡的思念，于是韩琦上奏朝廷，请求回祖籍相州（今河南安阳）养病。

宋仁宗至和二年（1055 年）二月十八日，北宋朝廷任命韩琦以武康军节度使的身份出知相州。由此打破了地方官不得在家乡任职的惯例，这也是朝廷对韩琦的特殊恩典。

回到相州后，韩琦在州衙内修建了一座楼阁，取名"昼锦堂"，作为安心静养之地。昼锦堂堂顶覆绿色琉璃瓦，堂后为忘机楼，东有狎鸥亭，西有观鱼轩，后有名为"圭楼"的藏书楼和康乐园。这座雄伟秀丽、古朴幽雅的庭院在当时因是韩琦居所而名闻天下。关于这昼锦堂中的"昼锦"两字来历还有一段故事。

想当初，在推翻秦朝的农民战争中，西楚霸王项羽攻占咸阳后，有人劝他定都关中，可因为思念家乡，项羽急于东归，说道："富贵不归故乡，如衣锦夜行，谁知之者！"夜里穿着华丽的衣服走路，怎么能在人前显示荣华富贵呢？又有谁知道我项羽发迹了呢？于是后人便延伸出了"锦衣夜行"或者"衣锦夜行"的成语。由此我们也可以了解到项羽爱慕虚荣的性格特点。韩琦想到，我以武康军节度使身份出知相州，正是衣锦还乡，于是对"富贵不归故乡，如衣锦夜行"之句反其意而用之，故名"昼锦堂"。

韩琦差人请好友欧阳修为"昼锦堂"写记，以便在重阳节前镌刻于堂上。欧阳修酝酿片刻便摊纸书写，起句即为"仕宦至将相，富贵归故乡"，直入主题，一挥而就。文章写毕，欧阳修送走差人，如释重负，打算好好休憩片刻。他在自家院子里悠闲地踱步，并不时地诵读刚刚脱稿的《相州昼锦堂记》。但他总觉得有什么地方不尽如人意。读着读着，他感觉问题就在首句过于平直，缺少回缓之意。于是，他又重新将《相州昼锦堂记》重写了一遍。马上差家人快马追赶，一定要把那篇不甚满意的初稿追回，再将推敲之后的定稿交予韩琦。韩琦对照旧稿再三读之，发现仅在头二句加两个"而"字而已。而这两个"而"字的添加，不但使上下文连贯顺畅，意思也比原文深邃了。这就是欧阳修追字的故事，后来这个故事曾经被收录为小学五年级语文教材。

下面就让我们欣赏一下这篇美文：

仕宦而至将相，富贵而归故乡。此人情之所荣，而今昔之所同也。盖士方穷时，困厄闾里，庸人孺子，皆得易而侮之。若季子不礼于其嫂，买臣见弃于其妻。一旦高车驷马，旗旄导前，而骑卒拥后，夹道之人，相与骈肩累迹，瞻望咨嗟；而所谓庸夫愚妇者，奔走骇汗，羞愧俯伏，以自悔罪于车尘马足之间。此一介之士，得志于当时，而意气之盛，昔人比之衣锦之荣者也。

惟大丞相魏国公则不然：公，相人也，世有令德，为时名卿。自公少时，已擢高科，登显仕。海内之士，闻下风而望余光者，盖亦有年矣。所谓将相而富贵，皆公所宜素有；非如穷厄之人，侥幸得志于一时，出于庸夫愚妇之不意，以惊骇而夸耀之也。然则高牙大纛，不足为公荣；桓圭衮冕，不足为公贵。惟德被生民，而功施社稷，勒之金石，播之声诗，以耀后世而垂无穷，此公之志，而士亦以此望于公也。岂止夸一时而荣一乡哉！

公在至和中，尝以武康之节，来治于相，乃作"昼锦"之堂于后圃。既又刻诗于石，以遗相人。其言以快恩仇、矜名誉为可薄，盖不以昔人所夸者为荣，而以为戒。于此见公之视富贵为何如，而其志岂易量哉！故能出入将相，勤劳王家，而夷险一节。至于临大事，决大议，垂绅正笏，不动声色，而措天下于泰山之安：可谓社稷之臣矣！其丰功盛烈，所以铭彝鼎而被弦歌者，乃邦家之光，非闾里之荣也。余虽不获登公之堂，幸尝窃诵公之诗，乐公之志有成，而喜为天下道也。于是乎书。

尚书吏部侍郎、参知政事欧阳修记。

欧阳修《昼锦堂记》开篇即指出："仕宦而至将相，富贵而归故乡，此人情之所荣，而今昔之所同也。"而韩琦却不同，世有令德，为时名卿，年少时已经能够考取进士，原不指望衣锦还乡为荣耀。韩琦认为：以计较恩仇为快事，以沽名钓誉而自豪的行为是可耻的。不把前人所夸耀的东西当作光荣，却以此为鉴戒。欧阳修赞誉他，面临重大事件，决定重大问题，都能衣带齐整，执笏端正，不动声色，把天下国家置放得如泰山般的安稳，可称得上是国家重臣。相州人也以此寄望于韩琦。《昼锦堂记》简洁明畅，说理透辟，被收入《欧阳文忠公集》《宋文鉴》《古文观止》等书而流传后世。

昼锦堂原址在今天河南省安阳市彰德古城县东街路北，金代贞祐年间毁于战火，到明弘治十一年（1498年），彰德知府冯忠移建到河南安阳古城内东南营街。昼锦堂中最为著名的便是号称"三绝"的昼锦堂记碑，这座昼锦堂记碑高两米，刻于北宋治平二年（1065年）。所以，文章中的"大丞相魏国公"等字样应当是治平二年刻碑时才出现的。此碑由北宋大文学家、副宰相欧阳修撰文，大书法家、"一代绝手"、礼部侍郎蔡襄书丹，记述韩琦之事迹，明朝王世贞《相州山人稿》中说："韩魏公以上相作昼锦堂于相州，时欧阳修以参政为记，而蔡忠惠以三司使书之，时称三绝。"

公元1702年，昼锦堂更名为昼锦书院，此后从这里走出了许许多多的文人墨客，其中也不乏大雅之士。清朝末期，学院又更名为昼锦学堂，成为河南省最早的中学教育机构所在地。1924年到1927年大革命时期，老一辈革命家王若飞等曾在这所学校从事革命工作，先后有二十余人投笔从戎，考入黄埔军校。民国时期，此地成为河南省省立第十一中学所在地。1958年，该校更名为安阳市第五中学。

如今，只有那昼锦堂中千年的古槐在诉说着当年这座庭院在文坛中的影响，就连大文豪苏东坡也为韩琦的康乐园写下了《醉白堂记》，这是怎么回事呢？

第五十三回

文豪感佩琦公志　东坡写就醉白堂

　　宋仁宗嘉祐元年（1056 年），苏洵带二子苏轼和苏辙进京应试，谒见翰林学士欧阳修。苏洵向德高望重的欧阳修呈上自己所做的文章，欧阳修很赞赏他的《衡论》《权书》《几策》等文章，认为苏洵的这几篇文章可与刘向、贾谊相媲美，于是向朝廷推荐苏洵。公卿士大夫争相传诵苏洵，苏洵文名因而大盛。经欧阳修介绍，苏洵带领苏轼和苏辙又蒙枢密使韩琦邀请至家，双方交谈甚欢，韩琦又将三苏转介绍认识一些高官显宦。

　　宋仁宗嘉祐二年（1057 年），苏轼和苏辙同榜应试及第，此事轰动京师。嘉祐五年（1060 年），经韩琦推荐，苏洵被任命为秘书省校书郎，后为霸州文安县主簿，后与陈州（今河南）项城县令姚辟一同修撰礼书《太常因革礼》。所以，苏洵、苏轼、苏辙父子三人对韩琦情感颇深，后来在韩琦病故之后，苏轼应韩琦长子韩忠彦的请求为相州康乐园中的醉白堂写下了《醉白堂记》。

　　下面就让我们欣赏一下苏轼这位大文豪的这篇文章：

　　故魏国忠献韩公，作堂于私第之池上，名之曰"醉白"。取乐天《池上》之诗，以为醉白堂之歌。意若有美于乐天而不及者。天下之士，闻而疑之，以为公既已无愧于伊、周矣，而犹有美于乐天，何哉？

　　轼闻而笑曰：公岂独有美于乐天而已乎？方且愿为寻常无闻之人而不可得者。天之生是人也，将使任天下之重，则寒者求衣，饥者求食，凡不获者求得。苟有以与之，将不胜其求。是以终身处乎忧患之域，而行乎利害之涂，岂其所欲哉！夫忠献公既已相三帝安天下矣，浩然将归老于家，而天下共挽而留之，莫释也。当是时，其有美于乐天，无足怪者。然以乐天之平生而求之于公，较其所得之厚薄浅深，孰有孰无，则后世之论，有不可欺者矣。文致太平，武定乱略，谋安宗庙，而不自以为功。急贤才，轻爵禄，而士不知其恩。杀伐果敢，而六军安之。四夷八蛮想闻其风采，而天下以其身为安危。此公之所有，而乐天之所无也。乞身于强健之时，退居十有五年，日与其朋友赋诗饮酒，尽山水园池之乐。府有余帛，廪有余粟，而家有声伎之奉。此乐天之所有，而公之所无也。忠言嘉谋，效于当时，而文采表于后世。死生穷达，不易其操，而道德高于古人。此公与乐天之所同也。公既不以其所有自多，亦不以其所无自少，将推其同者而自托焉。

方其寓形于一醉也，齐得丧，忘祸福，混贵贱，等贤愚，同乎万物，而与造物者游，非独自比于乐天而已。古之君子其处己也厚，其取名也廉，是以实浮于名，而世诵其美不厌。以孔子之圣而自比于老彭，自同于丘明，自以为不如颜渊。后之君子，实则不至，而皆有侈心焉。臧武仲自以为圣，白圭自以为禹，司马长卿自以为相如，扬雄自以为孟轲，崔浩自以为子房，然世终莫之许也。由此观之，忠献公之贤于人也远矣。

昔公尝告其子忠彦，将求文于轼以为记而未果。既葬，忠彦以告，轼以为义不得辞也，乃泣而书之。

让我们用通俗的语言来表达一下这篇文章的意思：

已故魏国忠献公（韩琦谥号忠献）韩琦在自己府第池塘之上建造了一座厅堂，取名为"醉白"。选取白居易《池上》一诗，作醉白堂歌。意思好像是羡慕白居易并且认为自己有不及白居易的地方。天下士人，听说后心生疑虑，认为忠献公已经无愧于商代的伊尹和西周的周公旦，却还羡慕白乐天，是何道理？

我听了这些士人的议论感到好笑，我说：忠献公哪里只是羡慕白乐天啊，人家忠献公正想做一个普通人却得不到。老天生出这个人，将要让他担当天下重任，那么受冻的人找他求衣穿，挨饿的人找他要饭吃。凡是不能满足的都想要得到满足。如果有谁能够帮助他们，那他将穷于应付。因此他将一辈子处在辛勤劳苦之中，遭遇各种利害冲突。这难道是人所愿意做的吗？忠献公治理国家已经辅佐三个皇帝（宋仁宗、宋英宗、宋神宗）。晚年萌生告老还乡的强烈愿望，可是大家一起挽留他继续任职，他不能够放弃。在这个时候，他对白乐天有羡慕的感情，是不值得奇怪的。但是把白乐天平生行事和忠献公比较，人生收获的大小多少，那么后世的评论，相信一定会公允无欺。治理天下，平定叛乱，安抚国家，却不居功自傲。渴求贤才，拿爵禄赏赐天下贤才，而世人并不知道对他感恩。勇敢征战，安定六军。遥远边陲地域的人也仰慕他的风采，而国家安危系于一身。这些都是忠献公做到的，而白乐天没有做到。在自己身体强健时乞求告老还乡，退隐田园十五年，每天和朋友们饮酒赋诗，尽享山水田园乐趣。家里有穿不完的布帛，吃不完的粮食，歌舞作乐享受不尽。这些就是白乐天所拥有的，而忠献公享受不到这些。忠诚言论，美好计谋，为国家效劳，而且灿烂文采在后代显露；处境困穷，不改变操守，道德人品比古人还高，这些方面忠献公和白乐天都是一样的拥有。忠献公既不因为自己所拥有的而自夸，也不因为自己所缺少的而自卑。而是推崇两人共同的地方作为寄托。

当他在一醉之中寄托自己的情怀，看淡得失，忘记祸福，混淆贵贱，等同贤愚，等同世间万物。完全融入自然之中，不仅仅是和白乐天相比较。古代君子对自己要求繁多，对个人身名要求低廉。因此他们实际才能超过名声，因而世人对他们盛赞不厌。圣人如孔子，却把自己比为左丘明，自认为不如学生颜渊。后世君子，他们的实际才能不能达到，可是都有奢求名声的愿望。臧武仲自比为圣人，白圭自比为禹，杨雄自比为孟轲，崔浩自比为张良，然而后世人始终不赞同他们。由此看来，忠献公之贤能比他们要高出很多。

过去忠献公曾对他儿子忠彦说，想求我为醉白堂写一篇记没有实现。死后，忠彦告诉我，我认为自己义不容辞，于是流着泪写了这篇记。

大文豪苏轼在《醉白堂记》这篇文章中盛赞韩琦的功德，这些语言一点也不为过，因为，即使是韩琦在相州（今河南安阳）静养期间，他也勤于政事，为家乡父老做了许多好事。韩琦究竟为家乡的父老做了哪些事情呢？

第五十四回

名园初辟至和中　思与康时乐家同

安阳好，形势魏西州。曼衍山川环故国，升平歌吹沸高楼。和气镇飞浮。笼画陌，乔木几春秋。花外轩窗排远岫，竹间门巷带长流。风物更清幽。

韩琦对祖籍相州安阳有着深厚的感情，这首《安阳好》就是他歌颂家乡的作品，让我们用通俗的语言来表达：

安阳好，好在形势好，安阳远在战国时代就是魏国的西陲重镇，眼下这里山环水绕，护卫着古城；安阳好，好在政治好，高楼栉比，欢歌鼎沸，百姓安居乐业，百业兴旺，政通人和；安阳好，好在市容好，街道整饰如画，经年乔木笼荫，放眼望去，窗外远山如屏，碧水萦绕绿竹；安阳好，好在情怀好，安阳风物更加清幽，宛如桃园仙境。

北宋时的相州城位于华北平原南部，被太行山余脉北岭、南岭所环抱，濒临洹河，枕山带河，地势平坦。宋真宗景德三年（1006 年），相州城得到增筑和修葺，这时相州城的规模和范围比唐代相州扩大了许多。

增筑后的相州城包括相州正城、相州外城和增筑部分。相州正城就是后来的安阳老城，而相州外城地处正城之北，再加上增筑部分，使得北宋相州城形成了西、北两面以丘陵山地和洹河作为天然屏障，南面以附城拱卫的防卫格局。

北宋相州城规模宏大，城郭逶迤，一共开辟有四座城门：东门为永定门，因其朝向治所在相州城的永定县（今安阳县永和乡一带）而得名；西门为通晋门，因相州城的西边通山西省（简称晋）而得名；南门为朝京门，因北宋京城东京汴梁位于相州之南而得名；北门为通远门，意谓从相州城的北门出发，可以通达北方很远的地方。增筑后的相州城，北门改名为拱辰门，取意"众星拱北辰"，北辰是北斗七星的代称，因为北向，所以叫作拱辰门。今天在安阳老城北门外有拱辰广场，即由此而来。

北宋相州城中建有牙城，也就是相州的官府州廨，为北宋初年彰德军节度使韩重赟所建。

"虽归临本邦，事岂免羁绁"，韩琦原本为回乡静养，但勤于政事的他仍旧在养病期间关心家乡建设，关心百姓父老的生活。在他病情减轻之后，在相州一年多的时间里，做了不少有利于家乡父老的事情。

韩琦拓建园地。韩琦返乡后扩大了相州衙署的后园，取名康乐园，取"时康而与民同此乐"之意；昼锦堂除了反"衣锦夜行"之意而用之外，还有"朝夕自视，思有以报吾君也"之意。这反映了韩琦上报君恩，下安黎庶，与民同乐的思想。

韩琦修缮兵库。相州地处御辽前线，但因长久无战事，导致武备松懈。韩琦以武康节度使身份知相州后发现相州百姓不识兵戈，兵甲器械数以百万，任意胡乱堆放，韩琦深以为忧，于是建立甲仗库，"凡五十六间，由是兵械百万计，始区而别焉"。这种分类存放的方式使得兵器保存井然有序，从而增强了相州城的兵械储备和防卫力量。

韩琦兴修水利。相州城西有高平渠，唐高宗咸亨年间（670—674），相州刺史李景引安阳水东流溉田，入广润陂。韩琦到相州后，再次疏浚高平渠，于城西北隅修壕置二水磑，改名为千金渠，其水绕城而北，分流入城，以资灌溉园池。

韩琦议费冶铁。在相州城东北之利城，唐朝时置冶铁处。由于冶铁烧炭，附近林木采伐一空。"山林渐远，所费浸大，输纳不前。后虽增衙前六人，亦败家业者相继。"而官府又"止令纳课铁，民甚为苦"。韩琦来后上奏朝廷，停止了相州铁冶。

"名园初辟至和中，思与康时乐家同"，以上诗句和事迹反映了韩琦"体民有时""与民同乐"的思想。至和年间在家乡修养的韩琦，为家乡百姓造福，加强了相州的城防，发展了相州的经济，近一千年来一直被家乡安阳人民所称道。

宋仁宗嘉祐元年（1056年），仁宗皇帝授韩琦为枢密使，嘉祐三年（1058年）又改授韩琦为同中书门下平章事、集贤殿大学士，从此，韩琦进入了北宋王朝的最高权力中心，开始了为期十年的宰相生涯。在韩琦为相期间，又发生了哪些事情呢？

第五十五回

赴京师担任宰相　遇难题促帝立储

　　宋仁宗嘉祐三年（1058 年）六月，朝廷授韩琦为同中书门下平章事、集贤殿大学士，从此，韩琦进入了北宋王朝的最高权力中心，开始了为期十年的宰相生涯。然而，担任宰相后的韩琦，第一件要处理的大事却是非常棘手的建嗣立储问题。

　　建嗣立储，就是立太子，说到这个问题，我们有必要介绍一下这位宋仁宗皇帝赵祯。

　　宋仁宗赵祯（1010—1063），是宋朝第四位皇帝（1022—1063 在位）。宋仁宗最初的名字叫赵受益，他是宋真宗的第六子，生身母亲是李宸妃，李宸妃原是一名宫女，由于刘皇后无子，于是刘皇后剥夺了李氏的抚养权，将赵受益作为自己的儿子抚养。后世流传甚广的"狸猫换太子"一案的主角就是这位宋仁宗，只不过那是文学虚构出的故事而已。

　　宋真宗天禧二年（1018 年），赵受益进封升王，九月被立为皇太子，赐名赵祯。宋真宗乾兴元年（1022 年）二月，宋真宗驾崩，仁宗即帝位，时年十三岁，在位四十二年，是两宋时期在位时间最长的皇帝。

　　宋仁宗赵祯即位之初，由刘太后临朝听政。宋仁宗天圣二年（1024年），在刘太后主持下，宋仁宗册立宋太祖时期的老将平卢节度使郭崇的孙女为皇后，然而，这位郭皇后生性孤傲多疑、嫉妒心强，婚后与仁宗一直不和。面对这样的女强人，仁宗也是厌烦透顶，无奈，碍于刘太后面子，只好勉强维持。刘太后死后，仁宗皇帝便以郭皇后没有生育为由将其废黜，并于第二年（1034 年）改立宋太祖时期的大将、枢密使曹彬的孙女为皇后。

　　这位曹皇后不是"包办婚姻"迎娶的，而是仁宗皇帝自己挑选的，也勉强算是自由恋爱吧。然而，宋仁宗却惊讶地发现，这位自己精心挑选的皇后，竟然是一位已婚女！

曹皇后的前任公公是宋真宗时期的名臣李士衡，李士衡有一个儿子，名叫李植，是一个博学多才、满腹经纶且拥有高超画技的大艺术家！这位李士衡一心想给儿子找一个门当户对的大家闺秀做妻子，于是选中了大宋第一良将曹彬的孙女，哪知，他的大艺术家儿子却有一个怪癖——不结婚、不娶妻、不生子！用现在话说，就是独身主义者、丁克主义者！

遇见这么一个不靠谱的准相公，结果可想而知。结婚当天，李植逃婚而去，留下新娘独守空房。新娘不愧是将门之后，一气之下，独自回家，宣布"离婚"。

后来，郭皇后被废黜，在宰相吕夷简的推荐下，这位曹彬孙女变成了母仪天下的曹皇后。得知真相的仁宗皇帝不但没有怪罪曹氏，反而因曹氏出身将门、饱读诗书、谦谨通达而有所偏爱。

偏爱是偏爱，曹皇后却仍旧没有生出皇子。仁宗皇帝求子心切，频频临幸后宫嫔妃，这样倒好，一连生出十三位公主，三位皇子。可是，天不遂人愿，三位皇子相继早夭，十三个女儿也有九个早亡。

想到仁宗皇帝体弱多病，很难再有皇子，知书达理的曹皇后与皇上协商，从仁宗的堂弟、濮王赵允让那里领养了一个叫赵宗实的孩子。虽然如此，仁宗皇帝还是一心想有自己的儿子，常常临幸后宫嫔妃，使得身体每况愈下，以致不能临朝听政。宋仁宗至和二年（1055 年），皇帝暴病，一连几天昏迷不醒，曹皇后和大臣们急忙召集太医会诊治疗，大家担心一旦皇帝不测，储君未立，必然天下大乱。当时宰相文彦博等大臣恳请皇帝早立皇子，病中的宋仁宗含糊答应，却不见诏书颁发。等到宋仁宗病情好转之后，立储之事却再也不提了，皇帝还是想自己生出皇子。

自古以来，立储之事非常棘手。在家国一体化的封建社会，家事即是国事，有时国事也是家事。身为大臣，如果在立储问题上处理不好，就会受到皇帝猜忌。我活得好好的，你想干什么呀？君疑臣则臣危矣！

面对仁宗皇帝立储问题，大臣是如何做的呢？身为宰相的韩琦又是如何应对的呢？

第五十六回

韩琦上疏言建储　君实面陈谏立嗣

在韩琦担任宰相之前，已经有人上疏皇帝，要求仁宗皇帝早立太子，这个人便是知谏院范镇。

范镇（1007—1088），字景仁，华阳（今四川成都）人，北宋文学家、史学家。宋仁宗宝元元年（1038 年）考取进士，名列金榜第一名。可见，这位仁兄也是一位典型的学霸型人物。

自古以来拥立之事，牵涉到朝廷政治集团的宗派斗争，成，则有拥立之功；败，则有可能身败名裂、身首异处，故在仁宗皇帝立太子这个问题上，群臣又都"莫敢先言"。

谏院是北宋时期掌管朝政得失的机构，其长官便是知谏院。范镇认为身为谏官而不以宗庙社稷为重，有辱谏官职责。所以范镇下定决心，纵然掉脑袋也应当"死于职"，而不应当死在未来争夺皇位的乱军之中。他三次面见仁宗陈述争论，十九次上奏本章。力述立嗣理由"待命百余日，须发为白"。等得花儿都谢了！等得头发都白了！也不见皇帝有立太子的诏书。仁宗皇帝也因范镇屡次上疏而恼怒，于是罢范镇知谏院职，改集贤院修撰。闲着没事儿，你一边待着写书去吧，别再来烦我。

韩琦担任宰相之后，立刻上疏仁宗皇帝，奏章中写道：

臣见近年以来，朝廷内外忠孝之臣，都因为皇上登基面南，临御四海三十多年，而皇子却未能培育出来，使天下臣民失去寄托和希望。因此众臣不怕重罪获诛，不断有面议或奏章，请求皇上在宗室中选择年少聪明可以培养的暂时作为太子。皇上仁慈恭俭，古今未有，上天的恩赐赏罚至为分明，皇上非到晚年才能得皇子，这将是宗庙社稷的莫大庆幸。那时，宗室中暂时选立的皇储，可以给他优厚的官职俸禄，让他回到原来的官邸就可以了，这实在是最好的建议。臣愚钝，不知陛下为何迟疑而没有行动。这件事至关重大，应当由皇上深思熟虑亲自决定，虽然是至亲至近的人，也不可让其参与议决。若皇上平素也有所留意，已经得到合适人选，那么希望陛下宣谕中书门下、枢密院，使臣民奉而行之，以满足朝廷内外臣民的希望。如果说一时贤愚难以审别区分，选择应当谨慎，这样的话，臣请求在宫中建立内学，选择宗室中年幼而谨慎厚道、勤于学习者入内学习，陛下可以在每天听政决断军国大事之余，或休假之日，亲自驾临学舍，观察他们学业的进退和回答问题的应变能力，用不了多少时间，必然会全部了解他们的贤愚优劣，然后选择他们之中贤优者立为太子，这样做就不会不妥当了。臣承蒙皇上隆恩，越级提拔重用，深感惶恐不安，作为待罪宰相，时时刻刻考虑着以图上报。而目前朝中大事，没有比立储更为重要的，故臣在此昧死尽言。只希望圣上能宽纳接受，则天下幸甚！

经过了多年多地的地方施政的历练，韩琦已经在政治上逐渐成熟，就连向皇上的奏疏风格也在发生着变化，如果说以前韩琦的奏疏多是勇而直谏，那么这封奏疏则体现出委婉劝谏。如此奏疏，皇帝看了以后，结果可想而知——虽然没有生气，但还是不同意。

一天，韩琦又向宋仁宗提起立储之事，宋仁宗笑着说："后宫之中已有怀孕的嫔妃，且等她们分娩之后再议此事吧。"后来嫔妃分娩，全都是公主，韩琦又上奏立储之事。但仁宗皇帝却是时而怒形于色，时而凄惨不乐，始终未予答应。朝廷内外大臣也纷纷上疏，然而所有的奏章却都留在宫中未见下发。

韩琦深知要促成此事，必须借助御史台和谏院舆论的优势，让他们起到帮助的作用。他了解到司马光（就是砸缸的那位仁兄）在并州担任地方官时就曾经上疏请求皇上立太子，于是韩琦特地举荐司马光。在韩琦的举荐下，司马光被授予知谏院的官职，司马光到谏院就职后，果然第一件事情就是向宋仁宗面陈建储立嗣的大事。

一人上疏不行，就两人上疏劝谏，两人不行，我再联络众人劝谏，终有一天，皇帝是会回心转意的，这就是韩琦当时的想法。

在韩琦的积极联络下，有一位老臣被韩琦的这种精神所感召，加入了劝谏皇帝的行列。要说这个人，在中国传统文化中可谓影响深远，直到今天为止，那是有口皆碑、妇孺皆知！众多的戏曲、演义故事将其神化，在民间流传甚广。

这位人物是谁呢？

第五十七回
包拯进谏宋仁宗　韩琦讲述孔光传

　　在韩琦的积极联络下，有一位老臣被韩琦的这种精神所感召，加入了劝谏皇帝的行列，这位老臣就是北宋仁宗皇帝当政时期大名鼎鼎的包拯。

　　包拯（999—1062），字希仁，庐州合肥（今安徽合肥肥东）人，宋仁宗天圣五年（1027年）进士。他在担任监察御史期间，曾建议朝廷练兵选将、充实边备。历任三司户部判官，京东、陕西、河北路转运使。入朝担任三司户部副使，请求朝廷准许解盐通商买卖。后改知谏院，多次弹劾权贵。授龙图阁直学士、河北都转运使，移知瀛、扬诸州，再召入朝，历任权知开封府、御史中丞、三司使等职。宋仁宗嘉祐六年（1061年），任枢密副使。因曾任天章阁待制、龙图阁直学士，故世称"包待制""包龙图"。

　　包拯一生清正廉洁，刚直不阿，不畏权贵，执法如山，敢于替百姓申诉不平之事，故有"包公"之名，京师有"关节不到，有阎罗包老"的谚语。从北宋开始，民间就流传着许多有关包拯的故事。封建社会由于政治黑暗，致使司法腐败，所谓"衙门八字开，有理无钱莫进来"的现象较为普遍，有罪的，只要有钱、有后台就可以逃避法律制裁；无罪的，却可能被冤枉判刑。行贿受贿司空见惯，叫作"打通关节"。老百姓认为只要有包拯在，哪怕没钱、没关系也不要紧，后人用"关节不到，有阎罗包老"这个谚语赞美正直无私的官员。

　　在中国传统文化之中，包拯占有重要的一席。宋、元、明、清不断有包公戏问世，单是豫剧包公戏就有《包公审案》《探阴山》《秦香莲》《铡包勉》《下陈州》《铡郭槐》《铡赵王》《打銮驾》《打龙袍》《包青天》等等，这些包公戏的不断问世，无不反映出普通百姓中蕴藏的浓重

"清官"情结，也反映出广大民众对政治清明和司法公正的渴望。因此，后世将包拯奉为神明崇拜，认为他是奎星转世，由于包拯铁面无私，铁为黑色，在戏曲中黑色的寓意主要是直爽刚毅，勇猛而智慧，和包公的性格比较吻合，包公额头上的月牙图案象征清正廉洁，所以在民间包拯亦被称为"包青天"。

　　在韩琦的带动下，时任天章阁待制、龙图阁直学士、监察御史包拯面陈仁宗皇帝说："东宫的位置长期空着，天下的人都以此为忧，太子是天下的根本，根本不立，还有比这更大的祸患吗？"

　　宋仁宗问道："包爱卿想立哪个为太子？"

　　皇帝这话很重，包拯正色道："臣请求早立太子，考虑的是社稷宗庙的长久之计。皇上问臣想立谁为太子，是怀疑臣有私心吗？臣已年逾七十（是年包拯实六十岁），而且又没有儿子，绝不是借立太子为自己谋私利！"此语可谓一针见血，只指江山社稷能否长久，仁宗皇帝听后有所触动。

　　韩琦认为应当抓住时机，趁热打铁。他通过御史陈洙向司马光传话，要求司马光再次上疏，并且把奏章带到中书省扩大影响。司马光了解到韩琦用意后，再次起草了奏疏。

　　等一切做好准备，韩琦便携带司马光的奏章面圣。只见司马光在奏章中写道："臣以前上疏建议早日册立太子，以为陛下会接受这个意思。可是时至今日仍不见动静，臣想这必定是有人说：'皇上尚年富力强，何必忙着办这不吉祥的事情呢！'这完全是小人的一派胡言。小人不会有深谋远虑，更坏的是他们还包藏祸心，企图当圣上年迈力衰不能视事之时，仓促之间扶立同他们关系亲近的人，从而擅权误国，历史上这样的祸患还少吗？"

　　司马光的奏章言辞激烈，而这时的韩琦却从衣袖之中拿出《汉书·孔光传》进呈，对仁宗皇帝娓娓道来，讲起了汉成帝立定陶王的故事。

　　韩琦说："汉成帝刘骜在位二十五年，没有亲生的皇子，就立其弟定陶王刘康之子刘欣为皇子，《孔光传》中记有这件事。汉成帝只是德才中等的君主，还能这样深明大义，圣上如此圣明，难道反而不能做到吗？"接着又说："愿陛下以太祖之心为心（宋太祖传位于其弟赵光义，即后来的宋太宗），效法太祖的广阔胸怀，如此建储立嗣之事就好办了。况且，宗子入继，就等于圣上自己的儿子一样，这样可确保大宋江山传之万代，陛下必将功德无量。"

宋仁宗听后颇有感悟，看来建储立嗣之事不能再拖下去了。于是对韩琦说："朕也早有此意，爱卿看宗室中谁可以立为太子？"韩琦听到皇帝这样说，赶忙说："臣与宗室中素无接触，况且立太子这等大事岂是臣下能妄议的？只能由圣上裁定。"

宋仁宗说："宫中曾经领养过两个宗室的孩子，小的英俊，大的单纯而不聪慧。"

韩琦连忙问小的叫什么名字，仁宗回答说："名叫宗实。"

韩琦说："既然如此，不聪慧的就不能再说了，就按圣上考虑的来决定吧。"

宋仁宗说："如此说来只有定宗实为嗣了。"

韩琦说："既然陛下已经明确，那么这件事就这么定下来了。"

韩琦深知此事重大，担心皇帝变卦，于是第二天再次启奏皇帝，要求皇帝授予宗实一个合适的官职。于是宋仁宗拜赵宗实为宗正寺长官（负责皇族事务的机构长官），自右卫大将军、岳州团练使提升为泰州防御使。

至此，宋仁宗立太子一事在韩琦的努力下，最终有了结果。

仁宗建储立嗣事件中，我们看到的是韩琦的正直无私、公忠体国和富有智慧，然而，谁也没有想到，当授予赵宗实的诏书下达时，这位赵宗实却坚辞不受，这是怎么回事呢？

第五十八回

赵祯下诏立皇子　韩琦扶立宋英宗

当仁宗皇帝授予赵宗实官职的诏书下达时，这位赵宗实却坚辞不受，这是为什么呢？说来很有意思，在被领养准备继承皇位这个问题上，赵宗实和其父亲赵允让有着惊人相似的经历。

濮王赵允让（995—1059），字益之，宋太宗赵光义第四子商王赵元份的第三子，史称他天资浑厚，外庄内宽，喜愠不见于色。当宋真宗的长子周王赵佑去世后，真宗以绿车旄节迎赵允让到宫中抚养。皇子赵祯（即后来的宋仁宗）出生后，真宗又用箫韶部乐送还府邸，官居卫州刺史。这一迎一送，虽然礼节和形式都极其庄重，但却使得这位赵允让与皇位擦肩而过，也对赵允让的心理产生了影响。

无独有偶，这位赵宗实是宋仁宗赵祯堂兄赵允让的第十三子，母亲为仙游县君任氏。宋仁宗明道三年（1034年），仁宗皇帝册立曹氏为皇后，四岁的赵宗实被接进宫中由曹皇后抚养，但却没有明确皇子的身份，因为仁宗皇帝还幻想着自己生出儿子。赵宗实七岁时，宋仁宗所幸宫女生下皇子赵昕，于是赵宗实又被送出宫外遣归王府。皇子赵昕后来夭折，这才重新要立赵宗实为太子。

父子两代相似的经历都对他们的心理产生了极其严重的影响。在封建专制年代，凡觊觎皇位失败者最终的下场都极为悲惨，不论你是主动的还是被动的。那位宋太宗赵光义为了皇位，可以采用各种手段，害死弟弟赵廷美，害死侄儿（宋太祖之子）赵德昭、赵德芳就是明证。所以，赵宗实为了防备遭到猜忌，格外小心。这时，他的父亲赵允让去世，赵宗实就以服丧和自己生病为由，再三推辞。

皇帝给你官做你不做，不识抬举啊？于是后宫的宫女宦官，朝中的大臣无不议论纷纷，横加指责，仁宗皇帝也感到疑惑不解。韩琦每次进呈赵宗实辞免的奏章，都看到仁宗闷闷不乐。

事情过了半年多，赵宗实还在力辞，并交还了皇帝授给他的敕令诰示。仁宗皇帝对韩琦说："他既然如此三番五次地推辞，不如暂时先放下再说吧。"如果听到这话的是一个只为自己利益着想的人，就会立刻抓住机会，迎合皇帝的心理，或是立刻举荐与自己有着密切关系的皇族子弟。然而，韩琦是一位公忠体国的君子，听到皇帝说出这样的话，他立刻回奏道："天下人已经知道的事情而中途停止这不是朝廷应有的举动。宗实能够如此退让避辞，乃是他有见识的考虑。如果皇上赐给他手诏，让他知道这完全是出自圣上的意思，他就不能再推辞了。"于是皇帝让韩琦起草手诏，然后亲自书写，手诏说："朕亲自书写札子赐予你，是为了说明以前的差遣都是出于朕的本意，令你接受告敕，不能再有推辞逊让。今天再派人去传谕，一定要接受告敕，将谢表交于宣谕人带来，等你疾病痊愈后再入朝致谢。"

时间到了宋仁宗嘉祐七年（1062年）八月，赵宗实依然称病推辞。宋仁宗问韩琦："宗实再三推辞，这该怎么办呢？"韩琦说："臣考虑不如直接确立他为皇子，这样父子名分一定，他也就推辞不得了。"仁宗皇帝说："如此甚好，不要再有其他名分了，可直接立为皇子，就在明堂前从速完成这件事吧。"于是，身为宰相的韩琦请求传谕枢密院。

枢密使张昇来到明堂，听到这件事后，神情庄重地说："此等事情关系重大，切须仔细，官家千万不能有丝毫差错，圣上还有疑虑吗？"宋仁宗笑着回答："此事已经定了。"韩琦请求皇帝书写手札，以便具体付诸实施，皇帝点头。当天，内臣将仁宗皇帝的手札传到中书门下。

第二天，韩琦召翰林学士王珪，说明仁宗立皇子的本意，令其起草诏书颁行天下。这个王珪也是个仔细人，听到韩琦所说，深为疑惑而不敢起草，就入宫面圣，当得知是皇帝本意之后才起草诏书，颁行天下。

政治上日益成熟的韩琦通过自己的观察了解，知道如何来处理皇帝与赵宗实的关系，他劝谏皇帝以家人之礼对待赵宗实，以安慰他那颗敏感脆弱的心，也以此举来消除他人的议论。

宋仁宗嘉祐八年（1063年）三月二十九日，仁宗皇帝赵祯在福宁殿与世长辞，在位四十二年，享年五十四岁。《宋史》评价宋仁宗赵祯

"《传》曰：'为人君，止于仁。'帝诚无愧焉"。作为中国历史上第一个庙号"仁宗"的皇帝，他严以律己，宽以待人，为人处事尽显仁爱之心，以"仁"来评价他，可谓实至名归。

宋仁宗临终遗诏皇子赵宗实即皇帝位，是为宋英宗。

在这场建嗣立储的大事中，韩琦作为朝廷宰相，身系江山社稷长久安危，不辞劳苦，从中斡旋，联络官员，劝谏皇帝，调和仁宗与赵宗实的关系，成功地完成了北宋王朝第四任皇帝和第五任皇帝的权力交接。难怪欧阳修赞颂韩琦："面对重大事件，决策重要议题，垂着衣带，拿着手板，不动声色，把天下放置得像泰山一样安稳，可谓国家的重臣！"

宋英宗即位后又发生了哪些事情呢？

第五十九回

宋英宗朝堂患病　曹太后垂帘听政

　　宋仁宗嘉祐八年（1063 年）二月，仁宗皇帝感到身体不适，经医治调养，略有好转。三月二十九日夜，宋仁宗突然起身要服药，并诏曹皇后到福宁殿。曹皇后赶到时，皇帝只能用手指心不能言语，不久昏迷。时至半夜，仁宗皇帝驾崩。曹皇后令人关好宫门，并密派内臣传谕辅政大臣黎明入宫。

　　第二天黎明即是四月初一日，韩琦等辅政大臣来到福宁殿，曹皇后对韩琦说："皇帝于昨夜仙逝，军国大事要托韩相公裁处。"随后放声痛哭。韩琦启奏曹皇后说："皇后请暂且止住悲声，请派内臣把皇子接来，等皇子到来就在灵柩前即位，尊皇后为皇太后，宣翰林学士王珪起草遗诏。"

　　曹皇后令同判大宗正事安国公等前往赵宗实府邸谕旨，皇子赵宗实惊恐不安，自思出身藩王，稍有不慎便会成为皇位更替斗争的牺牲品，遂佯装称病，坚辞不出。大臣们无奈只好用担架将赵宗实从卧室内抬往内廷。

　　当韩琦传谕遗旨让他登基时，赵宗实拼命逃避，惊惶地连声说道："某不敢为！某不敢为！"韩琦让大臣们七手八脚将其按坐在龙椅之上，跪拜山呼万岁。新皇帝终日哭哭啼啼，不发一言，直到韩琦再次宣布仁宗遗诏，尊皇后为皇太后。谁能料到，这位宋英宗即位后三天尚能处理政事，即位第四天时便得了重病，而且还是精神分裂症。

　　看到这儿啊，您会说了，为什么说宋英宗得了精神分裂症呢？这病的原因又是什么呢？我们先来看这位皇帝发病时的症状。

　　那天正是宋仁宗大殓的日子，大殓就是把已经去世的皇帝装入棺材。文武百官排列在福宁殿前，等候宣诏行礼，韩琦与知谏院范镇已进入殿内。突然听到英宗皇帝在帘内连声呼喊："等会儿杀我！等会儿杀我！"见左右内侍十分惊恐害怕而束手无策，韩琦急忙上前，揭帘而入，径直走到皇帝面前说："谁如此大胆惹恼了官家？暂且入内服药就会没事了。"于是拥着皇帝交给宫人，由内侍扶着皇帝入内。韩琦出来后对范镇说："这件事只有你我知晓，切不可外泄！"稍停片刻之后，令百官对着内殿跪拜行礼后而退，竟然没有一个人知道内廷中发生了什么事情。后来，知道了事情经过的欧阳修赞颂韩琦："从这件事上可以看出韩琦遇事不慌，干练果断，一般人真比不上啊！"

从这天开始，宋英宗就时而清楚，时而糊涂，时而狂奔乱走，时而大呼小叫，完全是精神分裂症发病时的症状。

然而，宋英宗的病因却十分明确，被抱入宫中抚养却不被承认皇子身份，仁宗亲生儿子出生后又被送回王府，等仁宗亲生儿子早夭后又要立为皇子，这种大起大落的人生经历始终让赵宗实的精神处在一种长期紧张的状态，导致他思虑过度。太宗朝的赵廷美谋反事件、赵德昭的自杀事件、赵德芳的暴卒事件以及赵宗实父亲被抱养宫中的事情，无一不在持续地刺激着这位皇帝的神经，以致登基后的赵宗实精神突然松懈，病症发作。

韩琦见宋英宗的病不可能很快痊愈，便与众大臣商议，只好请曹太后出来处理军国大事，这就是北宋曹太后垂帘听政。但谁也没有想到，正是曹太后的垂帘听政，使得宋英宗和曹太后母子之间产生隔阂，对此，身为宰相的韩琦是如何处理的呢？

第六十回

曹太后萌生废黜　韩稚圭调处两宫

韩琦见英宗皇帝的疾病难以在短时间内痊愈，便请曹太后垂帘听政。这曹太后原是大宋第一良将曹彬之后，出身将门，自幼博览群书，熟读经典，处理国家大事那是得心应手。每遇国家大事先由群臣讨论，然后再由曹太后裁决。这期间，朝廷上下秩序井然，政局稳定。

英宗皇帝患的是精神分裂症，病发之时便失去正常人的意识，因此对大臣和太后多有失礼之处。不仅如此，病发之时他也不愿服药，即使是亲近之人劝说也无济于事。韩琦就常常亲自双手端着药碗劝说皇帝服药，这时皇帝方才吃药。一天，皇帝所服的药是一种叫作醉膏的汤剂，其主要原料是辰砂、乳香、酸枣仁，有治瘫缓风之功效。这种药病人服下后熟睡一昼夜，发汗后对缓解病情很有好处，然而由于剂量大、味酸而难以下咽。韩琦亲捧药碗让皇帝服药，英宗快要喝完药时却再也不喝了，把药碗猛地一推，碗里剩余的药汤洒了韩琦一身。见此情况，曹太后急命宫女拿出一件皇帝的衣服让韩琦换上，韩琦拜辞退出宫去。

英宗皇帝病发之时对宰相尚且如此失礼，对身边的宦官和宫女更是不在话下。他常常莫名其妙地大发雷霆，轻则训斥谩骂，重则拳脚相加，时间一长，弄得宫中人人自危，满腹牢骚。这位皇帝原本出身藩王，又长久不理政事，时间一长，有些宦官和宫女就开始搬弄是非，在曹太后那里说英宗皇帝的坏话，挑拨母子的关系，说曹太后不是亲生母后，太后和自己关系不亲近等等，说得有鼻子有眼，众口铄金，积毁销骨，不由曹太后不信。听到这些话后，曹太后十分生气，连连叫屈，说皇帝之所以能够即位全仗自己竭尽全力劝说先皇立其为皇子，没想到今天皇帝却忘恩负义！

领导身边地位不高但岗位重要的人，往往在关键时刻掌握着非同一般的话语权，这种话语权又往往能起到十分重要的作用，能成事，也能坏事。这不，这些宦官和宫女的话就起到了非常恶劣的影响，让曹太后和宋英宗之间思想上产生了猜疑、情感上产生了隔阂。

身为宰相的韩琦深知，皇帝刚刚即位就患有重病，太后垂帘听政又遭遇猜疑，皇帝和太后之间两宫不和，如此下去势必导致政局不稳，必须想办法调处两宫矛盾。

一天，韩琦和欧阳修等大臣共同在帘前奏事，曹太后说到宋英宗对她不好，说到伤心处竟然痛哭起来。韩琦乘此机会启奏道："太后且莫悲伤，皇帝之所以如此皆因有病之故，神智不正常才会发生这样的事情。臣以为太后切不可与病人一般见识，一旦皇上病愈，绝不会那样对待太后。儿子有了病，做母亲的能不宽容他吗？"欧阳修也说道："太后侍奉先帝几十年，仁德著于天下。早先，先帝宠幸张贵妃，对太后您也有不周之处，可是太后却能处之泰然，天下都称颂太后的圣德。如今是母子之间，太后反而不能相容吗？"说到这里，太后这才消了气。

这时，韩琦又启奏道："臣等在宫外护得官家，里面保护全在太后，若皇上有失照管，太后也未得安稳哪！"太后听了这话大吃一惊，说道："韩相公这是哪里话来？对于皇帝的身体，本宫自会操心。"韩琦接着说："只有太后好好照管皇上的身体，众人自然会更加尽心照管。"韩琦与太后的这番对话，使得当时在场的众大臣都吓得只缩脖子冒冷汗，心想韩大人这话太重了，已经冒犯了太后。退朝后，大臣吴奎对韩琦说："韩相公的话是否说得太过分了？"韩琦回答："我不能不这样啊！"

英宗皇帝的病情会不会让太后萌生废立之意，这始终是韩琦担心的事情。为了政局平稳，不再生变，韩琦提前给曹太后打了预防针，实践证明，这一针，体现出韩琦在政治上的远见卓识。

一天，韩琦到仁宗皇帝的陵墓永昭陵视察。曹太后要对次相曾公亮说英宗皇帝的事情，有所觉察的曾公亮说道："请太后等待韩琦回来以后再说。"于是太后派亲信内侍送给尚在视察的韩琦一封书信，内侍说："太后让韩相公看看这些东西。"韩琦打开一看，是英宗皇帝写得不得体的诗歌，还有皇帝在宫中的过失。韩琦当着内侍的面焚烧了这封书信，还让内侍回奏太后说："太后难道不知皇上正在病中心神不宁吗？心神不宁的人，言语举动有不合适的地方，这有什么奇怪的呢？"

视察工作完毕后韩琦回朝，曹太后突然询问韩琦："韩相公听说过汉昌邑王的故事吗？"曹太后此问突如其来，内含杀机。原来，这里面有个典故。

昌邑王是西汉受封昌邑国（今山东省菏泽市巨野县）的王室，共有父子两代。第一代昌邑王刘髆是汉武帝第五子，史称昌邑哀王。其子刘贺（前92—前59）为第二代昌邑王，是汉朝第九任皇帝，也是汉朝历史上在位时间最短的皇帝，仅仅在位二十七天就因荒淫无度、不保社稷而被废去，后来客死他乡，史称昌邑王或汉废帝。

曹太后此言已经暴露了废黜宋英宗之意，那么宋英宗赵宗实能否保住皇位？韩琦在这场没有硝烟的宫廷斗争中是如何化解风险的呢？

第六十一回

曹太后据典昌邑　韩相公心怀社稷

　　曹太后见宋英宗疯疯癫癫、不能理事，于是萌生废黜皇帝再立新君之意。向韩琦问道汉昌邑王之事，立刻引起韩琦的警觉。

　　这第二代昌邑王就是汉废帝刘贺，在位二十七天就被废去，曹太后此问意图已经十分明显。如何应对？我们再看当时韩琦是如何回答的，当真是高手过招。

　　韩琦说道："臣知道汉代有两位昌邑王，不知太后所问是哪位昌邑王？"

　　这一问真是绵里藏针，颇有水平。原本曹太后是想由韩琦引出昌邑王的话题，进而说到昌邑王无德被废，然后再联系现实的宋英宗患病问题，不料韩琦竟然来了一个以攻为守，让曹太后自己说出废黜皇帝的话来，这样一来曹太后就被置于非常被动的地位。

　　韩琦这一问，竟让曹太后一时语塞，不知怎样回答。只见曹太后上下打量着韩琦，在她面前站立的是一位曾经在抵御西夏的战场上让西夏敌兵闻风丧胆的主帅，是一位曾经与大辽国交涉索还国土的功臣，是一位曾经积极倡导庆历新政的主将，是一位理政地方多年、经验丰富的朝中大臣。曹太后不免心中忐忑，沉默不语。

　　韩琦见太后沉默，接着问道："太后此言必有缘故，不知是何人在太后面前说出这样的话来？"这一问更厉害，显然是要追究搬弄是非之人的责任。

　　曹太后只好竭力辩解说："没有什么人来本宫面前说此话，只不过是以前听说过罢了。"

　　过了几天，曹太后又对韩琦说道："昨天夜里我做了一个很奇异的梦，梦见皇上在庆宁宫坐着，而他的儿子却乘龙上天去了。"韩琦回答：

"皇上坐在庆宁宫，是皇上圣体康复的征兆，这也是好梦。"韩琦又从容说道："太后没有自己的亲生儿女，今皇上自幼就由太后养在宫中，皇后的母亲又是您的姐姐，皇后自幼也长在宫中，他们两人还是仁宗皇帝和您亲自定下的婚姻，这就是宫里的人所说的天子娶儿媳妇，皇后嫁女儿！这是上天安排将这个儿子和女儿赐予您的，真是一个难得的机遇，如此我们岂能不爱惜呢？"听了这话，曹太后的心有所触动。

当时，朝廷内外流传有宋英宗多有过失的传闻，就连枢密使富弼也信以为真。只有韩琦不相信这些传闻，并严肃地对众人说道："哪有在殿前不曾说错话，而一入宫门就会出差错的道理？这些传闻让人怀疑，我就不相信！"看到宰相坚定不移的态度，许多大臣也都转变了态度，传闻也就随之逐渐减少。

面对宋英宗与曹太后之间的隔阂，韩琦是在英宗面前说太后的好话，又在太后面前说英宗的好话。劝了这个又劝那个。然而，曹太后还是对一件事情耿耿于怀。

原来，曹太后垂帘听政的地方不是在皇宫正殿，而是在皇宫内东门旁的一个偏殿之中，每当想到这个办理政事的地方，曹太后就多有牢骚之言。因为宋仁宗皇帝登基之时，刘太后垂帘听政是在皇宫正殿，同为太后，地位却如此不同。这样的安排是韩琦的主意，事实证明，韩琦的这种安排也是深谋远虑的。

曹太后多次对辅政大臣说道："你们看我坐的这是什么地方？"

韩琦回答说："今日之事，难比当年。当年是因为仁宗皇帝年幼，刘太后垂帘听政坐正殿也有历史的先例。当今皇上已是成年国君，只是因为患病服药，暂时请太后听政，当日诏书就明确说'暂时处理军国大事'，既然是'暂时'，坐在这里也就可以了。"曹太后听了很不高兴，但也没有办法。这次对话却再次引起了韩琦的重视。

太祖朝时的晋王赵光义，被封为开封府尹后就会很自然地想得到帝位，于是便上演了一场至今都让许多历史学家说不清、道不明的"斧声烛影"谜案，宋太祖赵匡胤的死便成了千古之谜！既要给你权力，让你处理国家大事，以解朝廷困局，又不能让你对权力上瘾。为了始终确保宋英宗的稳固地位，韩琦作为当朝宰相，可谓煞费苦心！

然而，曹太后的牢骚与不满，却持续提醒着韩琦，一旦机会成熟就要立刻让曹太后撤帘归政，这样才能使宋英宗帝位稳固，朝廷政局平稳，但是"请神容易送神难"，面对太后撤帘问题，韩琦又是怎么做的呢?

第六十二回

韩琦祈雨索玉玺　太后纳谏终撤帘

韩琦担心曹太后垂帘听政时间久了会对权力产生迷恋而不还政于皇帝。如何让曹太后撤帘归政，的确是一件比较难办的事情。对这件事情的处理再次体现了韩琦的智慧。

宋英宗治平元年（1064 年）四月，英宗皇帝身体好转。这时的京城久旱无雨。韩琦想借此机会让英宗皇帝到醴泉观祈雨，以便让天下百姓都知道皇帝的病已经痊愈，以此安定民心。

韩琦奏明曹太后，曹太后听后很是担忧，说："皇上大病初愈，此时远行，恐有不便，况且皇帝出行岂能没有仪仗卫队？今正当先帝丧葬期间，素白仪仗皆未准备，此事还是改日再议吧。"曹太后的意思很明确——不准！

韩琦立刻回奏道："圣上之意是可以出行，至于素仗，此小事，朝廷传旨便可办好。"仅仅几天，韩琦就办好了素白仪仗，曹太后无语。

韩琦再次启奏曹太后道："皇帝祈雨，必须颁布诏书，颁布诏书必须要用玉玺，望太后拿出玉玺，借我等一用。祈雨过后，必将奉还。"

韩琦这一举动让曹太后始料未及，吃了一惊，韩琦你说得好听，借了玉玺不还怎么办？但韩琦已经备好仪仗，文武百官已经知道皇帝要出去祈雨，事已至此，曹太后还是拿出玉玺交给了韩琦。玉玺一旦交出去，其结果可想而知。

宋英宗出宫祈雨，京城震动，京城百姓争相目睹龙颜，见英宗病愈，民心从此安定。

祈雨过后，宋英宗就把玉玺扣下了，曹太后派人来索要，英宗皇帝找了几个借口不还，到最后竟然连借口也不找了。曹太后大怒，找来韩琦要问个明白。

曹太后问："当初，你说皇帝祈雨需要颁布诏书，颁布诏书需要借用玉玺，现在为何用完不还？"

韩琦说道："启奏太后，玉玺本就是皇帝的物品，何来'归还'二字呢？"韩琦接着说道："况且近来陛下处理政事时对答如流，件件事情处理得当，现有皇帝处理诸位大臣的奏章批复，请太后过目。"韩琦乘机劝说太后。

曹太后看过之后，心情有所好转，说道："皇上身体康复，实为幸事。"

韩琦说道："皇上圣体完全康复，处理政务十分得当，老臣在这里的用处已经不大了，请太后解除臣的宰相职务。"这是以退为进的策略。

曹太后深知韩琦是国之柱石，岂能撂挑子不干？赶忙说道："韩相公怎能解除职务呢？本宫本来就身居宫中，只因皇上身体缘故方才出来处理政事，如今皇上身体病愈，本宫也该回宫颐养天年了。"曹太后这话本来是客气客气，她想韩琦会极力挽留她继续垂帘听政，孰料她已经陷入韩琦所设的局中。

韩琦说道："太后在国家危难之际，能果断地听决政事。及皇上圣体康复，您能及时还政于皇帝。试看古往今来有谁能像您做到这样完美呢？前代垂帘听政的太后再贤明也不免贪恋权位，太后您却能主动归政，这真是古代太后所不及！太后撤帘定会受到朝廷内外的加倍尊崇！"

说到这里，韩琦又拿出几封奏章，这是有备而来。

韩琦接着说道："御史台和谏院官员都有请奏太后撤帘还政的，不知太后决定哪一天还政？"听到这话，曹太后暗暗叫苦。没好气地站起身来说道："现在就撤！"拂手转身离开。

韩琦怕夜长梦多，立刻厉声命令仪鸾司（掌管朝廷礼仪供帐的机构）立即撤帘。此时，曹太后还未走远，听见这话免不了伤心哭泣。想办大事不能有妇人之仁，身为宰相的韩琦，为大局着想，也不能不如此。

宋英宗即位初年患病期间，身为宰相的韩琦在服侍皇帝、调处皇帝和太后两宫矛盾以及在皇帝病愈之后劝说曹太后撤帘归政问题上起到了十分重要的作用。历史上因垂帘听政而引起的政治危机和血雨腥风屡见不鲜，西汉吕后、唐代武则天执政期间大肆杀戮皇室宗亲和朝廷旧臣就是明证。韩琦在朝堂之上能化危机于无形，做到权力顺利交接而不居功自傲，古往今来世所罕见！在这场宫廷斗争中，韩琦展现了一位成熟政治家的本色！老子说，"大音希声，大象无形"，越好的音乐越悠远潜低，越好的形象越缥缈宏远。丰功伟绩不仅是战场上的攻城略地，更体现在日常的细微政务间。用老子的话来评论韩琦，可谓实至名归！

宋英宗终于大权在握，谁知刚刚掌权不久的他，就因为一个称号问题和众大臣吵了起来，而且吵得不可开交！这是怎么回事呢？

第六十三回

英宗愈疯癫之症　朝堂起濮议之争

曹太后撤帘归政，宋英宗大权在握，对文武百官加官晋爵，宗室诸王追加封赠，就连已经故去的王公大臣也有追封，普天同庆。

宋英宗的行为起到了显示皇恩浩荡和尽收民心的作用，但同时也遇到了一个难题，这就是关于皇帝自己的生父濮安懿王赵允让的加封问题，如何加封更为合适？以韩琦为首的中书门下奏请皇上，认为对濮安懿王赵允让的封赠不可与其他诸王一样对待，应当讨论怎样进行封赠。宋英宗认为此事重大，于是传旨："此事等到服丧期满后再议。"

中书门下奏请皇上讨论对濮安懿王的封赠问题时，仅仅距仁宗驾崩十四个月，英宗下旨表示等过了仁宗服丧期满再议，也就是等到满二十四个月以后再说，这显然是英宗为了减少追封的阻力而做出的姿态。从这点来看，英宗是有智慧的，他非仁宗皇帝亲生，如何对待生父濮安懿王和养父仁宗皇帝的追封，这是一个非常棘手的问题，他想用冷处理的办法来接解决这一问题。

谁也没有想到，关于皇帝生父濮安懿王赵允让的封赠问题竟然引来一场君臣之间、大臣之间长达十八个月的争论，这场争论就是北宋历史上著名的"濮议之争"。

这场争论涉及北宋官员的伦理观念，涉及北宋朝廷的派系斗争，也涉及英宗皇帝的皇位稳固，身为宰相的韩琦也牵涉其中。

宋英宗治平二年（1065 年）四月，仁宗服丧期满。英宗皇帝下诏中书门下和翰林院并诸位学士、待制、礼官等，就濮安懿王赵允让的封赠详加讨论。

翰林学士王珪等人上奏说："对于濮安懿王之加封，应当仿效本朝封赠尊贵亲属之故事，封其高官大国，让其极为尊贵荣耀而已。"而以韩琦为宰相的中书门下则提出具体问题：赠官或封其大国，当由皇上降旨行册封之命，而诰制册命有一定形式，诰制应当是"某亲属现任什么官，可封赠为什么官，追封为某国王"。册命应当是"皇帝说：'兹有某亲，某官谁谁，今册命你为什么官，什么王'"。濮安懿王是当今皇上的生父，在制诰册命中应当称为何亲和写不写名字，这是一个应当明确的问题。宋英宗认为韩琦所说有理，下诏令重新讨论。

由此可见，韩琦是一个标准的、中规中矩的知识分子。他可能不会想到，他的实事求是、中规中矩的行为会引来官员们在这个问题上的分裂，关于封赠濮安懿王的问题立刻分成了两派。

以翰林学士王珪、工部员外郎兼侍御史知杂事吕诲、太常博士监察御史里行吕大防、侍御史范纯仁（范仲淹之子）等人奏请称濮安懿王为皇伯而不具名，也就是称英宗皇帝的生父为皇伯而且册命时不写名字，请您注意，这就意味着作为英宗皇帝生父的濮安懿王赵允让变成了英宗皇帝的伯父！

有研究者把提出以上建议的这一派称为"台谏派"，也就是以御史台和谏院的谏官为主的派别；而把以韩琦、欧阳修、曾公亮为首的一派称为"宰执派"，也就是宰相执政派。

一场别开生面的北宋朝堂辩论赛由此拉开序幕，辩题：如何称呼皇帝生父。台谏派："英宗皇帝的生父赵允让应当称为皇伯"，宰执派："英宗皇帝的生父赵允让应当称为皇考"。

辩题明确，辩手明确，观众也明确——就是那位最忠实的观众——宋英宗皇帝，不，他不仅是观众，而且还是这场辩论赛最终的评委！

接下来，即将展开的就是一场你来我往、唇枪舌剑、精彩纷呈的辩论赛！在我看来，这场辩论比我们今天的国际大专辩论会都要精彩！

双方关于这一辩题都拿出了什么论据呢？他们是如何来论证自己观点的？谁是最后辩论的胜利者？这场辩论又对北宋朝廷带来了怎样的影响呢？

第六十四回

台谏派奏称皇伯　宰执派引经五服

宋英宗治平二年（1065年）四月，一场关于英宗皇帝的生父称谓问题的"濮议之争"拉开序幕。

以翰林学士王珪、工部员外郎兼侍御史知杂事吕诲、太常博士监察御史里行吕大防、侍御史范纯仁（范仲淹之子）等人为代表的台谏派，奏请称濮安懿王为皇伯而不具名，也就是称英宗皇帝的生父为皇伯而且册命时不写名字，观点十分明确："英宗皇帝的生父赵允让应当称为皇伯。"

以韩琦、欧阳修、曾公亮为代表的宰执派以《仪礼·丧服记》以及开元《礼》、开宝《礼》、《五服年月敕》等典籍为论据展开反驳，他们认为："为人后代者，要为其父母服丧。""为人后代者，要为其生父穿斩衰、齐衰大孝，且不用丧棒。为其后父穿斩衰大孝三年。"这是因为无论生父养父，皆被称为父母，而古今的典章礼制中都没有把生父改称皇伯的记载。宰执派的这一反驳十分有力。

说到这儿，我们有必要介绍一下中国的五服制度。中国封建社会是由父系家族组成的社会，以父宗为重。其亲属范围包括自高祖以下的男系后裔及其配偶，即高祖、曾祖、祖、父、自己、子、孙、曾孙、玄孙的九个世代，通常称为本宗九族。在此范围内的亲属，包括直系亲属和旁系亲属，为有服亲属，死为服丧。亲者服重，疏者服轻，依次递减，服制按服丧期限及丧服粗细的不同，分为斩衰、齐衰、大功、小功、缌麻五种，其中斩衰是五服中最重的丧服，服期三年，用最粗的生麻布制布制作，断处外露不缉边，丧服上衣叫"衰"，因此称为"斩衰"。齐衰在"五服"中列位二等，次于斩衰，服期为一年至三年，其服以粗疏的麻布制成，衣裳分制，断处缉边，缘边部分缝缉整齐，故名"齐衰"，有别于斩衰的毛边。大功，亦称"大红"，是次于"齐衰"的丧服，服期为九个月，用粗熟麻布制作。小功，亦称"上红"，是次于"大功"的丧服，服期为五个月，用稍粗熟麻布制成。缌麻是次于"小功"的丧服，也是"五服"中最轻的一种，服期三个月，用较细熟麻布制成，做功也较"小功"为细。

以韩琦、欧阳修、曾公亮为代表的宰执派以五服制度为基础，以历史上对生父和养父都要穿斩衰服孝三年的事例为依据，论证了皇帝不应改称生父为皇伯。不仅如此，韩琦等人旁征博引，列举了汉宣帝和汉光武帝的事例，这两位国君都称生父为皇父。

汉宣帝刘询（前91—前49），原名刘病已，西汉第十位皇帝，前74年—前49年在位，是中国历史上有名的贤君。元平元年（前74年）昌邑王刘贺被废后，霍光等大臣将他从民间迎入宫中，先封为阳武侯，于同年7月继位，时年十七岁。第二年改年号为"本始"，尊生父为皇父。

汉光武帝刘秀（前6—57），字文叔，南阳郡蔡阳县人，出生于陈留郡济阳县（今河南兰考），东汉开国皇帝，中国历史上著名的政治家、军事家。称帝后尊生父为皇父。

辩论的第一回合以韩琦为首的宰执派占了上风，这种辩论情形自然让那位忠实的辩论观众宋英宗喜不自胜，这正是他需要的结果。然而，现实朝堂中的辩论远比辩论场上的辩论复杂得多，听到消息的曹太后下诏指责韩琦为首的宰执派不应议称皇父，太后的支持让台谏派精神倍增，采取了新的行动。

台谏派采取了什么样的行动呢？这场辩论的走势又如何呢？

第六十五回

曹太后严责韩琦　台谏派猛攻宰执

"濮议之争"第一回合以韩琦为首的宰执派占了上风，这自然让宋英宗暗自高兴，而台谏派的观点无异于在英宗皇帝面前指着仁宗画像说道，"这是你爹"，同时又指着濮安懿王赵允让的画像说道，"这本来是你爹，现在你应该叫伯父。"这让英宗皇帝情何以堪？由此可见，英宗皇帝支持以韩琦为首的宰执派自然是情理之中的事情，然而，曹太后却不这么看。

曹太后是宋仁宗的皇后，以韩琦为首的宰执派认为应当尊称濮安懿王赵允让为皇考让她怒不可遏，指责韩琦等人不应当议称皇父，这一举动让英宗皇帝猝不及防，立刻降手诏停止议论，按皇考之礼追封赵允让的事情暂时搁浅。

曹太后的态度对朝局产生了影响，台谏派礼官范镇等人上疏皇帝，要求必须按皇伯之礼追封赵允让，在这一举动的带动下，台谏派多位官员纷纷要求按皇伯之礼行事。这是台谏派发起的新一轮进攻。

面对台谏派官员的新一轮进攻，以韩琦为首的中书门下回答道："前世需要解决的仪礼，连年不决的很多，而皇帝生父的追封问题事关重大，况且皇上谦虚抑让已经决定停止不议，礼官谏官们就不要过于纠缠于此事了。"于是一概置之不理。

事实证明，回避问题只能让辩论的对手认为自己虚弱而斗志愈强，见以韩琦为首的中书门下对自己的诉求置之不理，台谏官员们联合起来来到中书门下，扬言道："韩相公宜早日了决此事，以免给他人留下把柄口实作奇货！"因为英宗皇帝已经决意罢议，所以上疏言事者虽多，身为宰相的韩琦一概不听。

宋代的谏官有一个特点，你如果和他争论，他感觉自己活得很有价值，你不搭理他，他反而倍感羞辱。韩琦一概不听也不争辩的态度让台谏礼官们愈益觉得惭愧耻辱，在这种惭愧耻辱之心的驱使下，台谏礼官们的言语攻击逐渐形成不能禁止之势，语言激烈，故意激怒朝廷官员者有之，言语无状毫无顾忌者也有之，他们还对欧阳修大肆诋毁，说他是主张追封濮安懿王赵允让为皇考的第一人，说他如何奸邪等等。

"濮议之争"刚开始的时候，负责起草诏书的两制官员有一些人因为朝廷没有采纳他们称皇伯的意见而感到愤愤不平。这时，台谏官员来势凶猛，纷纷上疏，言辞激烈，于是两制官员即与之相为表里，互相配合。有识之士知道让皇上称生父为皇伯是不合适的，随着事态的发展，只要有人发言稍有袒佑朝廷的言语便会被指责为奸邪。至此，舆论导向发生了根本的变化。

在第二回合的辩论中，台谏派官员显然占据了上风。

这样的场景或许只能在大宋王朝中出现，大宋王朝单单从言论自由方面来看，的确是中国古代历史上最开明的王朝，也是知识分子的天堂。在这个文人可以发扬民主言论的王朝中，即使是至高无上的皇帝，也并非能够为所欲为、肆无忌惮，相反，却有可能因自己的某种行为或想法遭到谏官们、礼官们的攻击。这是一个少有的具有政治民主色彩的封建王朝，所以尽管大宋王朝积贫积弱，尽管大宋王朝委曲求全，它还是给我们留下了一笔政治文明的财富。

面对台谏派官员猛烈的进攻，以韩琦为首的中书门下的宰执派官员应当如何应对呢？他们会采取什么样的措施来结束这场争论呢？

第六十六回
太后之意始回转　濮议之争终落定

　　面对台谏派官员们的猛烈进攻，身为宰相的韩琦与中书门下同僚商议，计划共同拟定一个折中的方案实行，以平息群臣的议论。于是韩琦草拟了一个方案进呈皇帝，请求皇帝依照此方案发布诏书，方案说："濮安懿王，乃是朕的亲生父亲，群臣都请求赠封追崇，而世上哪有儿子给父亲加官晋爵的道理呢？朕以为宜令中书门下以茔地为园，在园中立宗庙，令濮王子孙后代每年按时拜谒祭祀，其礼节至于此而已。"皇帝看过之后认为还可以，说道："如此甚好，然而必须禀过太后之后方可实施，暂且稍等等吧。"

　　这时已经渐渐接近南郊大祭天地的日子，朝廷中事务很多，台谏派官员的议论也稍稍停息，英宗皇帝还没有来得及向太后报告，中书门下也就更没有议及此事了。祭祀天地过后，到了第二年（1066 年）正月，台谏派官员的奏议又重新开始，要求皇帝称生父赵允让为皇伯，这是台谏派官员发起的第三轮进攻。于是，中书门下只好再将以前所草拟的方案进呈英宗皇帝，请求降诏。英宗皇帝说道："等待两三天禀过太后便可具体施行。"

　　在台谏派和宰执派的辩论过程中，你有来言，我有去语；台谏派出击，宰执派应对，你来我往三个回合，谁也不曾想到，事情的发展竟突然出现变化，出乎所有人的想象之外。

　　这天晚上，曹太后派遣内侍高居简到次相曾公亮家中（请注意这里），拿出了太后的手书，手书上写道："濮安懿王准许皇帝称生父。""濮安懿王宜称皇，其王夫人宜称后。"太后来了一个一百八十度的大转弯，与中书门下草拟进呈的方案大相径庭，而像称父皇，称母后这样的事情，皇上事先也不知道。简而言之，这样好的结果已经远远超出了皇帝本人和中书门下官员的预料。

次相曾公亮看过曹太后手书竟不知所措，忙来到皇宫垂供殿门旁的阁子内与赵㮣和欧阳修商议对策，这时首辅宰相韩琦正因为祭祀大典而清心洁身进行斋戒。三人商议后一致认为应当请韩琦回来一同面见皇上。韩琦闻讯而来，顾不上交谈就一同上殿觐见皇上。

韩琦上前启奏道："臣有一愚见，不知是否可行？"英宗皇帝说道："不知丞相有何高见？"韩琦启奏："今天太后手书有三件事情，其中称濮安懿王为亲生父亲一事可以实行，而称父为皇，称母为后之事，请陛下向太后推辞免去，另降手诏只称皇父，而其他事项请陛下按臣等先前所进呈草案'以茔地为园，以园立宗庙，令濮王的子孙后代按时奉祀'等内容，以手诏形式予以公布。"

英宗皇帝听后大喜，欣然同意，说道："如此甚好！就请韩爱卿起草诏书。"至此，长达十八个月的"濮议之争"终于尘埃落定。

这里有一个问题，在曹太后反对议称濮安懿王赵允让为皇考的态度明确后，台谏派官员连续向以韩琦为首的宰执派发动了三次进攻，而且一浪高过一浪，最终迫使韩琦等人想以折中的方法结束这场辩论。为什么在最关键的时刻曹太后的态度发生了一百八十度的大转弯？这其中的原因究竟是什么？

虽然史料对这一问题并没有给出直接的回答，但我们还是能够发现许多疑点：第一，曹太后降手诏应该送往首相韩琦府中，为什么偏偏避开韩琦送到次相曾公亮府中？第二，为什么韩琦闻讯而来，顾不上交谈就一同与曾公亮、赵㮣、欧阳修等人上殿觐见皇上？第三，为什么韩琦见到英宗皇帝之后能够立刻和盘托出自己的成熟见解？思考并回答这三个问题后，我们便可以肯定地得出一个结论：推动曹太后态度发生根本变化的正是韩琦本人！

虽然我们没有看到韩琦成功劝说曹太后的一幕，但是从整个事情的发展来看，韩琦与曹太后之间成功地达成了妥协，这个妥协便是：由曹太后降手诏同意英宗的一切要求，以便彰显太后的大度。然后由韩琦劝说英宗皇帝只称濮安懿王赵允让为生父但不称父皇，其余称母后等一切事情也自然免去，以彰显英宗皇帝对仁宗皇帝和曹太后的孝道。而这一做法兼顾了曹太后和英宗皇帝的利益，自然得到了曹太后的同意。

接下来，曹太后降手诏到次相曾公亮府中，第一有利于维护曹太后的颜面，因为韩琦是宰执派官员的首脑，众所周知韩琦的观点与曹太后向左，把手诏降到韩琦府等于太后向韩琦认错，不利于维护太后权威。第二，以韩琦对曾公亮等人的了解，韩琦料定曾公亮等人商议时必然请他出面，这时韩琦便将自己已经思虑成熟的方案和盘托出，皇上也容易接受。

由此看来，在这场"濮议之争"之中，韩琦有其功而不贪图其名，他能够透过现象看本质，抓住了矛盾的关键——曹太后的态度决定事情的走向，成功劝说太后放弃原有的想法，并且较好地维护了英宗皇帝和太后两方的利益。在这场辩论中，充分体现了台谏派官员、韩琦本人、英宗皇帝和曹太后不同的孝道观念，但在韩琦的处理下，"濮议之争"最终得到了一个较为完美的结果。

在家国一体化的封建社会，"濮议之争"不仅仅是皇帝的家事，它关系到政局的稳定和社会的安宁，有学者认为，"濮议之争"是两宫矛盾的继续和发展，韩琦在处理"濮议之争"的问题上无疑是有历史功绩的。

大宋王朝事务多，你方唱罢我登场，"濮议之争"后的韩琦又会遇到什么事情呢？

第六十七回

宋英宗病重归天　韩相公扶立新君

"濮议之争"之后的宋英宗勤于政事，英宗皇帝本是一位宽厚仁慈、从谏如流的君主，他极为重视孝道和人伦。嘉祐八年（1063年）农历三月，仁宗皇帝驾崩。夏四月初一，曹皇后发布遗诏，让赵宗实继承皇帝位，文武百官进入宫廷，痛哭哀悼。韩琦读仁宗遗诏制命。赵宗实到东殿接见文武百官，正式即位，是为宋英宗。英宗想为仁宗守丧三年，命令韩琦代理军政事务，宰相等大臣不答应，英宗皇帝这才收回成命。

还有一次，英宗皇帝对长子赵顼说："按照国家的旧制度，士大夫的儿子有娶皇帝女儿的，公主们都因身价高贵而不尊重公婆的尊长地位，这于情于理都说不过去。我总是在想这件事，醒时睡时都为此感到不安，怎么能因为富贵的缘故，而违背一般的人伦长幼之序呢？可以下诏有关部门改掉这个规矩。"后来因为患病，英宗的这一愿望没有实现。

英宗皇帝一心想有所作为，但因曾经患有精神疾病而身体一直欠佳。

英宗在位时，政治上继续任用仁宗时的改革派重臣韩琦、欧阳修、富弼等人，并向执政宰辅们提出了裁救积弊的问题，还下诏将各品级官员的转迁年限加以延长，在一定程度上缓解了"冗官"现象给朝廷财政造成的压力。在文化上英宗皇帝非常重视读书和书籍的编写整理。治平元年（1064年），司马光写成了一部《历年图》进呈给英宗，英宗皇帝对此大加赞赏。治平三年（1066年），英宗命司马光设局专修《资治通鉴》，不仅如此，他还批准提供皇帝专用的笔墨、缯帛，划拨专款，供给书局人员水果、糕点，并调宦官进行服务，极大地改善了司马光编修史书的条件，使编写《资治通鉴》的宏伟事业自一开始就有了坚实的后盾。司马光为了报答英宗皇帝的知遇之恩，在此后漫长的十九年里，将几乎全部精力都耗在《资治通鉴》这部巨著的编纂上。

治平三年（1066年）秋，英宗皇帝再次患病。监察御史里行刘庠见英宗久病不愈，于是上奏皇帝乞立太子。这时英宗才三十三岁，见此奏章闷闷不乐，将此奏章留在朝中不发。

英宗与皇后共有四子，长子赵仲针，后改名赵顼；次子赵颢；三子赵颜；四子赵頵。三子赵颜早夭，其余弟兄三人中长子赵顼最为聪明伶俐，且又勤奋好学，英宗皇帝即位后他被册封为颍王。

英宗皇帝卧床已久，这天，韩琦进宫向宋英宗请安，出宫时恰好在皇帝寝宫宫门外遇上颍王赵顼。颍王赵顼忧心忡忡地对韩琦说道："韩相公，父皇病体一直未愈，这可怎么办呢？"韩琦说道："请颍王殿下朝夕守护在圣上身边，须臾不可离开。"赵顼说道："这是为人之子的职责。"韩琦说："侍奉皇上疾病自然是为人之子的本分，然而臣给您所说的话并非仅为此而言。"赵顼听了韩琦这话立刻醒悟，从此守在宋英宗病榻前一刻也不离开。

英宗自从患病之后，病情日益加重，不能言语，凡处理政务，只能在纸上写字来表达自己的意思。治平三年（1066年）十二月，英宗皇帝病情更加严重。中书门下和枢密院的官员问候皇帝病情之后，韩琦说道："皇上龙体欠安，已久不临朝，朝廷内外担忧惶恐，愿圣上早立太子，以安天下人心。"英宗皇帝听后，微微点头，表示同意。韩琦见皇帝同意，立刻让人拿来纸笔，请英宗把立太子的事写在纸上，宋英宗用颤抖的手写下："立大王为皇太子。"韩琦一看没有写名字，易生事端，说道："圣上一定是指颍王，烦请圣上亲笔把名字写清楚。"于是英宗又在后面写上"颍王顼"三个字。这一细节反映出韩琦做事缜密，细致入微。

韩琦自知立太子宜早不宜晚，又对英宗说道："臣想今天晚上就请翰林学士起草诏书。"英宗皇帝点了点头。韩琦立刻召来内侍高居简，将宋英宗手写的书札给他看，说道："刚才已得到圣意，令今天晚上宣翰林学士起草立皇太子的圣旨。"于是，学士承旨（负责撰写圣旨的翰林学士院的长官）张方平当晚就被召进宫中，来到英宗皇帝病榻前听命。这天晚上，宫门关闭落锁时，颍王赵顼不离英宗皇帝片刻，听到立太子的诏书后，推辞了好久（即使是装样子也要有此举动），随后颍王赵顼又安排了太子东宫的官员，自此，国家根本方才稳固。

这里有一个细节需要交代，英宗皇帝宣布立太子的诏书完毕之时，唏嘘泪下，大臣文彦博退下来后对韩琦说道："韩相公刚才看到圣上的脸色了吗？人生到了这一步，虽然是父子，把位置传给了自己的儿子，也不能不心动啊！"韩琦说道："国事至此，无可奈何！"民间有俗语："爹有不如娘有，娘有不如自己有，老婆老汉还隔着一层手。"民间对权力和利益尚且有如此态度，更何况是现任皇帝对皇权的态度呢？

治平四年（1067 年）正月，宋英宗驾崩，享年三十四岁，在位仅四年，根据英宗遗诏，韩琦请颍王赵顼在灵柩前即位。颍王赵顼再三推辞："小王怎么担当得起？小王怎么担当得起？"如此推辞了三四次，最后才在韩琦和众大臣的拥戴下即位。

据说，宋英宗断气时，内侍急忙召太子，太子尚未到来之时，英宗的手又动了动，内侍欲暂止召太子。韩琦立刻加以阻止，并果断地说道："先帝复生，也是太上皇！"宰相韩琦在关键一刻的关键一句话，确定了事情的走向，也显示了他遇大事而不糊涂，能够当机立断的优秀政治素养。

颍王赵顼即帝位，是为宋神宗，年轻的宋神宗雄心勃勃，继位不久即开始了著名的王安石变法，由此也拉开了韩琦与王安石长期辩论的序幕。

第六十八回

王安石声名鹊起　韩稚圭萌生退意

治平四年（1067 年）正月宋英宗驾崩，太子赵顼继位，是为宋神宗，次年改元熙宁。按照惯例，宋神宗继位后任命韩琦为宋英宗的山陵使，负责英宗陵墓的督建。由于韩琦扶立新皇登基有功，宋神宗对韩琦礼遇有加，拜韩琦为司空兼侍中，赐推忠协谋同德守正亮节佐理翊待功臣。

您看到这儿啊，可能有点眼晕，我的天啊！这么长的官名！这时的韩琦可谓是位极人臣，如果把他的官名都说全了，您可能要晕倒。韩琦原有的官名还有：推忠协谋同德守正亮节佐理功臣、开封府仪同三司、行尚书右仆射兼门下侍郎、同中书门下平章事、昭文馆大学士、监修国史监译经润文使、上柱国、魏国公。

简而言之，韩琦身为宰相之外还有许多荣誉头衔。比如上柱国，这是一个起源于战国时期的官名，原为楚国的最高军职，北周时期设置上柱国及柱国大将军的官职，位高权重，到了宋代就已经成为荣誉头衔了。而司空、侍中本来是宋代品级极高的荣誉加衔，韩琦被同时加授是自宋朝开国以来极为罕见的。韩琦因被神宗皇帝如此礼遇而深感惶恐，以此为由一再上疏辞谢。

韩琦在奏疏中写道："宠典或过，必须烦渎圣聪。今乃以司空、侍中二官并以授臣，缘此极高之品，自本朝以来，罕曾兼拜，不同中书、门下侍郎可以并除。"

宋神宗见韩琦辞谢，于是降手诏说："先帝不以朕菲薄，使主宗庙。而卿承顾命，定大策，诸臣没有能超过您的。您辅立两朝，有大功而不图回报，而朕还要褒奖功臣，进录贤德，考察我朝赐封故事，卿的升迁和兼职并不过分优厚。现在朕初临大政，还想奋发有为干一番大事业，还需要您的鼎力相助，不要再推辞了。"

没过几天，宋神宗又赐给韩琦手书说："佐命元老，两朝顾托，有如此之大的功劳而不受到褒奖，得不到优厚的礼遇，将怎样对天下交代呢？"韩琦看到神宗皇帝一片挚诚，实在推脱不了，这才拜谢皇恩。

看到这里，您或许认为宋神宗和韩琦必将相处融洽，成就一番伟业。然而，事实却并非如此。民间有俗语："一朝天子一朝臣。"当权者变动，下属也相应变动。有人认为"一朝天子一朝臣"是专制体制下的政治潜规则，其实，这种说法也不完全正确，要具体问题具体分析。以宋神宗和韩琦为例，两人在年龄、性格特征、阅历以及目标上都有很大差距，这就注定了两人之间不可避免地产生矛盾。

就年龄而言，即位时的宋神宗年仅二十岁，而此时的韩琦已经六十岁，用今天话说，两人之间有代沟；就性格特征而言，二十岁的神宗皇帝积极上进，而韩琦在经历了庆历新政失败后，政治上已经成熟，在政治上呈现出稳健的特点；就阅历而言，生长在深宫之中的神宗皇帝谈不上太多的社会阅历，一切对他而言都是新的，急于去尝试，敢想敢干；而韩琦却有着丰富的社会阅历，一生出将入相，凡事思考缜密，三思而后行；在目标上，面对日益突出的"三冗"问题（冗官、冗兵、冗费），神宗皇帝主张大刀阔斧地改革，而韩琦则主张稳中求进，常常思考善保晚节的问题。这就使得两人的矛盾是结构性的，也是必然的。

这种结构性的矛盾的结果就是：韩琦的急流勇退、坚决辞相只需要一个理由，或者说是一个借口。

而这个理由似乎也很合理，那就是神宗皇帝找到了能够帮助自己改革，实现宏伟大业的人才，这个人才就是王安石。神宗皇帝的这一选择，势必导致韩琦的离去。那么，王安石究竟是怎样一个人？神宗皇帝又为什么一定要起用他来主持变法呢？

第六十九回

改革家褒贬不一　王安石生平探源

王安石（1021—1086），字介甫，号半山，临川（今江西抚州市临川区）人，北宋著名的思想家、政治家、文学家、改革家。王安石是"唐宋八大家"中最独特、最不寻常的一位，生前死后备受争议，千百年来，人们对他褒贬不一。

王安石究竟是怎样一个人呢？让我们拨开历史的迷雾，还原历史的真相。

宋真宗天禧五年（1021年），王安石出生于临川，父亲王益，时任临川军判官。王益有子七人，女三人。王益前妻谢氏生王安仁、王安道。谢氏早卒，王益再娶吴氏为妻，吴氏生王安石、王安国、王安世、王安礼、王安上五子，生女三人。

王安石母亲吴氏出身临川金溪大族，安石外祖父吴畋，外祖母黄氏，深知诗书礼仪，治家甚有条理。王安石母亲吴氏好学强记，学而不倦，取舍是非，非常人所能及。一位好母亲就是一所好学校，这在王安石母亲身上体现得非常明显。

王安石自幼聪颖，在母亲的影响下，他酷爱读书，过目不忘，下笔成文。稍长，跟随父亲宦游各地，接触现实，体验民间疾苦。文章立论高深奇丽，旁征博引，始有移风易俗之志，以天下安危为己任。有诗为证：

> 惨惨秋日绿树昏，荒城高处闭柴门。
>
> 愁消日月忘身计，静对溪山忆酒樽。
>
> 南去干戈何日解，东来驲骑此时奔。
>
> 谁将天下安危事，一把诗书子细论？

这首《闲居遣兴》是王安石最早的诗作。景祐二年（1035年）的王安石只有十五岁，这时广南有蛮獠犯边，西北有元昊叛宋，消息传来，朝野震动，听闻此讯，王安石心情久久不能平静。秋日惨淡，绿树成荫，王安石身居盐步岭上，虽柴门紧闭，但边事不断让他心潮澎湃，他要去抵御南面的干戈和东来的骄骑。此时此刻的王安石已经将天下安危与自己联系起来了。

宋仁宗景祐四年（1037 年），王安石随父入京，以文结识好友曾巩，曾巩向欧阳修推荐其文，大获文坛领袖欧阳修的赞赏。宋仁宗庆历二年（1042 年），登进士第四名，授淮南节度判官。就是在这一时期，王安石的人生与韩琦的人生有了第一次交集，韩琦担任扬州知州，用今天的话说，相当于扬州市市长，王安石担任的淮南节度判官这一官职相当于扬州市政府办公室秘书。爱惜人才的韩琦劝说王安石作为年轻人要爱惜身体，刻苦读书。倔强的王安石面对领导谈话一言不发，终被韩琦误会，同时他也对韩琦产生成见，认为韩琦不了解他而多有怨言。

淮南节度判官任满后，王安石放弃了京试入馆阁的机会，调为鄞县知县。王安石在任四年，兴修水利、扩办学校，初显政绩。

皇祐三年（1051 年），王安石任舒州通判，勤政爱民，治绩斐然。宰相文彦博以王安石恬淡名利、遵纪守道向宋仁宗举荐，请求朝廷褒奖以激励风俗，王安石以不想激起越级提拔之风为由拒绝。欧阳修举荐他为谏官，王安石以祖母年高推辞。欧阳修又以王安石须俸禄养家为由，任命他为群牧判官。不久王安石出任常州知州，得与宋朝儒家理学思想的开山鼻祖周敦颐相知，声誉日隆。

嘉祐三年（1058 年），调为度支判官，王安石进京述职，作长达万言的《上仁宗皇帝言事书》，系统地提出了变法主张，但此时的宋仁宗已经进入暮年，进取之心锐减，并未采纳王安石的变法主张。从此，朝廷多次委任王安石以馆阁之职，他均固辞不就，只想一心一意做个地方官，而且是做个"一把手"的地方官。士大夫们以为王安石无意功名，不求仕途，遗憾无缘结识，因此，王安石名声日盛，而真正的原因是王安石胸怀大志、蛰伏待机。

宋英宗继位后（1063—1066），屡次征召王安石赴京任职，王安石均以服母丧和有病为由，拒绝入朝。因为在王安石看来，体弱多病的宋英宗并不是自己辅佐的理想君主，辅佐宋英宗成就不了自己心中的宏伟理想。

治平四年（1067 年），宋神宗即位，因久慕王安石之名，起用他为江宁知府，旋即诏为翰林学士兼侍讲，从此王安石深得神宗器重。对王安石而言，他长期等待的时机终于来临。

王安石的出山客观上需要韩琦的离去，就在这时，一个不起眼的小事成了韩琦辞去宰相的直接原因，这是一件什么事情呢？

第七十回

韩丞相遭遇弹劾　新变法揭开序幕

韩琦坚决辞去相位的直接原因是王陶弹劾事件，但这一事件只是一个韩琦离去的借口，或者说是一个契机罢了。韩琦辞去宰相有着深刻的历史背景。

宋神宗即位后，面临的是国库亏空的严重局面，冗官、冗兵、冗费三座大山压得神宗皇帝喘不过气来。三司使（相当于国家财政部部长）韩绛给皇帝递交了一份财政报告，在这份奏疏中赫然写着"百年之积，惟存空簿"八个字，也就是说，堂堂北宋朝廷的国库的账簿上竟然连一文钱也没有！

让数字来说话，或许更有说服力。据统计，仁宗皇祐年间，国家财政收入三千九百万，支出一千三百万，支出占收入的三分之一；英宗治平年间，收入四千四百万，支出八百八十万，支出占收入的五分之一；神宗熙宁年间，收入五千零六十万，支出也是五千零六十万，支出占收入的百分之百！国库竟然一文钱不剩！

在这种背景下，改革迫在眉睫！宋神宗急于起用主张改革的一代新秀王安石。于是神宗皇帝试探性地询问韩琦，王安石其人如何。韩琦直言不讳地说道："王安石为翰林学士，搞学问礼仪绰绰有余，而让他居相位处理国家大事则不足。"神宗皇帝听后，嘴上虽然没说什么，心中却颇为不满。毕竟，在皇帝看来，韩琦这样的语言是对自己心中偶像的诋毁。

韩琦这样评价王安石并非故意诋毁，韩琦与王安石的误会前文已述，韩琦虽然看重王安石的文学才华，但却不认同他的办理政务的能力。在经历了庆历新政失败的韩琦看来，王安石恃才傲物、孤芳自赏、刚愎自用，在官场上就是一个另类。历史地来看，韩琦不理解王安石，依据他的价值观念和知识结构，韩琦也确实是无法理解王安石，但仅从官场上的人际关系角度来看，韩琦对王安石的评价还是比较客观的。

过了几天，宋神宗与天章阁待制兼侍讲知谏院司马光一起谈论朝中诸位大臣，宋神宗说道："韩琦办事敢作敢为，这一点比富弼强，但却比较木僵。"这是因为皇帝刚刚和主持过庆历新政的富弼谈过话，而这次谈话却让神宗皇帝对富弼很失望。当神宗皇帝询问富弼如何变法、如何强国、如何改革弊端时，富弼却说国家宜静不宜动，尤其指出："边疆之事，兵来将挡，水来土掩，只要按照现有的制度处理就不会出乱子，愿陛下二十年之内不要言兵事，给天下一个太平。"也就是二十年之内不要提起战争。虽然神宗皇帝对韩琦的评价要比富弼高，但已经看出皇帝心思的韩琦已经决定辞去宰相之位。

这时，王陶弹劾事件发生，成为韩琦罢相的直接原因。

依照宋朝礼制，皇帝上朝时，要有人带领众官员恭行大礼山呼万岁，叫作押班。负责押班的官员规定为宰相和副宰相，但在实际工作中，由于宰相和副宰相公务繁忙，礼仪性的朝会便无暇出席，自然也就没有押班。御史中丞王陶以此为理由弹劾韩琦，并说韩琦专横跋扈。韩琦和次相曾公亮上疏皇帝说明情况："中书门下商议解决紧急公事，按惯例不再押班，这已经时间很久了，并非从臣下开始。"同时，韩琦表示辞去相位，待罪在家，等候处理。

王陶弹劾以及韩琦辞相引起朝廷震动，不少官员上疏为韩琦辩解，而在王陶不断的攻击下，谏官邵亢也加入攻击韩琦的行列中来。宋神宗想折中处理，一方面降手诏不许韩琦辞去宰相，一方面提升王陶为枢密直学士，群牧使，以便息事宁人。这种处理方法引起参知政事吴奎不满，他上疏据理力争，说道："王陶此人天生凶险刻薄，善于造谣生事，反复无常，真连市井小人都不如。臣早就与赵概多次上疏陈述，想把王陶补外任职，让他闭门思过。陛下爱护臣下才让他在朝任职。臣下不能坚持正义，据理力争，已犯下大罪。今天如果再升王陶为翰林学士，这才是因为他的恶行而获嘉奖，不仅他个人被众人看轻，更使天下众人看轻圣上。"于是吴奎将提升王陶的手诏扣押不放，也待在家中等候获罪。

眼见朝局混乱，韩琦深知自己为相多年，难免得罪朝中一些人，更重要的是，韩琦从神宗皇帝询问王安石为人以及提升王陶这件事上解读出了深意，于是再次上疏坚决辞去相位。神宗皇帝只好罢黜王陶，让他知陈州（今河南淮阳），并降手诏安慰韩琦。

看到神宗如此诚恳，韩琦勉强留任。到了宋英宗陵墓完工之后，韩琦再次上疏坚决辞去相位，神宗皇帝只好派内侍赐给韩琦手札，说道："朕对大臣的晋升和退黜看作是国家的重大事件。况且爱卿的功勋和贡献光耀于三朝。朕对您的眷恋与怀念没有边际。曾命令有关部门不接受您辞相的奏章，而您却数次入对面陈，恳求辞相，还以宾友给您所写的书信，进呈给我，以图早日罢相。我深夜还在考虑，看您辞相的态度如此坚决，如果不答应您，岂不是违背了您的意志？使您减少了清闲，以至于减少健康和安逸。今天允许爱卿暂时辞去相位，我将空起来上宰首辅之位，以等待爱卿复位。"

虽然宋神宗手札中的官场辞令写得情真意切，也难以掩饰心中的真实意图，作为经历人世沧桑的韩琦更是心知肚明。临别之际，韩琦和神宗皇帝上演了一出配合默契的谢幕剧。

韩琦回奏拜谢："上宰首辅之重任，本朝自有一定的制度。臣没有更多的能力，不应当虚位以待，愿皇上尽快提拔贤良辅弼之才，以发扬光大新政。"奏疏之中，字里行间句句说在神宗心坎儿上。

为表彰韩琦，宋神宗加授韩琦司徒、检校太师兼侍中，扬州大都督府长史、淮南节度、扬州管内观察处置营田等使、判相州军州事。赐韩琦京城住宅一处，提拔韩琦长子韩忠彦为秘阁校理。

从此韩琦罢相外放，标志着韩琦为相十年当朝执政的局面结束，为王安石上台执政开始变法铺平了道路，一场疾风暴雨般的变法即将拉开序幕。

在王安石变法中，成熟稳健、忧国忧民的韩琦又是如何审视和对待这场变法的呢？他和王安石之间又发生了哪些故事呢？

第七十一回

辞相位回归原籍　赈灾情再赴河北

宋神宗熙宁元年（1068 年）四月，王安石被召，到达东京汴梁后即向神宗皇帝和盘托出自己的改革思想和方案，鼓励神宗皇帝要效法尧舜、破末俗、立法度，王安石的这番言语让年轻的神宗皇帝惊喜不已。

时隔三个月，即宋神宗熙宁元年（1068 年）七月，韩琦被判知相州，九月，韩琦回到祖籍相州安阳。这是韩琦第二次知相州，离上次宋仁宗至和二年（1055 年）回到祖籍已经过去了十三年。这时的韩琦已经六十一岁了。

时近秋冬，万物将息，季节变化就像人生一样，有欣欣向荣的春，也会有万物肃杀的冬；有出将入相的青壮年，也会有壮心不已的暮年。感知时节变化，人生无常，韩琦写下了《戊申腊寒》。

> 朔风吹苦寒，近岁省未有。重裘不可御，冻袖敢出手！
> 初严刮面肤，渐虐摇臂肘。终难凌壮肌，殊易挫衰朽。
> 持觞欲为敌，病胃怯战酒。茵帱通作冰，强卧安得久。
> 拥鼻反收吟，其孰喋汝口。何心窥园池，锐意墐户牖。
> 流庸方满涂，天不念黔首。吁嗟卒无奈，默坐算五九。

戊申年（熙宁元年）的腊月，天气异常寒冷，古有谚语："救寒莫如重裘，止谤莫如自修。"身着两重皮衣的韩琦仍旧是寒冷难耐，真是"一九二九不出手"！北风呼啸，数九寒天，最容易冻伤年老多病的身体，只能借饮酒抵御严寒，然而病胃却不胜酒力。被褥冰冷似铁，难以睡得安稳。曼声吟咏，门窗紧闭，无心看那窗外园池。为抵御严寒，只得以麻草、泥土去塞门窗缝隙。这时韩琦想到的是："我尚且如此，那些流亡在外的雇用者又该怎么办呢？"可惜上天不顾念这些平民百姓，只得祈祷五九天的早日到来，因为"五九六九，沿河看柳"，那时的天气会渐渐回暖。

这首诗歌反映了韩琦离开北宋中央政府之后的思想感情，也彰显了韩琦最为突出的民本思想。

韩琦回到祖籍相州安阳之后数月，熙宁元年年底，河北发生地震，房屋倒塌，人畜伤亡。地震摧毁黄河堤坝，引发洪水，灾情十分严重。为赈济灾民，宋神宗想到了德高望重的韩琦，特派御药院内侍刘有方持手诏到相州。手诏说："河北发生地震，川防溃决，百姓流离失所，朕十分忧虑。朕曾虚宰相之位，等待爱卿返还再任。虽然岁月变化，但一般人恐怕都不愿意轻易地离开家乡。不过河北大名的地位十分重要，如同天下咽喉，离您的家乡也很近，人情和风俗习惯也很相似。朕打算让爱卿担任河北四路安抚使，故派刘有方前去宣谕朕的意思。如果爱卿能够担当此任，那么朝廷怎么会有北顾之忧呢？"

这时韩琦看到神宗皇帝的手诏，了解了河北大名府的地震灾情，深感事态严重，当即回奏："作为君主的使臣，只需圣上当即降命就可以了，而圣上却先派使臣前来，委婉地转达圣意，此乃圣上对老臣的仁爱体恤和优厚礼遇。然而，臣刚刚任职家乡，在辞别圣上之时，陛下已看到臣的精神面貌，知道臣身体欠安，才允许臣回乡任职。今到任未满百日，恐怕未必能担当此项繁重任务。况且河北大灾之后，正需要朝廷大力加以安抚拯救。凡赈灾救济的措置事宜，都必须一一紧急处理，如果再出现臣在陕西前线的那样情况，处处受到牵制刁难、无法照常开展公务，必然会贻误赈灾，辜负圣意。"

韩琦是个办事认真之人，他的奏折是向神宗皇帝说明，我要么不去，要去就要全权处理，只有这样才能将赈灾事情办好。

新年过后，宋神宗熙宁二年（1069 年）二月，宋神宗又降下手诏说："现在朕正式任命爱卿判大名府，并任河北四路安抚使。到任后可根据情况任意处理问题，如果有需要朝廷解决的问题，朕自然会全力支持。今派御药院内侍李舜举带去手诏赐给爱卿，爱卿应当即接受。"韩琦见皇上已经为自己解除了后顾之忧，同时更惦念河北灾民，遂赴大名府走马上任，赈济灾民。

正是：昔日四川安抚功在社稷，今朝河北赈灾只为黎民。

究竟韩琦如何在河北大名府赈济灾民呢？

第七十二回

安抚使河北赈灾　王安石京师变法

韩琦在赈济灾民方面颇有能力，早在宋仁宗康定元年（1040 年）八月，他就奉仁宗皇帝圣旨，以体量安抚使的身份到四川赈灾，由于赈灾效果很好而受到仁宗皇帝褒奖。但是，这次来到河北大名府，眼前的情景仍然让他心痛不已。据《大名府志》记载："（熙宁元年）八月，河北地震，有声如雷，民多压死。"震后死者无数，惨不忍睹。

韩琦到任后立刻安置灾民恢复生产。然而，由于熙宁元年八月的这场地震，河北受灾严重，加上本来当地收成就不好，税赋租课都难以完成，粮库中库存粮食所剩无几，数九寒天，难免灾民挨饿受冻。一些奸人乘机造谣煽动，致使灾民们背井离乡，带着衣物用具渡过黄河，流亡于唐（今河南唐县）、邓（今河南邓县）、许（今河南许昌）、汝（今河南临汝）等地。

时近春耕时节，韩琦派出官员到交通要道、桥梁渡口张贴告示，动员灾民返乡生产。面谕灾民凡返乡生产者，由官府发给路途口粮。针对为富不仁者乘机以低价收购流亡农民土地的现象，命令这些富户一律无条件归还土地，等到丰收之后，再由被迫卖地的农户归还富户购买土地的费用。

韩琦发布的告示起到了作用，加上韩琦命令官府贷给返乡灾民粮食，只收少量利息，灾民们纷纷扶老携幼返回家乡，恢复生产，河北的局面逐步安定下来。

韩琦查验户籍人口，发现河北大名府路强壮人丁原统计为一万三千一百余人，而现今直接管辖的却仅有五千七百余人，朝廷有意将强壮人丁不足之额补充起来，以充实军备，并将这件事情告诉韩琦。韩琦思虑再三认为不妥。于是他上奏皇帝说："河北的强壮人丁，自庆历二年

（1042年）组织训练民兵时，身矮体弱不够民兵条件的人，再加上退役下来的强壮人丁，也组织起来于军帐内专项管理。这种做法至今已经近三十年了，各州县退下的人数已经不再补充。如今，这里长久遭受灾害，如果补充强壮则是军队与民争利，时至春耕时节，家家户户更需要强壮劳力，愿停止此议，以安民心。"韩琦的上奏得到了朝廷的同意。

北宋朝廷有四京：东京汴梁（今河南开封）、西京洛阳（今河南洛阳）、南京应天府（今河南商丘）、北京大名府（今河北大名府）。北京大名府地处宋辽两国对峙的前线，军事战略位置极其重要。这就是为什么朝廷主张补充强壮人丁的原因，而韩琦此次到河北大名府赈灾，处处以百姓利益为重，为民请命，于是深受河北百姓爱戴，以至河北百姓为韩琦建生祠祭拜，韩琦的恩德在河北广为传诵。由于韩琦赈济灾民措施得当，河北的灾情迅速得到缓解。

在赈济灾民工作顺利完成后，为加强军备，韩琦上奏朝廷，修缮了保州城池，加固了城防，使辽国的军队不敢轻举妄动。

宋神宗熙宁二年（1069年）二月，宋神宗任命王安石为参知政事。在北宋朝廷的官职中，参知政事虽是副宰相，但其权位并不亚于宰相，可以与宰相轮班知印，同升政事堂。王安石又深得神宗皇帝信任，故在事实上，其职权远远比任宰相的富弼重要。王安石任参知政事之后，立即着手实行改革。

王安石首先创制了一个实行改革的机构——制置三司条例司，议行新法。用今天的话说，这就是大宋王朝国家经济体制改革委员会。熙宁二年（1069年）七月，立淮、浙、江、湖等六路均输法；九月，颁行青苗法；十一月，颁行农田水利法；熙宁三年十二月，立保甲法。此后，又相继颁布贡举法、免役法、市易法、方田均税法等一系列新法，一场疾风暴雨般的改革随即展开。

熙宁三年（1070年）十二月，宋神宗任命王安石为同中书门下平章事（宰相），从此王安石大权在握。

这日，韩琦的下属官员孔嗣宗被司农司调进京城参与制定役法。孔嗣宗向韩琦辞行之际请韩琦留言，起初，韩琦缄默不语，孔嗣宗再三请求，韩琦才说道："故旧临别应当说句话，你此行到京城但为河北百姓说些众人不敢说的话就可以了。"

韩琦为何说出这样的话呢？因为成熟稳健的韩琦正在用自己的眼睛审视着正在进行的变法，用自己的头脑思考着正在进行的变法，用自己的价值观评判着正在进行的变法。那么，王安石变法究竟是怎样一场变法呢？韩琦又是如何看待这场变法的呢？

第七十二回　安抚使河北赈灾　王安石京师变法

第七十三回

升之难称真改革　琦公绝非保守派

权威辞书《辞海》中关于"韩琦"的注释中有这样一段话:"王安石变法,他(指韩琦)屡次上疏反对,与司马光、富弼等同为保守派首脑。"事实果真如此吗?历史的真相又是什么呢?

常言道:"工欲善其事,必先利其器。"要想变法就要有一个变法的机构。宋神宗熙宁二年(1069年)二月,神宗皇帝任命王安石为参知政事,王安石就任之后立刻着手变法事宜,首先成立了领导与执行变法的机构"制置三司条例司"(简称条例司)。以参知政事王安石、知枢密院事陈升之(请注意这个人)同领"条例司"。这个改革机构的成立,引发了朝廷官员的争论。这是为什么呢?

原来,北宋王朝的行政体制是由二府三司组成的。二府是指政事堂和枢密院。政事堂又称"中书门下",简称"中书",是国家最高行政机构,用今天的话说,相当于国务院,其首长为宰相,相当于国务院总理;枢密院是国家最高军事机构,首长为枢密使,相当于军委主席,官品与宰相相同。三司是指盐铁司、度支司和户部司,分别执掌征商和禁榷收入、财政支出、田赋和榷酒收入。三司是国家最高财政机构,首长是三司使,相当于国家财政部部长,又称"计相",地位仅次于宰相。政事堂、枢密院与三司既互相独立,互不统属,又互相牵制,分别向皇帝负责。

这种行政格局便于皇帝独揽财政军大权,但它也存在着明显的缺陷:政事堂主政而不通晓财务、军务,军队上花了多少钱宰相并不十分清楚,甚至是漠不关心;枢密院主兵而不知财务、政务,国家已经没有钱了而枢密院却还在招兵;三司主财而不知政务、军务,人事变更军队调动需要财力支持时,财务工作往往跟不上节拍。最终导致政出多门,决策和执行效率低下。王安石变法以"富国强兵"为目标，在变法过程中势必会涉及财政军三方面的要务，这就要求打破现有的行政格局，设置一个指导议法、立法和执法的统筹机构。这一机构能够改变政出多门、效率低下的弊病，从而能以较快的速度推行新法。

在王安石设置"制置三司条例司"这一机构的问题上，很多朝廷官员纷纷上疏反对，认为这是对大宋王朝现有政治格局的颠覆，侵害了政事堂、枢密院和三司应有的政治权力。一时间，王安石与这些反对派官员争论激烈。

韩琦没有表示反对，这时的韩琦在静静地观察着这场政治新秀王安石主持的变法。倒是王安石的同盟者陈升之对"条例司"的态度转变更能引发我们的思考。

"条例司"工作数月之后，陈升之拜中书门下平章事，即担任宰相职务，职务的变动促使态度的变化，他立刻上疏请求撤销条例司。其理由是，宰相无所不统，所领职事，岂可称司？这一态度的转变引发了他与王安石之间的辩论。

王安石认为："古之六卿，即今之执政，有司马、司徒、司空，各名一职，何害于事？"

陈升之反驳："若制置百司条例则可，但今制置三司一官不可。"

从表面上看，陈升之与王安石争论的是制置三司条例司该不该称司这个名称，实质上却是陈升之对条例司凌驾于宰相之上感到不悦。官位的提升带来态度的变化，于是陈升之与王安石不睦，他称病回家卧床时间超过十旬。熙宁二年（1069 年）十一月，神宗在迫不得已的情况下，任命韩绛和王安石同领制置三司条例司。

由此可以看出，陈升之并不是一个真正要改革的人，他只是一个借改革变法之名谋求自己私利的投机分子，真正要改革的或许只有王安石一个人，改革中发生的一件件事情证明了这一点。

对这一切的变化，韩琦的眼睛在看，头脑在思索，他对这一场改革并不看好。想当初庆历新政之时，他是积极的参与者，在他的观念里，改革应当从整顿吏治开始，然后改革科举、发展经济、减轻剥削、加强边防。韩琦主政朝廷之时，由于扶立多病的英宗皇帝以及调处两宫矛盾，消耗了大量的精力，使韩琦没有太多的精力和时间改革弊政，这使他深以为憾。

另外需要指出的是，韩琦并不是反对王安石变法的所有措施，他对王安石新法中的保马法就予以充分的肯定。他在回答宋神宗关于河北防务问题的奏章中说道："臣睹近年朝廷讲求马政，最为首务，河南、河内分置牧使，以总治牧事。又各有干当公事官三数员，更出巡视，编降新制条目甚多。臣愿朝廷责以岁年，则可见其效。"由此可见，韩琦对保马法的前景充满信心。

韩琦反对的只是那些与民争利、不断扰民的敛财之法。

韩琦认为，如果只是搜刮民财充实国库，即使达到了富国的目的，最终也只能是治标不治本，必将侵害百姓利益，带来朝局混乱。特别是青苗法颁布之后，韩琦的这种感觉越来越深刻。

那么，青苗法又是这么一回事呢？

第七十四回

韩琦反对青苗法　神宗赞许真忠臣

青苗法是王安石的得意之笔,但是韩琦反对最激烈之处也在于此。

青苗法于熙宁二年(1069年)九月由制置三司条例司颁布施行。王安石的办法主要是改变原有常平仓制度的"遇贵量减市价粜,遇贱量增市价籴"的传统做法。将常平仓、广惠仓的储粮折算为本钱,以百分之二十的利率贷给农民、城市手工业者,以缓解民间高利贷盘剥的现象,同时增加政府的财政收入,达到"民不加赋而国用足"的目的,以期改善北宋王朝"积贫"的现象。但事实上青苗法在实施过程中出现了一系列问题,最终于元丰八年(1085年)神宗去世后废止。

要说青苗法,首先应当介绍一下常平仓和广惠仓。

常平仓是中国古代政府为调节粮价,储粮备荒以供应官需民食而设置的粮仓。主要是运用价值规律来调剂粮食供应,充分发挥稳定粮食的市场价值的作用。在市场粮价低的时候,适当提高粮价进行大量收购,不仅使朝廷储藏粮食的国家粮库充满粮食,而且边郡地方也仓廪充盈。在市场粮价高的时候,适当降低价格进行出售。这一措施,既避免了"谷贱伤农",又防止了"谷贵伤民",对平抑粮食市场和巩固封建政权起到了积极作用,在一定程度上反映了下层百姓的利益和愿望。宋太宗淳化三年(992年),北宋始置常平仓于京畿。景德三年(1006年)后,除沿边州郡外,全国先后普遍设置。

广惠仓是用于防灾救济的国家储备粮库,始建于宋仁宗嘉祐二年(1057年)。由于地主死亡无人继承等原因,各地都有一些无主的土地,历来由官府出售。当时任枢密使的韩琦上疏建议将这些无主土地由官府雇人耕种,所得田租专款专用,救济境内的老弱病残和灾民难民。

简单地说,王安石的青苗法这一制度设计就是以常平仓和广惠仓的储备为本金，由政府替代富户借钱给农民，相当于国家农业银行以低于民间借贷的利率发放抵押贷款，而农民则以青黄不接时土地上正在生长的青苗为抵押物向国家申请贷款，在青苗长成收获之后，再由农民向国家偿还贷款本金和利息。这样一来，农民可以保证丰产丰收，国家可以增加财政收入，两全其美，何乐而不为？农民反正是要借钱的，借政府的和借富户有什么区别呢？借政府的既安全又可靠，何乐而不为？

然而，以韩琦为代表的传统知识分子和王安石这位来世的改革家之间的根本分歧恰恰就在这里！

宋神宗熙宁二年（1069年）九月，青苗法首先在河北、京东和淮南等路施行，此后于熙宁三年（1070年）向诸路推行。

在青苗法刚刚颁布之时，苏轼的弟弟苏辙就表示反对，他认为以钱贷民，"出纳之际，吏缘为奸，虽有法不能禁。钱入民手，虽良民不免非理费用及其纳钱，虽富民不免违限。如此则恐鞭笞必用，州县多事矣"。显然，苏辙是从实际出发来考虑问题的。在贷款环节上，如果负责推行青苗法的官吏不按规则贷款怎么办？如果农民拿着贷款不去从事生产怎么办？如果富民违背规则贷款怎么办？历史证明，王安石这位改革家或许没有考虑到这些复杂的现实问题，更没有配套的措施可供使用。

等到青苗法施行后，更是议论纷纷。监察御史范镇向神宗上疏指出，青苗法与富民借贷比较，其剥削百姓只是五十步与一百步的区别。

司马光认为施行青苗法必然会使富者贫，而贫者尽。

毕仲游（宋代宰相毕士安曾孙）认为，青苗法是"名为厚民，实乃剥下；名为惠民，实有利心"。

推荐过王安石的欧阳修也上疏反对青苗法。

宋神宗熙宁三年（1070年）二月，担任河北安抚使的韩琦看到了青苗法在河北施行过程中出现的问题，这些问题归纳起来有以下几种情况：

第一，为了推行青苗法，朝廷于熙宁二年（1069年）在各路设置提举一名，管勾一名，负责施行青苗法的提举官强制推行青苗法，无论贫富一律命令民户向官府贷款。

第二，不种地的城市居民也被强行摊派向政府借贷青苗钱。

第三，负责推行青苗法的提举官向民户索逼本息，以致民户不能及时还钱时伐桑为薪以易现钱。

鉴于以上情况，韩琦写下《乞罢青苗及诸路提举官奏》，三月，又写下《又论罢青苗疏》。在奏疏中他指出，"官自放钱取息，与初诏相违"，神宗皇帝看了韩琦的奏疏后，把韩琦的奏疏放在袖子里说道："韩琦真是忠臣啊！虽在外，尤不忘王室。朕原本以为此法可以利民，没想到竟这样坑害民户！城市居民要什么青苗钱嘛！"

这时两位宰相曾公亮和陈升之的观点与韩琦相同，在这种情况下，如果王安石能够实事求是，实地调查研究河北出现的问题，采取应对措施，或许王安石变法就能够成功，但是历史没有"如果"。

实际的情况是，王安石这时的反应是极力辩说自己是正确的，还说在城市中只要民户自愿，仍然可以借贷青苗钱。这就是强词夺理了。在辩说无效，神宗决定罢青苗钱后，他竟然称病不朝达二十余天之久。

接下来，参知政事赵抃于四月十九日辞职，出知杭州。

九月十三日，宰相曾公亮辞职。

负责改革的领导班子解散了。

在面临无才可用的局面下，神宗反悔，命吕惠卿宣谕圣旨挽留王安石，吕公著、张戬、孙觉、程颐、李常等人因反对青苗法被相继贬官，又把韩琦的上疏交给制置三司条例司，令曾布疏驳刊石，颁行天下。这等于说，给足了王安石面子，却错误地批判了韩琦。

王安石变法的最后失败，不仅在于变法触动了既得利益者的利益，还在于执行中出现的许多问题未能得到及时有效的解决。王安石的制度设计不可谓不先进，即使以今天的眼光来审视这场变法中的具体制度设计，也为其设计精巧、理论科学而惊叹。然而，"徒法无以自行"，任何理论、原则、方针和政策，没有相应的人才去执行，它在实践中就会走样，最终归于失败。王安石的周围没有聚集像韩琦、司马光、欧阳修这些国之重臣，相反，却聚集了一些唯利是图的小人（如陈升之之流）。这样的局面是历史的悲剧，也令我们深思。

韩琦和王安石同样是忧国忧民，为什么韩琦不能与王安石站在同一条战线上把变法工作做好呢？其中的根本原因是什么呢？

第七十五回

报国心肝胆相照　安邦志根本对立

韩琦与王安石，同样的忧国忧民，同样的以天下为己任，为什么韩琦要反对王安石变法？韩琦究竟是不是保守派？仔细研究，我们就可以发现，韩琦与王安石根本就是两类不同的人，换句话说，根本就不是一路人。他们之间存在着诸多的矛盾：

第一，民本思想与国家主义的根本对立。韩琦思想的突出特点是民本思想，他深受儒家正统思想的影响，忧国忧民，十分注重维护广大下层民众的利益，时时处处兴利除弊，为民谋利。他爱护百姓，不伤农害民，以维护社会稳定，维持国家长治久安。王安石的思想则以国家主义为典型特征，他胸怀天下，以扭转北宋王朝积贫积弱局面为己任，他执拗倔强，认准的事情要坚决执行，甚至不惜牺牲民众个人利益也要维护国家利益，他提出"天变不足畏，人言不足恤，祖宗之法不足守"，必要时他可以牺牲民众以成全国家。由此可见，当国家利益与民众利益产生冲突时，韩琦选择了维护民众利益，而王安石选择了维护国家利益。

第二，现实主义与理想主义的根本对立。韩琦在政治上是现实主义，他一生从地方到中央任职面广，出将入相，人生阅历丰富，有抵御西夏的成功，也有庆历新政的失败，这一切使得他能够从现实出发，他所颁布和实施的政策大多接地气，深受百姓爱戴。王安石在政治上是理想主义，在北宋王朝出现人浮于事、吏治腐败之际，幻想通过单纯的经济改革达到富国强兵的目的显然行不通。

第三，纲纪伦常与丰财征利冲突。韩琦是正统的、标准的知识分子，主张治国本于礼，"谨严之法不可犯，欲示万世天子权。礼乐征伐必上出，诸侯虽大莫得专"。纲纪伦常与礼义道德是韩琦所推崇的，正所谓"君子喻于义"。在韩琦看来，王安石只注重经济方面的改革，以为国敛财为目的，正所谓"小人喻于利"。韩琦认为常平仓和广惠仓都是国家公益事业，是不能牟利的，王安石以常平仓和广惠仓储备为本金的贷款行为是他所不能认同的。纲纪以稳定为特征，征利以变法为先决，两者必然对立。围绕在王安石身边高唱改革的大多是唯利是图的小人，正是因为正统的封建时代知识分子以言利为耻辱。

第四，成熟稳健的渐进与疾风暴雨的革新。韩琦成熟稳重，遇事沉稳，凡事深思熟虑之后方可施行，从谏如流，善于听取他人意见建议。王安石思维敏捷，注意力专注，凡事雷厉风行，我行我素，不顾他人如何评价，"人言不足恤"是其最著名的宣言。

第五，善处人际与气质欠缺的对立。韩琦善于处理人际关系，能够在纷繁复杂的政局中抓住要害，寻找到成功解决问题的方法。他扶立二帝，调处两宫，成功解决濮议之争都是最好的证明。

王安石深怀盈满之忧，急流勇退，动不动就要辞职。所谓盈满之忧是指物极必反，亲极必疏，势重必失。故封建时代一些知识分子，有鉴于统治阶级上层斗争的反复和残酷，深怀盈满之忧，而取以退求存、明哲保身的态度。

这里有事实为证：王安石自熙宁二年（1069 年）担任参知政事，到熙宁七年（1074 年）四月第一次罢相，其间向神宗皇帝提出辞职就有七次。

熙宁二年（1069 年），王安石刚刚担任参知政事，吕海上疏论王安石十大罪状，这年五月王安石请求辞职。

熙宁三年（1070 年），河北安抚使韩琦上疏言青苗法之害，神宗宣谕执政罢青苗法，王安石提出辞职。

熙宁四年（1071 年）五月，王安石拜相不久，东明县民户数千家以县衙所定助役钱不当，聚众到开封府上告，并闯入王安石私邸告状，王安石出面接待上告百姓（这一点证明王安石是个好官），此事之后，王安石向神宗皇帝辞职。

熙宁五年（1072 年）五月，王安石和神宗皇帝在对李评的处理意见上不一致，王安石向神宗皇帝辞职，宁愿到东南一郡去做地方官。

熙宁五年（1072 年）六月，王安石又上疏皇帝请求解除他的职务。

熙宁六年（1073年）正月十五上元夕，王安石从驾车马入宣德门，守门卫士阻拦王安石并挝伤其马，事后王安石请求罢相。

熙宁七年（1074年）三月，郑侠向神宗皇帝上流民图，猛攻王安石，王安石六上《乞解机务札子》，请求辞职，并由此导致了第一次罢相。

王安石在熙宁八年（1075年）二月复相后，在一年多的时间里更是屡屡请求罢相。最终导致熙宁九年（1076年）十月的再度罢相，从此之后赋闲金陵，再也没有从政。

从以上事实我们可以看出，这样一个动不动就以辞职来要挟领导、要挟同僚的改革家，怎么能够得到韩琦的认可？他又怎么能够团结一切可以团结的力量把改革大业完成？不得不说，王安石的个性气质欠缺是变法失败的一个重要原因。

除此之外，韩琦与王安石在生活细节上也是差别巨大，韩琦注重仪表，一切行为依据礼仪，中规中矩；王安石不拘小节，穿着邋遢，不爱洗澡换衣，我行我素。仁宗皇帝召集大臣共同钓鱼，王安石竟然将鱼食吃得精光。再加上早年韩琦与王安石共事过程中的误会，这一切决定了韩琦绝不可能与王安石站在同一条战线上进行变法改革。

由此可见，我们因为韩琦从实际出发反对王安石变法，就说韩琦是保守派，这显然是荒谬至极！我们更不应该为了抬高王安石的地位而贬低韩琦这位历史人物。

我们说韩琦是现世的政治家，王安石是来世的改革家。所谓现世的政治家是指韩琦的政策有前瞻性并且可以被当时的人们所理解，而来世的改革家是指王安石的政策太具有超前性而不被当时的人们所理解。可以说，王安石是一位生活在北宋王朝的现代人，他的思想已经远远超越了他所生活的时代，他的思想离现代人近，反而离他生活的时代很远。这样的人很难被当时的人们所理解，难以理解王安石的人群中自然也包括韩琦。

王安石变法曾经是中学时代教科书评价很高的一个重大历史事件，王安石本人也被称为"中国十一世纪的改革家"，历史的真相果真如此吗？其实，这里面有一个很大的误会，这个误会究竟是什么呢？

第七十六回

熙宁变法有遗恨　千秋功过任评说

在对待王安石变法问题上，有一个问题需要澄清。那就是苏联领导人列宁对王安石的那句"王安石是中国十一世纪的改革家"的评价，这句话在对王安石的评价上发挥了重大的作用。二十世纪八十年代以来，王安石变法的地位被抬得很高，于是凡是反对王安石变法的人都被戴上了保守派的帽子。其实，这里面有一个很深的误解。

宋史研究者梅毅把这个误解说得很清楚："其实，列宁对于王安石到底是谁，估计也不甚了解，而列宁'夸奖'王安石的一句话，原本出自这位伟大导师的一篇文章的小注，文章全名是《修改工人政党的土地纲领》。在此文中，列宁对当时俄国社会民主工党的第二类土地意见表示怀疑：'俄国社会民主工党的土地纲领应当要求没收地主土地，但不应当要求任何形式的土地国有。'紧接这段文字的括号里，列宁加上一句：'持这种意见的大概有芬恩同志，可能还有普列汉诺夫同志，虽然他的意见不明确。'紧接着，列宁大力赞许俄国农民对地主土地所有制的反抗，竭力支持第四类意见：'在一定政治条件下实行土地国有。'列宁毕竟是知识分子出身，在阐述完自己的观点后，他又在上述言论后引出小注放在文章后面，对于普列汉诺夫的'意见'，列宁在注释里写道：'普列汉诺夫同志在《日志》第五期中警告俄国不要重蹈王安石的覆辙。'紧挨这句话，列宁还加一个括号，括号里面才是被断章取义引用的话：'王安石是中国十一世纪的改革家。'纵观之，这句话只是说明意义的文字，并非赞语或评定语，国人只取半句，完全是生吞活剥。"王安石变法没有土地国有化的内容，可见列宁对王安石并不了解。

王安石是一位有争议的改革家，近一千年来，对王安石的评价也众说纷纭。自元祐初年（1086 年）废除新法以后到今天，对王安石变法的评价与争论一直没有停止过，其评价的变化大致分为南宋至晚清、二十世纪前半叶、二十世纪后半叶三个阶段。

第一阶段，自南宋以来至元明清的八百多年中，对王安石变法的评价一直以否定性评价为主流观点。最具代表性的评价意见认为王安石变法"祸国殃民""聚敛害民"，最终导致北宋亡国。

第二阶段，二十世纪初，梁启超主张通过变法改良以图中国强大的思想与王安石的主张十分契合，他在《王安石传》一书中给王安石及其变法以全新的评价："若乃于三代下求完人，惟公庶足以当之矣。"梁启超把王安石誉为"三代"以来的"完人"。这一肯定性评价于是成为大多数人所遵奉而成为二十世纪前半叶的主流观点。

第三阶段，二十世纪五十至七十年代，脸谱化评价人物的方法是当时评价历史人物的基本方法，尤其是所谓列宁关于"王安石是中国十一世纪时的改革家"的误引，因此，高度褒奖和肯定王安石成为这一时期的唯一观点，以司马光为代表的反对变法的群体则成了顽固的保守势力，这是对南宋以来肯定司马光而否定王安石的传统观点的彻底否定。王安石被加上"改革家"的桂冠，而司马光则成了保守派的领袖，韩琦也被戴上了反对变法的"保守派"帽子。

历史的发展使得人们逐渐能够用科学的唯物史观来客观评价历史人物。随着脸谱化评价人物的方法不再是历史评价的主导评价方法，王安石与韩琦之争、变法派与反变法派之争不再是方向之争，而是政策性的分歧。不少韩琦研究者对韩琦的民本思想、政治主张、德政善举进行了比较深入的研究，给予了实事求是的评价。但是过去几十年来，王安石坚持改革进行变法的光环和韩琦政治上"保守"的传统观念给几代人留下的影响太深，要彻底消除这些影响还需要继续做深入的学术研究和广泛的宣传工作。

通过以上的分析，您还能简单地认为韩琦是保守派吗？

由于韩琦反对王安石变法，遭到王安石的打击报复。宋神宗熙宁四年（1071年），韩琦上书皇帝，奏请辞去大名府安抚使、移判邢州、相州。皇帝会答应吗？

第七十七回

韩稚圭回判相州　魏国公造福百姓

宋神宗熙宁四年（1071 年），韩琦上疏皇帝，奏请辞去大名府安抚使、移判邢州、相州。神宗皇帝接到韩琦的奏疏之后，不但没有答应，反而降诏对韩琦大加褒奖。在降诏中神宗皇帝劝说韩琦继续"留主北门之钥"，并授韩琦司徒、检校太师兼侍中，行京兆尹、魏国公、永兴军节度使，判大名府兼北京留守司事，畿内河堤劝农监牧使、充大名府路安抚使兼大名府路驻泊马步军都总管，食邑一千户，可谓集行政军事要职于一身，封赏厚重，体现了神宗皇帝对韩琦这位老臣的倚重。

对神宗皇帝的拜官与封赏，韩琦力辞不拜。韩琦以年老体弱为由，在两年中先后上奏八次，直到熙宁六年（1073 年）宋神宗才同意韩琦回判相州。有诗为证：

> 昼锦三来治邺城，古人无似此翁荣。道过先垄心还慰，一见家山眼自明。酾酒故庐延父老，驻车平野问农耕。便思解绶从田叟，报国惭虽万死轻。

相州安阳是韩琦的祖籍地，这次回乡任职已经是韩琦第三次在自己的家乡任职了。当韩琦回乡的队伍进入拱辰门时，百姓夹道欢迎。正是：

> 重向高堂举宴杯，四年牵强北门回。故园风物都如旧，多病襟怀遂一开。白发耻夸金络骑，绿阴欣满铁梁台。因思前彦荣归者，未有三曾昼锦来。

后来韩琦才知道，在他赴河北赈灾以及在河北任职时，家乡人民十分想念他，在相州城中修建了韩琦的生祠来祭拜他，民间俗称韩王庙。

回到家乡的韩琦，仍旧秉持为家乡百姓造福的理念，勤政爱民，为民谋利。重修万金渠就是其中的一件事情。万金渠的历史很悠久，始建于唐代咸亨三年（672 年），当时的相州刺史李景自西高平村筑堰，引洹水入渠东流以便灌溉农田，水渠注入广润坡，当时取名为高平渠。北宋至和年间，韩琦第一次回乡以武康军节度使身份知相州时曾疏浚高平渠，并且自城西引渠水沿城北流，分水入城，安装水磨，建湖修亭，供人游览，同时把高平渠改名为千金渠。这次回到家乡，韩琦组织民工再次疏浚渠道，缓解了城中用水的困难，并作诗刻碑以作纪念。

熙熙春色水溶溶，修禊临流景倍浓。物外风光占崑阆，洞中神变走鱼龙。飘花任逐红尘去，浮醴时看紫府供。欲学永和当日序，愧无奇笔绍前踪。

相州城北二十里，地势较高，常年干旱，百姓农业劳作常遇灌溉不便的问题。韩琦关心家乡农业生产，命人在西起丰安村，东至官道修建了一道水渠，从洹河引水由西向东灌溉农田。当时百姓为感韩琦之恩，起名为"韩河"，后因水源问题，水渠干枯，此渠至今遗迹尚存，现在当地群众称之为旱河、枯河。水渠建成之后，为当地百姓灌溉带来了极大便利，每逢节日，韩琦都要与当地百姓庆祝丰收，与民同乐。

为官一任，造福一方，在家乡为官的韩琦始终秉承这一理念，他深知休养生息对经济发展的重要性。一次，韩琦接到朝廷司农司的命令，让他调集征发民间车辆已备军用，登记幼童和老人准备入保。相州周边各地也都开始实施这项命令，全城百姓闻讯骚动不安。韩琦扣押命令不予执行，立刻草拟奏章准备上奏朝廷力陈其弊。韩琦的奏章还未呈上，司农司已经觉察到了本部门的命令不妥，又下令停止先前发出的命令，相州百姓因韩琦体察民情而未受到惊扰。

回到相州安阳的韩琦，身体状况大不如以前，他本欲在家乡任职期间静养身体，谁知宋神宗熙宁八年（1075 年）三月，一份来自北方边境的边报使得韩琦的精神又紧张起来，究竟发生了什么事情呢？

第七十八回

皇帝询策下手诏　忠臣实对回奏章

宋神宗熙宁八年（1075年）三月，北方的大辽国派出使臣来到东京汴梁索取河东代北的土地（今山西代县、繁峙以北一带的土地）。危急时刻宋神宗又想到了老臣韩琦。

宋神宗特遣内侍省供奉官、干当内东门司裴昱带着皇帝手诏来到相州，向韩琦询问对策。韩琦打开诏书，只见诏书上写道："朝廷与北方契丹人通好近八十年，近年来，频频发生事端。代北之地，本是我朝土地，宋辽两国早已划定，图籍记载十分明确，而契丹人多次蛮横索取，现在辽国又派使臣前来，意在必得。朕想以祖宗盟好为重，忍让应允，又恐他们贪得无厌，不知如何处理为好？自古以来重大决策，必须征询故旧老臣的意见，韩爱卿德高望重，满怀忠义，历相三朝，虽然爱卿身在朝外，而心中时时以朝廷为念。此事该如何处理？如何防御准备？望能奏来，朕将亲自阅览。"

韩琦看过诏书，十分感动，立刻写下奏疏回复皇上。在奏疏中，韩琦指出自己晚年多病，心力耗殚，但皇帝却将北方契丹人生出事端的大事来问老臣，臣不敢不竭尽所能来回答圣上。契丹人称雄北方与大宋抗衡已有一百七十余年。自后晋高祖石敬瑭将燕云十六州割让给契丹人以来，辽国军队屡次进犯中原，我朝爱惜生灵，屈就和好，凡是边疆之地有所兴作之事，深以招惹事端为戒，所以七十年间，双方边民各安生业。

接着韩琦指出，近年来朝廷处理一些重大问题时，似乎不考虑我们所面临的外敌。这就使本来就多疑的契丹人见形生疑，以致在边境制造事端，比如，创立保甲制度、设立都作院制造新式弓刀，在河北设置三十七将等，这让契丹人说我们有恢复燕南（今河北北部）的意图，故他们先发制人，屡屡索要土地。韩琦希望皇帝废除以上诸法，采用刚柔并济的方法处理这场争端。首先表明朝廷和平友好的态度，释清契丹人的疑虑，归还边吏所侵占的对方小块土地，要求双方恪守疆土，如果契丹人不答应，今河北诸州深沟高垒，早已做好迎敌准备，足以御敌自守，不必多虑。

可惜的是，韩琦提到的所需要废除的措施都是王安石变法的新政内容，而此时神宗皇帝正在支持王安石变法，所以没有采纳韩琦的建议。这场争端的最终结果是一向标榜"祖宗之法不足训"的王安石采取了屈辱忍让的方针，竟然把代北七百余里土地尽数割让给辽国，换取了边境的安宁。当时人们得知这一消息后，无不感到义愤填膺，痛心疾首。

得知这一消息的韩琦，身心再次受到打击，于是上疏神宗皇帝，要求致仕辞官，回乡静养。神宗皇帝考虑到边事问题还需要韩琦出谋划策，不仅没有批准韩琦的辞职，反而重新拜韩琦为永兴军节度使、京兆府尹（今陕西西安），想再次把西北边事托付于他管理。

然而，此时的韩琦已经是重病在身，卧床不起。妻子和儿孙围在病榻前悉心侍奉。

韩琦娶妻崔氏，生子五人，长子韩忠彦，字师朴，累官左仆射兼门下侍郎，封仪国公，追谥"文定"。次子韩端彦，官至右赞善大夫。三子韩纯彦，官至徽猷阁直学士。四子韩粹彦，官至龙图阁学士。五子韩嘉彦，娶宋神宗女齐国公主，拜驸马都尉，官至瀛海军承宣使。孙子韩治，韩忠彦之子，官至相州知州。

韩琦一生注重家教，倡导优良家风，总结韩氏一门优良传统，写下了著名的《韩氏家训》《韩魏公立身格言》《韩魏公正家格言》等著作，这些著作都有哪些内容？对韩氏家族又起到了什么作用呢？

第七十九回

家训格言泽后世　琦公精神传千年

韩琦深知家规是治家教子、立身处世的重要载体，是韩氏家族传承优良家风的重要内容。家规正则家风正，家风正则家道兴。对于韩氏一门而言，家风是一种言传身教、耳濡目染的引导，是一种潜移默化、润物无声的滋养。良好的家风，是家庭成员形成良好道德品行的基础，是一代又一代韩氏家族成员健康成长的保证。于是，他曾先后写下《韩氏家训》《韩魏公立身格言》《韩魏公正家格言》等著作。其文如下：

《韩氏家训》

和宗亲：受姓同宗，共木本水源之义。将今推古，合支分渐衍之宜。视之如一，勿等涂人，致贱者而疏，贵者而亲。凡出南阳之裔，皆吾血脉之亲，勿使乖争，咸当和睦。

明人伦：气同一本，亲亲之意无殊。派衍万支，代代相承不紊。在宗庙则左昭右穆；序班行，则先尊后卑。造有别之嘉，惟犯伦之戒，凡吾族属，明此经常。

崇祭祀：人本乎祖，犹万物之本乎天。孝生之心，贵一诚之生于念。勿修骏奔之虚文，当尽荐祭之实意。苟洞洞如不胜，自洋洋乎在上，崇兹典礼，兵尔燕毛。

崇学业：人民有道，贤愚勿使于逸居，气禀不齐，礼乐实资于教化。东阁之开是效，义方之训当崇。子孙多列于青衿，公卿常出于白屋。惟立家塾，首择规模。

供税役：韩廷有赉，四民荷抚字之恩，亿兆上供，九土有终事之义。既颇获暖衣饱食，宜乐完夏税收租。兼承技术之流，减竭涓埃之报。输编徭役，用殚厥心。

谨婚娶：阴阳作合，结媾宜择手贤良。男女姻缘，婚娶喜叶其配偶。

惟聘媒以文定，勿贪利而求财。效一村两姓之贤，合三族六亲之美。昭昭不紊，世世其昌。

行周恤：族无大小，分门别户之难齐。家有贫富，为学且耕之不一。或孤茕而莫振，致衣食以艰难，惟出吾囊橐之余，以助此饥寒之辈，行兹族义，保我族黎。

别互混：本同一姓，居分南北西东。北在四方，相隔高低远近。切念今坟古墓，更兼旧址亲基。或看管偶有未齐，恐混争之虞莫测。若互混相竞，当辨实分明。

扶患难：共党同宗，正属相关于休戚。扶危救难，均期义举于族间。或横逆之妄加，并灾殃之倏至，若相视等余秦越，岂宗系于出于渊源？幸念宗盟，以教族谊。

辨异端：冠婚丧祭礼，当效于文公。工贾士农，心勿迷于佛老。若行祝荐修庆之事，岂无靡费烦冗之劳。宜敦厚于蒸尝，以遵导于里俗。但崇正道，勿惑异端。

《韩魏公立身格言》

事父母，需顺性推情，胜如死后追荐；优兄弟，当相爱相敬，勿听耳边勾唆。报君恩，宜竭忠尽敬；裕国内，在节用而爱民。宗亲邻里实意和谐，乃微谦让之风；穷亲故旧倍加用情，始见义气之厚。择师傅以训子孙，祀祖先而申诚敬。以恕己之心恕人，则交全；以责人之心责己，则过寡。意宜凛持法纪，行求可质神明。语言和婉，虽大事能消人之愤；议论错愕，虽小事能致人之谦。戒忿怒，破远害关头；避酒色，得养身要务。欲断他非先自正，喜人规谏方知过。言行拟之古人则德进，功名付之天命则心闲。怒气方盛，不可发书接言；富贵初来，切戒傲物纵志。修身莫若谨，避强莫若顺。知止当自除妄想，安贫当自禁邪凡。悖情逆理，祈福不灵；时乖运蹇，枉求何济。遇大事确有主张，不可惊慌；临小节反要持重，毋得轻忽。不自重者取辱，不自畏者招灾。贪忌辈损人利己，切不可效；奸淫人伤风败行，誓不可交。快心之事，不可且做；临人之危，急需解救。受恩必报，施恩莫问。己善惟隐，人善当扬。周人急，悯人苦，均系作福；劝人养，息人讼，乃是修行。博览广识见，寡交少是非。悯人饥渴劳苦，禁己助强欺弱。结新知不若敦旧好，施新惠不如还旧债。与人斗胜，大损于己；自炫己长，见笑于人。亲敬尊长，远离恶少。毋以小嫌而疏致戚，毋以新怨而忘旧恩。人有阴事，虽仇家不可道破；己有邪心，即浓时需知割断。不自满者受益，不自是者博闻。动中要有静思想，闲时须做忙工夫。爱身如执玉，养心似擎珠。心头不善，念经无用；取财不当，布施无工。莫施满帆风，休做两截人；谨记有益语，罔谈非理事。作事尽心，勿负任托之重；约信如期，斯慰悬望之心。惠不在多，在乎得济；怨不在大，在乎伤心。退一步前路逾宽，紧一分到头难解。做福莫先避罪，止谤不如自修。身不结官为贵，事非亲见莫言。受宠凛若朝时露，失意譬如草上风。来问婚姻事，非赞成则推不知；向我诉曲直，非劝解则当和美。禁人网禽毒鱼，止人食牛嗜犬。嫖者痴迷所至，岂知金尽不相容，所以旷达者不为其愚也；赌者贪婪所使，总之赢输均无赖，所以廉明者痛绝其事也。

《韩魏公正家格言》

治家早起，百务自然舒展；纵乐夜归，凡事恐有疏虞。服饰切弗奢华，作贱绫罗；饮食务从菲薄，免伤物命。一室同心，则兴隆有望；满门和气，将福祉必臻。皇粮及时完纳，省追呼之忧；产业务图方圆，息争竞之端。远三姑六婆，可免败乱之风；近正人师友，自有模范之益。置器勿求新巧，行事具由古朴。用好银，平斗称，果报有日；做邪戏，听淫辞，惑乱必生。量宽足以容众，身先自能率人。势交者近，势败而忘；财交者密，财尽而疏。教子婴儿，质全而易化；训妇初来，志一而可约。先人遗业，当思创始之艰；身自操家，须念守成不易。应世要愚巧随时，居家须聋哑几分。积玉积金，何如积阴德以耀后；传子传孙，贵乎传清白以光前。于苦作福，其福最大；于福作罪，其罪不轻。拒下搬唆，骨肉不致伤疏；役人器使，任事必然周致。无畜俊仆艳婢，不办戏剧行头。妻虽贤不可使与外事，仆虽能不可使于内事。闺门行止，不可少离父母；幼妇举动，最忌烧香玩景。丰祭祀，尤宜薄自奉；斋僧道，不如饭房族。攀援势利休望扶持，寂守孤寒终受荣华。物物有命，戒杀当坚；人人有气，宽厚自福。鄙啬之极，必生奢男；厚德之至，定产佳儿。大婢早出，亦当婚配；得人豪奴，急逐无留。放纵坏事，仇结发而偏好恶，良心已丧，岂能独享；喜贪得而作牛马，用意已迷，焉能自逸。

每宴会不可作虐以酒令，凡交接切勿犯人之所忌。言行必诚必敬，孤寡宜恤宜矜。作贱五谷，非有奇祸，必有奇穷；爱惜字纸，若不显荣，亦当延寿。痴人畏妇，贤妇敬夫。报应念及子孙，则心平；受享虑及灾危，则用约。今生事，前生因，何须怨怼；后世因，今生作，不必远求。产女淹没，何等忍心害理；逢人结拜，不过贪谋要结。离间骨肉，阴谴必加；颠倒是非，鬼神所忌。少者悯其志短，老者惜其力衰。广置宠妾，一生多有疾病；不喜闲事，终朝可以安逸。家中无畜猛犬，天井多列水缸。每闻纺织声，不闻妇人音。家庭不可延妓畜少，儿孙无令游手好闲。戒酒后语，忌食时嗔。造桥修路，功德浩大；舍棺施茶，阴骘无量。寒天量力给衣，荒年更宜舍粥。速施乞化者，便其多求访。还财物者，济其失陷。住居择其仁善之里，嫁娶察其厚德之家。宽严并济，义方中自有雍和；教养失宜，骄纵家必多忤逆。不以小善而勿为，不以小恶而勿戒。保养延寿，死生不在命也；挽回造化，富贵岂在天乎。

三朝贤相韩琦以《韩氏家训》《韩魏公立身格言》《韩魏公正家格言》教育子孙，告诫子孙要以家国为念，勤劳王事，劝勉子孙传承家风，光耀门庭。他的这些著作对韩氏一门传承优良的家风，培育国家栋梁之材发挥了重要作用。

韩琦，这位活跃在北宋仁宗、英宗和神宗时期的政治家，在临终之际，仍是忧国忧民；在生命走向尽头之时，依旧劝勉子孙以国事为重。韩琦的一生是怎样的一生？究竟应当如何来评价他呢？

第八十回

相三朝功勋卓著　立二帝彪炳史册

宋神宗熙宁八年（1075年）六月二十四日，韩琦因病与世长辞，病逝于相州官邸，享年六十八岁。韩琦妻子儿孙失声痛哭，相州百姓闻讯，无不落泪。

讣告送至京城，神宗皇帝震惊，失声恸哭，悲痛难忍，于是罢朝三日。下诏拨银三千两、绢三千匹作为丧葬费，又派内使到相州安阳祭奠慰问。神宗皇帝特别强调，韩琦的治丧礼仪一律按照开国元勋赵普葬礼的规格进行。这位赵普可了不得，他是当年策划陈桥兵变的主要人物，先后辅佐宋太祖和宋太宗两位皇帝平定江南，征伐北汉，为宋太宗谋划"金匮之盟"稳定其统治，为大宋江山立下赫赫功勋。由此可见，宋神宗对韩琦的葬礼十分重视，制定的规格极高。

神宗皇帝还追赠韩琦为尚书令，并让韩琦配享宋英宗庙廷。尚书令在宋代的班次位置在太师之上，这是最高的荣誉官衔。配享皇帝宗庙可谓推崇备至，可见韩琦受到朝廷特别的尊崇。

神宗皇帝在追赠韩琦为尚书令的告策中称韩琦为"全德老臣"，并写道："韩琦见识渊博而富有谋略，庄重耿直而不屈不挠。早在天下享有声望，得到了国君的信任依赖，为相出入于三朝，执政周旋于二府。在仁宗与英宗之际，首推定策之功。先帝英宗建储，韩琦又接受了顾命的重托。庶几就像舜的大臣皋陶一样辅佐江山社稷，使天下达到繁荣太平，黎民百姓都分享了他的恩泽，他为国家立下了不朽的功勋。国泰民安诚恳辞相外放，出任边关重镇使边境得到安稳。功成名就却不贪恋高官重位与荣华富贵。急流勇退常愿交还印绶，返乡为民。"

神宗皇帝派出礼官考察韩琦一生，礼官将其忧国忧民、公而忘家的事迹上奏朝廷，宋神宗特赐谥号曰忠献。又下诏将记述韩琦世系、籍贯、生卒和生平事迹的行状递上，由皇帝亲自过目恩准。神宗皇帝又亲制神道碑以赐之，题碑额曰：两朝顾命定策元勋之碑。韩琦死后葬于相州安阳县丰安村韩氏祖茔之西北。

韩琦，他安抚四川赈济灾民，救援河北拯救黎民，推动了生产力的恢复和发展；他直言善谏具有谏臣本色，在北宋中期澄清吏治、巩固统治基础方面做出突出贡献；他和范仲淹并称北宋长城，成功扼制了西夏对北宋的进攻，抵御了外敌入侵，维护了国家的安全；他是两朝顾命定策元勋，确保了宋仁宗、宋英宗和宋神宗权力的平稳过渡，稳定了社会秩序；他积极倡导改革，素以政治上稳健著称，他既是庆历新政的主将，又在王安石变法中反对损害中下层民众的行为；他著作等身流传后世，留下《二府忠义》五卷、《谏垣存稿》三卷、《陕西奏议》五十卷、《河北奏议》三十卷、《杂奏议》三十卷、《祭仪》一卷、《安阳集》五十卷，在保存档案和文学创作方面都做出了历史的贡献，韩琦还是宋代著名词人，一生创作诗词无数，《全宋词》录其词四首，繁荣了我国的文化事业。

《道德经》上说："明道若昧，进道若退，夷道若纇，上德若谷，大白若辱，广德若不足，建德若偷，质真若渝，大方无隅，大器晚成，大音希声，大象无形。"用今天的话说就是：明白易懂的道理反而好像难以理解，促人上进的道理反而好像引人后退，容易做到的道理反而好像难以施行，最崇高的品质反而好像什么也没有，最洁白的颜色反而好像黑暗的，广大宽容的品德反而好像不充足，能够有所建树的品德反而好像不厚道，品质纯真反而好像变化无常，最大的方形反而没有棱角，最大的器物总是最后完成，最大的声音反而无声，最大的形象反而无形。

让我们用一个故事来阐释其中的道理：有一次魏文王问扁鹊："你们兄弟三人谁的医术最高？"扁鹊说："我大哥最高，二哥次之，我最差。"魏文王说："能说说为什么吗？"扁鹊说："是这样的，我大哥治病只要看看病人的脸色，病还没有表现出来就把病给治了，所以他的名声出不了家门。我二哥在病人稍有不适的时候就给治好了，所以他的名声出不了巷子。而我看病只能等病重之时，用针灸、用汤灌、用药敷，所以我的名声传遍了各诸侯国。"

我感觉对于韩琦的评价，用《道德经》上的这段话非常合适。韩琦就是这样一个大音希声、大象无形的人。他出身名门，少年得志；他初涉仕途，直言善谏；他守卫边关，屡建奇功；他改革弊政，图新求强；他理政地方，造福百姓；他忧国忧民，鞠躬尽瘁。他的一生出将入相，可谓文能治国，武能安邦；他的一生道德文章，可谓德被后世，造福家乡。

　　韩琦，一位被世人低估的贤相，他不仅是安阳人的骄傲，也是整个中华民族的骄傲！他是一位我们不能忘记的贤相，是一位我们应当大张旗鼓宣传的贤相！

▰ 韩琦年谱 ▰

大中祥符元年（1008 年）1 岁　韩琦生于泉州，其父韩国华担任泉州知州

大中祥符二年（1009 年）2 岁

大中祥符三年（1010 年）3 岁

大中祥符四年（1011 年）4 岁　韩琦父韩国华去世，韩琦由生母胡氏和诸兄抚养

大中祥符五年（1012 年）5 岁

大中祥符六年（1013 年）6 岁

大中祥符七年（1014 年）7 岁

大中祥符八年（1015 年）8 岁

大中祥符九年（1016 年）9 岁

天禧元年（1017 年）10 岁

天禧二年（1018 年）11 岁

天禧三年（1019 年）12 岁

天禧四年（1020 年）13 岁

天禧五年（1021 年）14 岁

乾兴元年（1022 年）15 岁

天圣元年（1023 年）16 岁

天圣二年（1024 年）17 岁

天圣三年（1025 年）18 岁

天圣四年（1026 年）19 岁 "既长，能自立，有大志。端重寡言，不好嬉弄，性纯一，无邪曲，学问过人"

天圣五年（1027 年）20 岁　中进士，授将作监丞、淄州通判

天圣六年（1028年）21岁　担任淄州通判

天圣七年（1029年）22岁　担任淄州通判

天圣八年（1030年）23岁　生母胡氏病故

天圣九年（1031年）24岁　丁忧

明道元年（1032年）25岁　丁忧，服阙迁太子中允，改太常丞、直集贤院

明道二年（1033年）26岁　监左藏库

景祐元年（1034年）27岁　九月，徙开封府推官，赐五品服

景祐二年（1035年）28岁　迁度支判官，授太常博士

景祐三年（1036年）29岁　担任右司谏，连续上疏弹劾宰相，促使宋仁宗一日罢四相

景祐四年（1037年）30岁　知谏院

宝元元年（1038年）31岁　知谏院，八月，以太常少卿、昭文馆直学士身份担任"北朝正旦国信使"

宝元二年（1039年）32岁　知谏院

宝元三年（1040年）33岁　以谏官身份知制诰、知审刑院，赐三品服

康定元年（1040年）33岁　二月后宋仁宗改元康定，八月，担任体量安抚使，赴四川赈灾，枢密院直学士，陕西安抚使

康定二年（1041年）34岁　好水川之败

庆历元年（1041年）34岁　左迁右司谏，知秦州

庆历二年（1042年）35岁　二月，为秦州观察使，十月授右谏议大夫、枢密直学士。十一月与范仲淹同时担任陕西四路沿边都总管、经略、招讨安抚使，并赴泾州

庆历三年（1043年）36岁　韩琦和范仲淹同时升为枢密副使，夏人议和，韩琦上《论备御七事奏》，由此拉开了庆历新政的序幕，宣抚陕西

庆历四年（1044年）37岁　上陈西北边防攻守四策

庆历五年（1045年）38岁　三月，以资政殿学士知扬州

庆历六年（1046年）39岁　知扬州，转给事中

庆历七年（1047年）40年　五月，徙知郓州，十二月，知成德军

庆历八年（1048年）41岁　定州路安抚使、都总管，知定州

皇祐元年（1049 年）42 岁　资政殿学士，仍在定州

皇祐二年（1050 年）43 岁　授礼部侍郎，仍在定州

皇祐三年（1051 年）44 岁　在河北赈灾

皇祐四年（1052 年）45 岁　在河北，范仲淹去世，韩琦闻讯，悲痛不已

皇祐五年（1053 年）46 岁　官拜武康节度使、河东路经略安抚使，知并州

至和元年（1054 年）47 岁　知并州

至和二年（1055 年）48 岁　武康军节度使，知相州

嘉祐元年（1056 年）49 岁　枢密使

嘉祐二年（1057 年）50 岁　枢密使

嘉祐三年（1058 年）51 岁　同中书门下平章事、集贤殿大学士

嘉祐四年（1059 年）52 岁　同中书门下平章事、集贤殿大学士

嘉祐五年（1060 年）53 岁　同中书门下平章事、集贤殿大学士

嘉祐六年（1061 年）54 岁　闰八月，授刑部尚书、同中书门下平章事、昭文馆大学士、兼修国史，封仪国公

嘉祐七年（1062 年）55 岁　刑部尚书、同中书门下平章事、昭文馆大学士、兼修国史，仪国公

嘉祐八年（1063 年）56 岁　加公门下侍郎兼兵部尚书、同中书门下平章事、进封卫国公

治平元年（1064 年）57 岁　授太尉。二月，提举《仁宗实录》。闰五月，特授尚书右仆射兼门下侍郎

治平二年（1065 年）58 岁　枢密院公事，上书请辞相位，英宗不允。十一月，充南郊大礼使，封魏国公。辞枢密院公事

治平三年（1066 年）59 岁　三次请辞相位，英宗不允

治平四年（1067 年）60 岁　正月，英宗驾崩，神宗即位。充英宗山陵使，拜守司空兼侍中。九月，辞相位，神宗不允。除镇安、武胜军节度使、司徒兼侍中、判相州，十一月，改判永兴军兼陕西府西路经略安抚使

熙宁元年（1068 年）61 岁　七月，请辞永兴军兼陕西府西路经略安

抚使，复知相州

　　熙宁二年（1069 年）62 岁　判大名府

　　熙宁三年（1070 年）63 岁　辞河北四路安抚使，只充任大名安抚使

　　熙宁四年（1071 年）64 岁　上疏乞邢、相，二月，改永兴军节度
使、判大名

　　熙宁五年（1072 年）65 岁　判大名府

　　熙宁六年（1073 年）66 岁　二月，移判相州

　　熙宁七年（1074 年）67 岁　判相州，秋，三次乞致仕

　　熙宁八年（1075 年）68 岁　夏，三次乞致仕，宋神宗不允。复改永
兴军节度使。六月二十四日，薨于相州官邸。宋神宗辍朝三日，赠尚书
令，配享英宗庙廷，御撰墓碑："两朝顾命定策元勋"，谥曰忠献。葬于
相州安阳县丰安村。

说韩琦

——一位被世人低估的贤相

黄新志

韩琦（1008—1075），字稚圭，相州（今河南安阳）人。北宋中期重臣，曾经辅佐宋仁宗、宋英宗和宋神宗三位皇帝，高居相位十年，死后谥忠献，著作有《安阳集》50 卷。韩琦是我们安阳的历史名人，现在安阳老城区东南营街还留存有韩王庙和昼锦堂。韩琦在北宋被称为"三朝元老、两朝顾命、定策元勋"。然而，关于韩琦个人的事迹，别说是其他人，就是我们安阳本地人也不是很了解。那么，韩琦究竟是怎样一个人？韩琦有哪些不为人知的历史故事？请听我细细道来。

一、说韩琦研究的现状

在大学学习历史期间，我们郑州大学郑永福教授就告诉我们，搞历史研究必须首先知道研究的行情，要弄清楚对于某段历史、某个人物，研究者已经研究到了哪个程度，接下来我先说一下韩琦的研究现状：

朱明堂、张寅训《北宋名相韩琦》（《中州今古》1990 年第 3 期）对韩琦一生的重要事迹如抵御西夏、参与庆历新政、为相三朝进行了重点介绍。

顾全芳《韩琦论》（《史学月刊》1991 年第 1 期）是一篇专门探讨韩琦的力作。

郭文佳、陈晓明《政绩卓著的北宋名臣韩琦》（《商丘师专学报》1999 年第 5 期）探讨了韩琦的仕途生涯。

郭文佳、彭学宝《从庆历新政和王安石变法看韩琦》（《殷都学刊》2000 年第 1 期）着重分析了韩琦在庆历新政中的任用以及韩琦由庆历新政的坚定支持者和参与者变为王安石变法的强烈反对者的原因。郭文佳

《论韩琦御夏战争中的贡献》（《信阳师范学院学报》2000 年第 2 期）考察了韩琦在御夏战争中的贡献。

郭琳《浅述韩琦的对夏策略》（《安徽师范大学学报》1999 年第 2 期）重点考察了韩琦根据宋夏形势的变化靠后提出的攻、守、和三策。

张尧均《韩琦三次"还乡"判相州及其与当时的政治权力关系》（《中州学刊》2000 年第 3 期）重点考察了韩琦三次判相州的前因后果及其守乡事迹，进而追索他后半生政治生涯的心态变迁旅程，并在此基础上简要地揭示了中国传统政治中屡见不鲜的"还乡"事件背后所隐含的复杂的政治权力关系。

王曾瑜《宋朝相州韩氏家族》（宋史网站）全面考察了相州韩氏家族在两宋的兴衰。

吕何生《宋庆龄的祖籍在安阳》（《中州今古》1994 年第 1 期）考察韩氏家族的演变。

刘彦军、魏文翠《韩琦与韩王庙》（《殷都学刊》2000 年第 1 期）也持相同观点，认为韩琦是宋庆龄的直系祖先。

卫世平《漫谈韩琦及其后代》（《中州今古》2002 年第 5 期）简要介绍了韩琦及其后人的事迹，重点比较了韩琦与韩侂胄的三个不同。

郭亚平《大漠弓刀话韩琦》（《安阳日报》2002 年 8 月 9 日）以流畅的文笔重点叙述了韩琦对西夏的攻策及好水川之战。

李之亮、徐正英《安阳集编年笺注》（巴蜀书社 2000 年 10 月出版）对《安阳集》做了系统、认真的文献整理工作，为学者进行韩琦研究提供了有利条件。

郭旭东《韩琦传略》（新华出版社 2003 年 8 月出版）是海内外第一部关于韩琦的传记，对韩琦的一生给予全面介绍与评价。

韩仲义、韩中清《三朝贤相韩琦》（中国文史出版社 2014 年 9 月出版）是具有文学色彩的韩琦传记。

以上研究者对韩琦研究都做出了自己的贡献，取得了各自的研究成果，但我们说，对于韩琦的研究仍处于起步阶段、不深入的阶段，还存在有关文献整理工作不够充分，有关论著偏少，论著质量有待提高，研究成果普及程度不够等问题。具体分述如下：

（1）有关文献整理工作不够充分

对有关韩琦的文献进行去粗取精、去伪存真、由此及彼、由表及里的鉴别考证工作，这是对韩琦这个历史人物进行研究的基础。李之亮先生、徐正英先生合著的《安阳集编年笺注》以及郭旭东先生主编的《韩琦传略》都对有关韩琦的文献整理工作做出了贡献，对以上几位先生的严谨治学精神我们深感钦佩。然而，韩琦的一生从中央到地方，从南方到北方，从政府到军队，牵涉地方多、部门多、人物多，这就为我们提供了一个收集、整理、研究有关韩琦的文献资料的思路。在韩琦的出生地、从政地、治军地一定会有关于韩琦的文献，我们应当对这些文献加以收集、整理和研究。

（2）有关论著偏少

韩琦是北宋中期朝廷的重臣，他出将入相，位极人臣，被称为三朝元老、两朝顾命、定策元勋，在北宋政治舞台上发挥过重大的作用。然而，以韩琦为研究对象的论著数目与韩琦在北宋历史上的历史贡献和历史地位是很不相称的。对韩琦的研究远远落后于同时期的包拯、王安石、司马光、范仲淹、欧阳修等人的研究。究其原因主要是宣传力度不够，普及程度较低。一部戏曲《铡美案》使包拯妇孺皆知，也激发起无数的历史研究者对包拯这个历史人物的研究兴趣。司马光的故事更是家喻户晓，老奶奶教孙儿的故事便是"司马光砸缸"。一篇《岳阳楼记》和一句"先天下之忧而忧，后天下之乐而乐"使范仲淹赢得了史学界和文学界的广泛赞誉。欧阳修则作为文坛领袖，唐宋八大家之一在文学界极受推崇。关于韩琦，则是另外一番景象，在历史研究领域，除宋史专家王曾瑜先生外，很少有学者问津，在中小学教材中，多年前曾经在小学语文五年级第九册第 10 课出现名为《欧阳修追字》的课文，对于宣传韩琦和昼锦堂有一定作用，后因文字错误还被删除。

（3）有关论著质量有待提高

总体来说，以韩琦为研究对象的高质量的文章并不多见，而且选题单一，观点缺乏新意，文章内容多叙述少论证。对于韩琦的研究应当设置新课题、开拓新视野，求广度、重深入。关于韩琦，史学界较少争议，且创新不足。相反，对于另一跟安阳有关的名人袁世凯，因存在争议而相关著述颇丰，有《中原鹿正肥：袁世凯的奋斗》《中国病人：袁世凯》《中国误会了袁世凯》《原来袁世凯》《黑白袁世凯》《牛人袁世凯》《袁世凯真相》《千秋功过袁世凯》《外国人眼中的中国人：袁世凯》《伤心的政治：袁世凯的宦海残局》等不胜枚举。其实，关于韩琦真的没有争议吗？原有的历史评价真的就是客观公正的吗？

（4）研究成果普及程度不够

关于韩琦的研究成果，没有能及时转化为人民群众喜闻乐见的文学艺术作品，既没有在民间广为传唱的戏曲，也没有影视剧作搬上银屏，更没有编入教材，进入课堂，使广大中小学生知晓。可以说，韩琦的研究成果仍局限于较小的学术研究领域，普及程度很低。我写的《说韩琦》已经在"新志讲历史"微信公众平台发布了十期，反响强烈。有人说我写的是历史，有人说我写的是文学作品，也有人说我写的是通俗演义。我想说的是，不管这部《说韩琦》是什么，我相信它的发布总会对普及韩琦相关知识起到一点点作用。

二、说韩琦的功绩

韩琦父亲韩国华，字光弼，是宋太宗太平兴国二年进士，后迁监察。宋太宗雍熙年间，奉朝廷之命出使高丽，不辱使命，成功完成了这次外交任务。宋太宗提升韩国华为右拾遗、直史馆、刊鼓司登闻院、三司开封推官。韩琦出生时，韩国华正在泉州知州任上。韩琦4岁时，韩国华被任命为右谏议大夫，在从泉州赴京途中卒于建阳驿馆。韩琦深受其父韩国华影响，一生功绩卓著。

（1）韩琦作为一名具有弹劾职权的谏官，对北宋中期吏治清明的贡献。

宋仁宗景祐三年（1036年），韩琦任右司谏，成为一名谏官。他忠心耿耿，直言劝谏，前后上疏70余次，提出了许多有关朝政得失、国家纲纪的议案，辨明了忠臣良吏、抨击了权贵奸佞。

最有名的一件事就是对当时的四名宰辅进行了连续的弹劾，并最终让他们被罢免。当时，王随与陈尧佐为宰相，韩亿与石中立为参知政事。这四人，参赞机要，位高职显，是皇帝身边最重要的辅佐。但是，他们四人却才德低下，众望不协，位居中枢而罕所建功，对此，朝廷上下议论纷纷。韩琦不畏权贵，挺身而出，在长达一年的时间里，接连十几次上疏揭发王随四人的过失，但均未被宋仁宗采纳。韩琦并不退缩，他历数王随等人缺乏长才远略、欺上瞒下、紊乱国家等失德非才之处，认为皇上没有任命合适的人来后任宰相，用王随这样的人担任宰相，不仅会使国内形成弛慢之风；外寇听到皇上用这些人，也会轻视国家的。韩琦的奏疏，义正词严，有理有据，一心为国家社稷江山着想。为促使皇上早下决心，也为了表明坦白襟怀，提议将他的奏章在中书省进行公示，委派御史台召集百官举行朝议讨论此事，以正其是非。在韩琦的一再坚持下，宋仁宗最终痛下决心，王随、陈尧佐、韩亿、石中立四人同日被罢。此事在《宋史》韩琦传以及家传等史料中均予以记载。韩琦也因此一鸣惊人，成为深孚众望的朝廷干臣。他的这种一心为国、不计私利、敢说敢为的精神和举动，被当时声望正隆的"天下第一正人"王曾盛赞。

（2）韩琦作为一名戍边重臣，对北宋中期国家安危的贡献。

韩琦作为一名戍边重臣，刚到陕西前线时，面对西夏进攻塞门、安远，北宋边关守将人人畏惧，竟然没有一个敢主动领兵前去援救塞门、安远守军。韩琦看到这一景象，知道欲让这些早已被西夏军队吓破胆的边关将士树立起信心一时半会儿是办不到的，要想打破一潭死水的局面，必须给陕西边关注入新鲜的血液。于是他向朝廷请求，希望让知越州（今浙江绍兴）的范仲淹前来陕西，担任守卫延州的重任。

范仲淹（989—1052），字希文，北宋著名的政治家、军事家和文学家。范仲淹到达陕西前先后，与韩琦齐心协力，共同戍边，遏制了西夏军队的进攻，宋夏边境恢复了平静的局面，由于二人戍边有功，被朝廷倚为长城，边关上也开始流传一首歌谣："军中有一韩，西贼闻之心胆寒；军中有一范，西贼闻之惊破胆。"

（3）韩琦作为一名庆历新政的主将，对北宋中期改革的贡献。

庆历新政是北宋开国以来第一次变革的尝试。尽管它历时甚短，仅两年而息，但其影响却不可低估。韩琦作为新政的倡导者和领导者之一，他在新政中的主张和作为自然值得关注。庆历新政发生在仁宗时期，并非偶然。其时，宋朝开国已八十余年，国家已出现了严重的积贫积弱局面。宋仁宗宝元二年（1039 年），天章阁待制、同判礼院宋祁上疏指出国家存在"三冗三费"之弊。"三冗"是:"天下有定,官无限员,一冗也;天下厢军不任战而耗衣食,二冗也;僧尼道士日益多而无定数,三冗也。""三费"是"道场斋醮"之费、"京师寺观"之费和"使相节度"之费。后来,苏辙将"三冗"概括为"冗吏"、"冗兵"和"冗费"。这三冗之弊已使朝廷财政陷入入不敷出、积重难返的境地。在这种思潮的驱使下,庆历新政拉开了序幕。韩琦在庆历新政中提出自己七条主要主张。(1)消政本。中书、枢密院决断大事。(2)念边事。"宜须未正方出,延此一时,以专论边。"(3)擢贤才。"宣仿退宗臣制,予文武臣中不次超擢,以试其能。"(4)备河北。选转运使二人,密授经略,责以岁月,营守御之备。(5)固河东。"宣资本道帅度险骚,建城堡,省转饷,为持久之计。"(6)收民心。"宜稍出金帛,以佐边用,民力可宽,而众心素矣。"(7)营洛邑。营建西京洛阳,防御西部敌人进犯。更难得的是韩琦在新政中不结党派,避开党争,使他在新政失败后也能从容求退;新政失败之际,他又竭力挽救,虽无结果,但他那种"不知有党,惟义是从"的气度给仁宗和同僚留下了深刻的印象,也为他后来再次崛起奠定了基础。

(4)韩琦作为一名北宋朝廷的救火队长,对理政地方的贡献。

韩琦担任地方官,一般情况下都是救火的苦差。他出镇西陲、抗御西夏;定州施政、深得民心;理政并州、爱民如子;好不容易回到家乡相州,短短几个月,因河北地震又移镇大名府,赈济灾民。可以说,韩琦作为地方官,他是为官一任,造福一方。

(5)韩琦作为两朝顾命、定策元勋,对仁宗、英宗、神宗三朝平稳过渡的贡献。

最能体现韩琦智慧的应当是韩琦作为朝廷重臣,确保了仁宗立储、调解两宫、濮议风波、辅佐神宗等重大事情的平稳,保证了北宋朝廷局面的稳定,显示出他处事稳健的风格。

宋仁宗曾经有过三个儿子,但都早亡,晚年又时常生病。此时皇嗣未定,朝中人心惶惶,大臣们纷纷进言,劝仁宗早立皇嗣以固根本,但仁宗不表态,拖了五六年。"立储"是封建王朝的一件大事,后来宰相韩琦怀揣《汉书·孔光传》见仁宗皇帝,重提立储之事,劝年事渐高的仁宗从宗室中挑选一个贤能之人，又与曾公亮、欧阳修等人极力劝说，仁宗终于决定立堂兄濮安懿王赵允让之子宗实（后赐名赵曙）为皇太子。后仁宗驾崩，赵曙继位，是为英宗，韩琦仍为宰相。可惜英宗皇帝继位没几天就犯了病，一会儿清醒，一会儿糊涂，语无伦次、狂奔乱走，用今天的话说是得了精神分裂症。英宗皇帝生病无法料理朝政，群臣请曹太后垂帘听政。宋英宗犯病时经常打骂身边的人，这些人有怨言，就去太后那儿说英宗的坏话，造成皇帝和太后关系紧张。宰相韩琦两边劝解，缓和两宫矛盾，解决了政治危机。后来英宗康复了，而已然习惯垂帘听政的曹太后却迟迟不肯还政。韩琦又力劝太后归政于皇帝。

英宗即大位的时候，涉及追赠生父濮安懿王的封号问题。英宗下诏两制（中书门下，翰林院）并诸位学士、待制、礼官等，就濮安懿王的封赠详加讨论。于是，针对英宗生父的名分或称谓展开了一场持续十八个月的论战，这就是北宋史上有名的"濮议"之争。这场争论的焦点是，英宗应该如何称呼他的生父赵允让？以韩琦、欧阳修为首的宰执们认为，赵允让是英宗的父亲，英宗理应称其为皇考（已故父亲）。而以司马光、王珪为首的两制官员则认为，濮王于仁宗为兄，英宗应称其为皇伯考（已故伯父）；他们主张英宗称其父为伯父。甚至有大臣说如何称呼濮王，关系到国家兴亡。很长一段时间，围绕已故濮王的名分议论纷纷，英宗心里当然倾向于称皇考，但眼见两派唇枪舌剑，针锋相对，充满火药味，只好决定暂缓讨论此事。韩琦意识到，要想扭转被动的局面，曹太后的态度是关键，就去做曹太后的工作，有了太后的权威认可，最终事情总算搞定了。现在看来，这一场"濮议"之争，完全是小题大做。皇帝给生父什么名分，果真是关系到国家兴亡的大事么？答案是否定的。毫无疑问，一个国家的兴亡关键取决于治理体系与治理能力，与君主怎样称呼其生父并无关联。韩琦正是看到这一点，设身处地为国家考虑，为皇帝着想，不想这件事牵扯皇帝的心力，由此耽误治国理政大事，那就得不偿失了。但英宗赵曙在位仅四年，三十六岁就驾崩了，"维稳"大任再次落在韩琦肩上。英宗驾崩，使臣急召太子，太子未到，想不到英宗手脚竟然又动了一下，使臣要停召太子，韩琦在侧当机立断——"如先帝复生，就是太上皇"。危机瞬间得以化解，皇帝父子名分确立。不过英宗只是动了一下，并没活过来。神宗顺利即位，神宗称韩琦为"佐命元老，两朝顾托"，这又是宋代历史上前所未有的事了。

三、说韩琦与王安石变法

在韩琦与王安石变法的问题上，最具权威的工具书《辞海》上有这样一句话"王安石变法，他屡次上疏反对，与司马光、富弼等同为保守派首脑"。韩琦为什么反对王安石变法？他真的是政治上的保守派吗？说到这儿，我们需要先说一说这王安石是怎样一个人，王安石变法的历史真相是什么。

王安石是我国北宋时期著名的政治家，也是历史上最有争议的人物。他在北宋神宗时期，针对当时社会中存在的土地占有和赋役不均、冗兵冗员冗费以及军队涣散与战斗力低下等问题主持变法。后因多种原因变法失败。

宋真宗天禧五年（1021 年），王安石生于临江军府治维崧堂，其父王益当时是临江君判官。宋仁宗庆历二年（1042 年），王安石考中进士，当年秋天即签书淮南判官。淮南府治在扬州，当时韩琦知扬州，王安石签书淮南判官，即做韩琦的幕僚。

宋英宗治平四年（1067 年）正月，宋英宗崩，神宗即位。王安石抱着改革的希望来到京城，到达京城后即向宋神宗和盘托出自己的改革思想和方案，这就是效尧舜、破末俗、立法度。

宋神宗熙宁二年（1069 年）春二月，宋神宗以王安石为参知政事。在宋代的官职中，参知政事虽是副宰相，但其权位并不亚于宰相，可以与宰相轮班知印，同升政事堂。王安石又深得宋神宗信任，故在事实上，其职权远远比任宰相的富弼重要。王安石任参知政事后即着手实行改革。他首先创设了制置三司条例司，议行新法；熙宁二年（1069 年）七月，立淮、浙、江、湖六路均输法；九月，颁行青苗法；十一月，颁行农田水利法；熙宁三年十二月，又立保甲法。以后，又相继推出贡举法、免役法、市易法、方田均税法等。宋神宗熙宁三年（1070 年）十二月，宋神宗任命王安石为同中书门下平章事，可见神宗对他的倚重。

变法的争论焦点：

第一，关于制置三司条例司的争论。中书门下平章事陈升之、枢密使文彦博、谏议大夫、参知政事赵抃、御史吕公著、御史吕诲、侍御史刘述、侍御史知杂事陈襄、苏轼、司马光反对，为此，陈升之称疾归卧逾十旬，御史吕诲罗织王安石十大罪状，称其"大奸似忠，大诈似信"。

第二，关于青苗法的争论。宋神宗熙宁三年（1070 年），河北安抚使韩琦上疏言散青苗钱是"官自放钱取息，与初诏相违"时，宋神宗袖其疏对执政说：韩琦是忠臣，虽在外，犹不忘王室。我开始认为青苗钱可以利民，想不到竟这样坑害民户！

第三，关于免役法的争论。苏轼、苏辙、司马光、杨绘、刘挚激烈反对。王安石布置检正中书五房公事、同判司农寺曾布出面，作《十难》加以反驳。

第四，关于保甲法的争论。司马光作《乞罢保甲法》，神宗动摇。

第五，关于市易法的争论。枢密使文彦博激烈反对，神宗动摇不定。我们先来看王安石同时代人对王安石的评价。与王安石同为唐宋八大家之一的曾巩认为王安石"勇于有为，吝与改过"，反对王安石变法。曾巩与王安石有姻亲关系。曾巩祖父的姐妹曾夫人是王安石夫人的祖母。但政治上的不同见解，并不妨碍他们之间保持着深厚的友谊。

王安石与司马光是熙宁变法与反变法两派的最重要的代表人物，在对现实政治的看法问题上，司马光认为不可轻易变法，他反对王安石说："且治天下，譬如居室，弊则修之，非大坏不更造也。大坏而更造，非得良匠美材不成。今二者皆无有，臣恐风雨之不庇也。"熙宁初年，他给王安石连写三信，指责王安石侵官、生事、征利、拒谏。侵官是说王安石立制置三司条例司，侵夺三司使等部门的职权；生事是指变法惹是生非，纷扰天下；征利是指王安石新法侵夺天下之利，聚天下之财；拒谏则指王安石不听劝谏意见，一意孤行。

以韩琦反对青苗法而认定韩琦就是保守派的说法有失公允，以韩琦反对王安石变法中的侵害农民利益的做法而认定韩琦代表大地主大官僚的利益更属于无稽之谈。而韩琦与王安石之间的争论也是君子之争，在韩琦死后，王安石写下挽词"心期自与众人殊，骨相知浅非丈夫""两朝身与国安危，典策哀荣此一时"高度赞扬了韩琦的人品和功绩。

四、说韩琦的贤能

韩琦文武兼备。他出为良将，在军中威名赫赫；他入为贤相，在朝中举足轻重。苏轼称赞韩琦"忠言嘉谟，效于当世，而文采表于后世；死生穷达，不易其操，而道德高于古人"。他自己则说："为人臣者尽力以事其君，死生以之，顾事之是非如何耳！至于成败，天也，岂可预忧其不成遂辍不为哉！"

作为三朝贤相的韩琦，之所以有彪炳史册的功绩，皆因有源远流长、一脉相承的优良的家规家训家风。

韩琦先祖是战国时期的晋国名将韩献子，远祖韩胐曾做过忻州司户参军（掌管户籍、赋税、仓库充纳等事务的官员），高祖韩昌辞做过县令，祖父韩构做过北宋太子中充（掌管礼俗的长官），父亲韩国华做过右拾遗、直史馆、刊鼓司登闻院、三司开封推官司、太常少卿、右谏议大夫。

韩氏家族一门显赫，在显赫的同时非常注重家规、家训、家风的建设，到了韩琦这一代，总结韩氏家族的家规、家训、家风，终于形成《韩魏公立身格言》《韩魏公正家格言》《韩氏家训》等家风名篇。

《韩魏公立身格言》内容包括事父母、报君恩、睦亲邻等诸多方面，也反映了韩琦的立身理念，如"做福莫先避罪，止谤不如自修""以恕己之心恕人，则交全；以责人之心责己，则过寡""语文和婉，虽大事能消人之愤；议论错愕虽小事能致人之谦""戒愤怒，破远害关头；避酒色，得养身要务"。

《韩魏公正家格言》从"治家早起"说起，谈到了服饰、和睦、产业、师友、气量、教子、内外事等方方面面，对于韩氏家族树立正直风气起到了规范作用，于我们今天弘扬社会主义核心价值观，传承优良家风仍有着巨大的现实意义。

《韩氏家训》则从"和宗亲、明人伦、崇祭祀、崇学业、供税役、谨婚娶、行周恤、别互混、扶患难、辨异端"等十个方面对家族成员提出了要求，使得韩氏家族成员的行为受到家训的规范。

五、说韩王庙和昼锦堂

韩王庙始建于北宋熙宁年间，是安阳（古称相州）人为纪念韩琦的丰功伟绩而建的古建筑群。北宋熙宁初年，韩琦告老还乡，治理相州，不到半年，河北地震，发生水灾，朝廷又命韩琦为河北安抚使，移镇大名府。相州人非常思念他，于是在昼锦坊韩琦故居修建韩琦生祠，即韩魏公祠。金代贞祐年间生祠毁于战火，元代成宗大德二年（1298 年），后人仍于原生祠旧址建庙设像，改为韩魏王新庙，俗称韩王庙，明清两代均曾修葺。清光绪二十七年（1901 年）慈禧太后与光绪皇帝由西安路过安阳，拜谒韩王庙，分别题匾"器博道宏""适时济物"。

昼锦堂始建于北宋，原址在安阳老城县东街路北。宋仁宗至和年间，韩琦以武康军节度使的职务荣知相州时，请来能工巧匠，对相州衙门进行了修缮。他在衙门后扩建了"康乐园"，还把园中最主要的建筑取名为"昼锦堂"。依据《史记·项羽本纪》和《汉书·项籍传》"富贵不归故乡，如衣锦夜行"之反意而取堂命。当时昼锦堂园内红墙绿瓦，古柏参天，绿柳红花，环境优雅。大文豪欧阳修亲自撰写了《相州昼锦堂记》，赞颂韩琦："至于临大事，决大议，垂绅正笏，不动声色，而措天下于泰山之安，可谓社稷之臣矣！"此外韩琦还修建了"醉白堂"，大文学家苏轼曾写《醉白堂记》以示赞颂。昼锦堂建成后文人墨客慕名会来，谈诗论文，昼锦堂遂驰名天下。

写作《相州昼锦堂记》这篇文章时，韩琦任宰相，欧阳修在翰林院供职。魏国公韩琦是以武康节度使回老家任职的，是富贵而归故乡。因此，他修建了"昼锦堂"，但他志向远大，轻富贵，不以昼锦为荣，并刻诗言志。欧阳修对此十分推崇，因此，欧阳修"乐公之志有成，而喜为天下道也"，写下了此文。

欧阳修（1007—1072），字永叔，号醉翁，晚号"六一居士"，吉州永丰（现江西省吉安市永丰县）人。北宋政治家、文学家、史学家，与韩愈、柳宗元、苏轼、苏洵、苏辙、王安石、曾巩合称为"唐宋八大家"，后人又将其与韩愈、柳宗元、苏轼合称为"千古文章四大家"。

《相州昼锦堂记》开篇先写："仕宦而至将相，富贵而归故乡。此人情之所荣，而今昔之所同也。"说做官做到将相，富贵之后返回故乡，这从人情上说是光荣的，从古到今都是这样啊。接着写道："盖士方穷时，困厄闾里，庸人孺子，皆得易而侮之。若季子不礼于其嫂，买臣见弃于其妻。一旦高车驷马，旗旄导前，而骑卒拥后，夹道之人，相与骈肩累迹，瞻望咨嗟；而所谓庸夫愚妇者，奔走骇汗，羞愧俯伏，以自悔罪于车尘马足之间。此一介之士，得志于当时，而意气之盛，昔人比之衣锦之荣者也。"感慨士人在仕途不通的时候，困居乡里，那些平庸之辈甚至小孩，都能够轻视欺侮他。就像苏季子不被他的嫂嫂以礼相待，朱买臣被他的妻子嫌弃一样。可是一旦达官显贵，那些庸夫愚妇一面俯首请罪，一面懊悔嗟叹，而春风得意的一介之士则趾高气扬。这就是过去人们常说的衣锦还乡，然后作者笔锋一转"惟大丞相魏国公则不然"，作者简要介绍了魏国公的身世经历后着重说明了做将相，得富贵，都是韩琦平素就应有的，但只有恩及百姓，功在国家才是魏国公的大志所在，而士人们也把这些寄希望于他。

从这篇《相州昼锦堂记》我们可以看出魏国公韩琦是一个什么样的人？韩琦认为以计较恩仇为快事、以沽名钓誉而自豪的行为是可耻的，不把前人所夸耀的"衣锦还乡"当作光荣，却以此为鉴。欧阳修赞誉他，把天下国家置放得如泰山般的安稳，可称得上是国家重臣。通过对魏国公的反复赞叹，充分表达出作者对魏国公的敬佩之情。

六、说对韩琦的评价

《道德经》上说："明道若昧，进道若退，夷道若纇，上德若谷，大白若辱，广德若不足，建德若偷，质真若渝，大方无隅，大器晚成，大音希声，大象无形。"用今天的话说就是：明白易懂的道理反而好像难以理解，促人上进的道理反而好像引人后退，容易做到的道理反而好像难以施行，最崇高的品质反而好像什么也没有，最洁白的颜色反而好像黑暗的，广大宽容的品德反而好像不充足，能够有所建树的品德反而好像不厚道，品质纯真反而好像变化无常，最大的方形反而没有棱角，最大的器物总是最后完成，最大的声音反而无声，最大的形象反而无形。

什么意思呢？讲个故事就明白了。有一次魏文王问扁鹊："你们兄弟三人谁的医术最高？"扁鹊说："我大哥最高，二哥次之，我最差。"魏文王说："能说说为什么吗？"扁鹊说："是这样的：我大哥治病只要看看病人的脸色，病还没有表现出来就把病给治了，所以他的名声出不了家门。我二哥在病人稍有不适的时候就给治好了，所以他的名声出不了巷子。而我看病只能等病重之时，用针灸、有汤灌、用药敷，所以我的名声传遍了各诸侯国。"

我感觉对于韩琦的评价，用《道德经》上的这段话非常合适。韩琦就是这样一个大音希声、大象无形的人。他出身名门，少年得志；他初涉仕途，直言善谏；他守卫边关，屡建奇功；他改革弊政，图新求强；他理政地方，造福百姓；他忧国忧民，鞠躬尽瘁。他的一生出将入相，可谓文能治国，武能安邦；他的一生道德文章，可谓德被后世，造福家乡。

韩琦，一位被世人低估的贤相，一位安阳人不能忘记的贤相，一位我们应当大张旗鼓宣传的贤相！

附录三

▰▰▰ 韩琦的历史功绩 ▰▰▰

——纪念韩琦诞辰 1010 周年研讨会专题报告

黄新志

尊敬的各位领导、各位专家、海内外韩氏宗亲：

大家上午好！刚才北京师范大学游彪教授做了《形象塑造：宋代士大夫的历史书写》以及《家族史的建构：宋朝士人阶层追寻的精神家园》的报告，商丘师范学院郭文佳教授做了《政绩卓著的北宋名臣韩琦》的报告，河北大学宋史研究中心丁建军教授做了《宋代韩琦家族墓地考》的报告，安阳师范学院符海朝教授做了《试析宋代相州韩氏家族的家风》的报告。

以上大学教授的报告高屋建瓴，既研究问题又提出预测，比如游教授和丁教授对韩琦家族墓地出土文物的预测。那么，一个中学历史教师的报告，它的作用是什么呢？我想中学历史教师报告的作用应当是普及！就在昨天布置韩琦文化研讨会会场时，一位工人师傅看到了我们研讨会的标语，他说他是戏曲爱好者，他说你们搞的这个研讨会题目中的韩琦是不是戏曲《秦香莲》中的那个韩琦？我说此韩琦非彼韩琦，你说的是捕快韩琦，而这里研讨会的韩琦是北宋贤相韩琦。这反映出我们对韩琦的宣传和普及工作任重而道远，而中学历史教师的责任就是普及！

今天我报告的题目是《韩琦的历史功绩》。韩琦（1008—1075），相州（今河南安阳）人，北宋中期重臣，曾经辅佐宋仁宗、宋英宗和宋神宗三位皇帝，高居相位十年，死后谥忠献，著作有《安阳集》50 卷。韩琦是我们安阳的历史名人，目前，在安阳老城区东南营街还留存有韩王庙和昼锦堂。韩琦在北宋被称为"三朝元老、两朝顾命、定策元勋"。

我认为一个严肃的报告首先要有严肃的概念，要谈韩琦的历史功绩，首先应当明确功绩以及历史功绩的概念。功绩指功业与劳绩，历史功绩指历史人物推动历史发展的功业与劳绩。那么，韩琦的历史功绩就应当是指历史人物韩琦推动历史发展的功业与劳绩。

概念明确了，下一个问题就是确定标准，哪些可以算作推动历史发展的功业与劳绩呢？我想至少应当包括以下诸项：推动生产力的发展；澄清吏治、巩固统治基础；稳定社会秩序；抵御外敌入侵；积极倡导改革；繁荣文化事业。当然，这些项目很可能还有很多。

依据这些标准，我们来看韩琦，在推动生产力的发展方面，他安抚四川赈济灾民；在澄清吏治、巩固统治基础方面，他直言善谏，具有谏臣本色；在抵御外敌入侵方面，韩琦和范仲淹并称北宋长城，成功扼制了西夏对北宋的进攻；在稳定社会秩序方面，他是两朝顾命、定策元勋，确保了宋仁宗、宋英宗和宋神宗权力的平稳过渡；在积极倡导改革方面，积极稳健殊途同归，他既是庆历新政的主将，又在王安石变法中以稳健著称，反对变法中损害中下层民众的行为；在繁荣文化事业方面，他著作等身流传后世，在保存档案和文学创作方面都做出了历史的贡献。

宋仁宗康定元年（1040年），四川发生饥荒。当时的韩琦担任审刑院知院事的职务，用今天的话说，相当于最高检察院检察长，正在尽职尽责地处理法律监督的工作。在他接到皇帝诏令后，担任了四川体量安抚使的职务，不辞劳苦，克服了蜀道难难于上青天的困难，进入四川赈济灾民。到达灾区之后，他一改往年救灾传统，发布檄令，公开允许四川饥民出关向东逃荒就食，以确保饥民寻食活命。这在当时是需要极大的政治勇气的！韩琦以极大的政治勇气做出这样的举动，由此反映出他的的确确是站在百姓立场上来考虑问题的，百姓生命大于天！由于他赈济灾民的措施有效，活饥民190余万人，使得四川迅速恢复生产，推动了社会生产力的发展，这毫无疑问是韩琦的历史功绩。

韩琦作为谏官，对北宋中期吏治清明做出突出的贡献。宋仁宗景祐年间（1034—1038）同中书门下平章事（宰相）王随、陈尧佐、参知政事（副宰相）韩亿、石中立四位宰相尸位素餐，用今天话说就是懒政、殆政！韩琦在长达一年的时间里连续上疏皇帝要求罢免这四位宰相，宋仁宗终于接受韩琦的建议，在一天之内罢免了四位宰相，当时的韩琦只有二十九岁。他的直言善谏体现了一位忠贞之士的谏臣本色，为北宋王朝在澄清吏治、巩固统治基础方面具有历史功绩。

韩琦作为一名戍边重臣，对北宋中期国家安危做出了贡献。他与范仲淹一同抵御西夏入侵，当时夏国主元昊带领骑兵屡犯北宋边疆，在三川口、好水川以及渭川战役中北宋均遭失败。韩琦到达边疆，采取措施，成功地扼制了西夏军队的进攻，边塞上流传"军中有一韩，西贼闻之心骨寒；军中有一范，西贼闻之惊破胆"的歌谣。虽然今天有学者指出，这是北宋军队中宣传部门的夸大，但我认为，韩琦成功扼制西夏进攻势头是事实，成功奇袭白豹城是事实，关于这个问题可以进行深入研究。无论如何，韩琦在抵御外敌入侵、保护中原农耕文明这个问题上是有历史功绩的。

韩琦作为两朝顾命、定策元勋，对仁宗、英宗、神宗三朝平稳过渡的贡献。当宋仁宗的后宫为他生出十三位公主而无皇子时，韩琦能够成功劝谏仁宗皇帝过继堂兄赵允让之子为皇子，当宋英宗身患精神分裂症时能够成功让曹太后垂帘听政，而且能够在英宗皇帝病愈后成功劝说曹太后撤帘归政，这一点十分了不起。历史上，唐太宗李世民为了皇位可以杀死自己兄弟；宋太宗赵光义为了皇帝可以使宋太祖赵匡胤的死成为千古谜案，虽然历史学家都不说赵匡胤是怎么死的，其实我们大家心里都明白；大明王朝明英宗朱祁镇在土木堡被瓦剌军队俘获之后，那位景泰皇帝开始死活不干皇帝这个职务，结果当了皇帝之后立刻中了皇权的毒，不但自己要连任，还要谋求自己的儿子继任。结果历史上演了一幕幕悲剧。我们往往能考到危机出现时解决危机的历史人物的功绩，却往往看不到化危机于无形的历史人物的功绩。但是我们看到的是，由于韩琦做宰相，他让曹太后坐偏殿垂帘听政，后又能够劝说太后撤帘，确保了权力的平稳交接而避免了血雨腥风。作为两朝顾命定策元勋，在宋仁宗、宋英宗和宋神宗权力的平稳过渡问题上，韩琦无疑是有历史功绩的。

在对待改革问题上，韩琦作为一名庆历新政的主将，对北宋中期的改革多有贡献。他在庆历新政中提出消政本、念边事、擢贤才、备河北、固河东、收民心、营洛邑等行之有效的措施。只是由于新政触犯既得利益阶层的利益遭到他们"朋党"的污蔑，而大文豪欧阳修又不知回避此

附录三 韩琦的历史功绩

问题，反而高调地承认改革派就是朋党，触犯了皇家利益，使得仁宗皇帝心存猜忌，这才使得新政失败。正如宋史研究专家王曾瑜先生所说，庆历新政失败是由于触动了北宋皇族的家法。

在对待王安石变法问题上，有一个问题需要澄清。那就是伟大革命导师列宁对王安石的那句"王安石是中国十一世纪的改革家"的评价，使得在 20 世纪 80 年代以来王安石变法的地位被抬得很高，于是凡是反对王安石变法的人都被戴上了保守派的帽子。其实，这里面有一个很深的误解。

宋史研究者梅毅把这个误解说得很清楚："其实，列宁对于王安石到底是谁，估计也不甚了解，而列宁'夸奖'王安石的一句话，原本出自这位伟大导师的一篇文章的小注，文章全名是《修改工人政党的土地纲领》。在此文中，列宁对当时俄国社会民主工党的第二类土地意见表示怀疑：'俄国社会民主工党的土地纲领应当要求没收地主土地，但不应当要求任何形式的土地国有。'紧接这段文字的括号里，列宁加上一句：'持这种意见的大概有芬恩同志，可能还有普列汉诺夫同志，虽然他的意见不明确。'紧接着，列宁大力赞许俄国农民对地主土地所有制的反抗，竭力支持第四类意见：'在一定政治条件下实行土地国有。'列宁毕竟是知识分子出身，在阐述完自己的观点后，他又在上述言论后引出小注放在文章后面，对于普列汉诺夫的'意见'，列宁在注释里写道：'普列汉诺夫同志在《日志》第五期中警告俄国不要重蹈王安石的覆辙。'紧挨这句话，列宁还加一个括号，括号里面才是被断章取义引用的话：'王安石是中国十一世纪的改革家。'纵观之，这句话只是说明意义的文字，并非赞语或评定语，国人只取半句，完全是生吞活剥。"

王安石变法没有土地国有化的内容，可见列宁对王安石并不了解。在权威辞书《辞海》中对韩琦的解释中有这样的话语："王安石变法，他屡次上疏反对，与司马光、富弼等同为保守派首脑。"那么，反对王安石变法的韩琦真的是保守派吗？

在这里，我要说的是王安石和韩琦之间存在误会，王安石认为韩琦是在反对变法，其实韩琦只是反对走了样的、损害了民众利益的变法措施，他并不反对变法本身。熙宁三年（1070 年），河北安抚使韩琦上疏言散青苗钱是"官自放钱取息，与初诏相违"时，宋神宗袖其疏对执政说："韩琦是忠臣，虽在外，犹不忘王室。我开始认为青苗钱可以利民，想不到竟这样坑害民户！"当青苗法演变成强行摊派，并且城市居民也要向官府贷青苗钱时，韩琦反对这样的措施，不是很正常吗？其余的反对王安石变法措施的言论由于时间关系我在这里不再赘述。

韩琦对王安石也有误会，这种误会就是韩琦认为这样祸国殃民的措施就是王安石的变法。有人说王安石变法是一个人的改革，那么为什么像韩琦、司马光这样的人不能与王安石站在同一条战线上呢？为什么在王安石这位改革家身边却聚集了一批唯利是图的小人呢？韩琦等人是封建社会标准的知识分子，思想中的观念是"君子喻于义，小人喻于利"，而王安石变法恰恰是只在经济领域改革。他所设置的机构制置三司条例司只是一个北宋王朝经济体制改革委员会，这场改革的目的仅仅局限在富国，而敛财的技术性改革恰恰使得王安石很难取得韩琦、司马光这些朝廷重臣的支持，这也是思想观念的根本不同而导致的历史悲剧。

改革家分为两种，一种是现世的改革家，他的观念有前瞻性而且能够被世人所理解；另一种是来世的改革家，这种改革家的思想远远超越了他所生活的那个时代，只被未来的人所理解，王安石恰恰就是一位这样的改革家，他的改革措施即使用今天的眼光去审视也不落后，可惜他的思想不能被当时的世人所理解。

在改革问题上，韩琦是庆历新政的主将，积极参与改革，在王安石变法中韩琦的行为却呈现出稳健的时代特征，他不是保守派。

在繁荣文化事业方面，韩琦著作等身流传后世，在保存档案和文学创作方面都做出了历史的贡献。他的《谏垣存稿》为保存北宋时期的大量奏章档案做出了突出的贡献，他的大量文学诗歌被保存在《安阳集》中，只是我个人认为在这些文学作品中缺乏具有代表性的、让普通百姓朗朗上口的作品，这也是韩琦历史功绩很大而知名度不如范仲淹的原因。

韩氏家族一门显赫，在显赫的同时非常注重家规、家训、家风的建设，到了韩琦这一代，他总结韩氏家族的家规、家训、家风，终于形成《韩魏公立身格言》《韩魏公正家格言》《韩氏家训》等家风名篇。我喜欢用《道德经》的语言来评价韩琦："明道若昧，进道若退，夷道若纇，上德若谷，大白若辱，广德若不足，建德若偷，质真若渝，大方无隅，大器晚成，大音希声，大象无形。"韩琦，他做事果断，沉着冷静；设身处地，以诚待人；有勇有谋，讲究策略；扶人之危，胆识过人；勤劳国事，不畏权贵；宽厚待人，器量非凡；总揽全局，公忠体国。

韩琦，一位被世人低估的贤相，一位安阳人不能忘记的贤相，一位我们应当大张旗鼓宣传的贤相！

附录四

乾隆皇帝眼中的安阳人韩琦

黄新志

刚刚热播结束的电视剧《清平乐》中，有一位英俊潇洒、气宇轩昂、风度翩翩、仪表堂堂的安阳人，他具有经天纬地之才，治国安邦之志，心系百姓疾苦，关注国家安危，他就是北宋三朝贤相韩琦。

可以说，《清平乐》这部电视剧的热播，在一定程度上，让人们对韩琦这位被世人低估的贤相有了一些了解。今后或许很少有人再将这位北宋时期的重要历史人物与京剧《铡美案》中的那位同姓名的捕快相混淆了。

同样是英俊潇洒、气宇轩昂的乾隆皇帝，对韩琦这位北宋名臣的历史功绩赞不绝口。在乾隆十五年（公元 1750 年）巡视安阳期间，乾隆皇帝一连写下《韩琦论》《韩魏公赞》和《谕祭宋臣韩琦墓文》三篇文章，字里行间透露着对安阳人韩琦的景仰之情。

韩琦论

夫为人臣者，当国家清夷之际，进言纳谏，理国致治，固一代名臣也。然值主幼时难之日，而能不动声色，措天下于泰山之安者，则又所谓国之柱石栋梁。非具经济之才，学问智勇迥出流辈者不能。韩魏公两定大计，辅相英宗，调护两宫，处之裕如。天下以治，岂非国之柱石栋梁，而天下倚赖以安者哉？及神宗即位，出之于外，然未尝顷刻有忘君父之心。故青苗之法，琦极论其病民；辽使之来，琦上言处置之方，最为曲尽，诚可谓古大臣矣！当仁宗中年，虽君子道长，而小人时或并用。及嘉祐以后，专任魏公，朝廷清明，天下乐业。英宗即位，又用之不疑。君子在朝，用臻至治。故用贤人者必使小人无以间之，然后疑贰之心不生，而向用之念弥笃也。

作为臣子，当国家平安之时，劝谏和辅佐皇上，使国家达到大治的状态，固然是一代名臣所应当做到的。但是当皇帝年幼、国家有难之时，而能处理政务从容不迫，把江山社稷放置得像泰山一样安稳，这才是所说的国家柱石栋梁呀。没有经世济民之才、学问智勇超群，是做不到的。魏国公韩琦辅佐了三朝皇帝，扶立了两位皇帝，辅佐英宗皇帝时，调处皇帝和太后的关系，使他们的关系和谐，宽裕从容，天下安定，政治清明，这不就是堪称国之柱石栋梁，而天下臣民可以依赖的大臣吗？到神宗即位，韩琦外出靖边，仍一刻也没有丢掉忠君爱国之心。王安石变法所实施的"青苗法"，韩琦极力反对，认为对百姓不利。辽国使者来谈判，韩琦向皇帝进献非常详尽的对策。仁宗皇帝中年以后，虽然皇帝执政施以正道，但小人也偶尔被任用，嘉祐年后，仁宗皇帝非常信任韩琦，施以重任。英宗也是用之不疑，朝政清明，百姓安居乐业。因此皇帝任用贤臣，一定不能让小人挑拨离间，不能有贰心与疑义，这样君对臣的信用才会更加深厚坚定。

人们往往可以轻易发现在危难之际英雄人物的历史功绩，而对处于治世状态下英雄人物的历史功绩却容易忽略。比如，"受任于败军之际，奉命于危难之间"的诸葛亮，又如"壮志饥餐胡虏肉，笑谈渴饮匈奴血"的岳飞，他们都是在显性危机出现之时挺身而出，一个挽狂澜于既倒，成为千古名相；一个扶大厦于将倾，成为万世名将。对于韩琦，这位处于北宋中期的宰相，身处于隐性危机之中，却能措天下于泰山之安，从而成为国之柱石、社稷栋梁，却很少有人论及。

乾隆皇帝却有一双慧眼，他敏锐地发现安阳人韩琦对北宋王朝的巨大贡献。在《韩琦论》这篇文章中，乾隆皇帝对韩琦的主要功绩进行了简要的回顾：韩琦进言纳谏，是一代名臣；韩琦在主幼时难之日，而能不动声色，措天下于泰山之安，是国之柱石、栋梁之材；韩琦扶立两帝，功在社稷；韩琦辅相英宗，调护两宫，顺利完成了北宋王朝由仁宗向英宗、由英宗向神宗的权力和平交接，避免了朝野动荡；韩琦反对青苗之法病民之甚，心系百姓；韩琦从容应对辽使，处置妥当，有古代大臣的风范。所以，乾隆皇帝发出了"故用贤人者必使小人无以间之，然后疑贰之心不生，而向用之念弥笃也"的感慨。

如果说《韩琦论》只是简要回顾了韩魏公一生的功绩，那么，《韩魏公赞》一诗则充满了对韩琦的赞美。

韩魏公赞

奕奕相州，维天之中。孕祉毓灵，间气所钟。爰生魏公，金坚玉润。相厥明时，辅成景运。弱冠登第，律见嘉祥。云辉日下，五色呈光。大材不器，小用亦效。西夏寒心，两宫谐孝。齐范笃富，宏展经纶。临事决疑，正笏垂绅。皎皎易污，峣峣易缺。维公德量，山崇海阔。材既轶世，学亦通方。光辉事业，灿烂文章。肫然而仁，毅然而醇。猗欤魏公，古之名臣。

生机勃勃的相州，地处天下之中。福祉孕育灵秀，英雄间世而出。魏公故里便在此地，您心志坚定，外貌光洁润泽。在政治清明的时代，辅助君王成就国运。您在二十岁时考中进士，唱名之时就出现了祥瑞。日下出现祥云，五彩斑斓。您具有统揽全局的大才，但这也没有妨碍您独当一面。"军中有一韩，西贼闻之心胆寒"，这是您镇守边疆的功业，协调皇帝和太后和谐相处，这是您处理朝政的功劳。您与范仲淹、富弼齐名，开创庆历新政，大展经纶之才。面临大事的时候懂得决断，恭敬地拿着朝笏，垂下衣带的末端，一身正气，庄重至极！品行高洁如玉石之白者，最容易受到污损，性情刚直卓尔不群的人，往往容易横遭非议。唯有您的品德雅量，像崇山那样的高峻，像海洋那样辽阔。您的才华充满天下，您的学问贯通古今八方。您创立了光辉事业，写就了灿烂文章。您诚恳真挚近于仁，意志坚定虑忠纯。美哉魏公，盛哉魏公，您真是千古名臣！

写下一文一诗之后，乾隆皇帝意犹未尽，又写下《谕祭宋臣韩琦墓文》，以表达对韩琦的景仰之情。

谕祭宋臣韩琦墓文

惟尔德器，恢宏勋庸。炳焕早年，唱第祥征。捧日之云，前席陈谟。凤具回天之力，匡扶社稷。扬光训于两朝，润泽生民。活遗黎者百万，处危疑而不惧。操心则纯粹以精献，臣子所难言秉节，则直方而大树。嘉祐、治平之伟绩，纪在太常。建泾源秦凤之威名，胆寒西寇。朕省方豫省道出相州，缅昼锦之遗堂，过安阳之故里，星还箕尾，感枥马以皆鸣。灵毓山河，抚陇松而如在，爰修秩祀，用遣专官。神如有知。尚其歆格。

您的德行和器量，造就了您显赫的功勋。在您鲜明华丽的早年，就考中进士，唱名之时出现五色祥云。您作为捧日之云，君王辅臣，欲更接近君王而移坐向前，陈述您那深谋远虑的策略计谋。您素有回天之力，往往在危机时刻能匡扶社稷。将仁宗皇帝的训示发扬光大于英宗和神宗两朝，从而惠及百姓民众。您赈济四川灾民，活川中难民一百九十余万，您身处西北边陲却临危不惧。您为国操劳，殚精竭虑，秉持臣子节操，刚正方直而为国士树立了典范。您在嘉祐、治平年间的丰功伟绩已经记录在宗庙之中。您担任经略安抚副使时，令西夏胆寒，在泾源路和秦凤路树立了威名。朕巡视相州，来到您的故里安阳，在昼锦堂前缅怀您。感念相星陨落之时的万马齐鸣。相州安阳，人杰地灵，灵毓山河，松涛如在。我写下如此文字，派遣专门的官员传颂。神灵如果有知，也请来享受祭品的味道。

乾隆皇帝的三篇文字，句式或长短不一，或对仗工整，然而却都是以赞颂韩魏公韩琦的历史功绩为主线。三篇文字语言丰富，史实佐证，说理充分，感情真挚，让我们感受到这位大清国的帝王对韩琦这位北宋名相的景仰之情，也让我们看到了乾隆皇帝眼中安阳人韩琦的伟岸身影。

附录五

《韩氏家训》全译

黄新志　译

和宗亲：受姓同宗，共木本水源之义。将今推古，合支分渐衍之宜。视之如一，勿等涂人，致贱者而疏，贵者而亲。凡出南阳之裔，皆吾血脉之亲，勿使乖争，咸当和睦。

注释

宗亲：同宗的亲属。

渐衍：生息繁衍。

涂人：路人、陌生人。

乖争：纷争的意思。

咸当：全应当，都应当。

译文

和宗亲：同一姓氏的同宗亲属，共同拥有树木根本和流水源头的大义。我们以今天宗亲的现状来推测古代，就知道合乎同姓亲属生息繁衍的发展规律。我们对同宗的亲属应当一视同仁，切不要把他们当作路人或陌生人看待，以致对待贫贱者就疏远，对待尊贵者就亲近。凡是来自南阳的后裔，都是我韩氏的血脉亲属，不要与他们产生纷争，都应当和睦相处。

明人伦：气同一本，亲亲之意无殊。派衍万支，代代相承不紊。在宗庙则左昭右穆；序班行，则先尊后卑。造有别之嘉，惟犯伦之戒，凡吾族属，明此经常。

注释

人伦：中国古代指人与人之间的关系，特指长幼尊卑之间的关系和应遵守的行为准则。如君臣、父子、夫妇、兄弟、朋友间的关系。

宗庙：①古代帝王、诸侯祭祀祖宗的地方。②指王室、朝廷。

左昭右穆：昭穆是我国古代的宗法制度，指宗庙、墓地或神主的辈次排列。古人在室内座次以东向为上，其次才是南向、北向和西向。故以始祖居中，东向；二世、四世、六世位于始祖的左方，朝南，称昭；三世、五世、七世位于右方，朝北，称穆。简而言之，昭穆就是宗庙、坟地和神主的左右位次，左为昭，右为穆，故亦称左昭右穆制。

班行：泛指行辈、行列。

嘉：吉庆、幸福。

惟：希望。

译文

明人伦：精神气质来源于同样的本源，亲近亲属的情意没有什么特殊的。家族生息繁衍的支系一代一代毫不紊乱地传承。在朝廷上采取的是左昭右穆的制度，在家族中遵循的是先尊后卑的礼仪。营造男女有别的吉庆秩序，希望作为违背人伦言行的警诫。凡是我韩氏宗族的亲属，应当经常地将此人伦之义明了于心。

崇祭祀：人本乎祖，犹万物之本乎天。孝生之心，贵一诚之生于念。勿修骏奔之虚文，当尽荐祭之实意。苟洞洞如不胜，自洋洋乎在上，崇兹典礼，兵尔燕毛。

注释

祭祀：置备供品对神佛或祖先行礼，表示崇敬并祈求保佑祀神供祖的仪式。

骏奔：急速奔走。

虚文：没有意义的礼节。

洞洞：恭敬诚恳的样子。

洋洋：形容盛大众多。

典礼：郑重举行的仪式。

兵尔：兵，通"宾"，宾客。

燕毛：燕，通"宴"，宴饮。古代祭祀后宴饮时，以须发的颜色区别长幼的座次，须发白年长者居上位。毛，须发。

崇祭祀：每个人都是来源于祖先，就像万物来源于天地一样。孝的理念生于人的内心，贵在信念中的真诚。不要去搞那些没有意义的礼节，倒是应当在祭祀之时具有崇敬祖先的真情实意。恭敬诚恳不胜惶恐，就像祖先就在头上或在左右，崇尚这郑重举行的祭祀仪式，祭祀后宴饮时，以须发的颜色区别长幼的座次。

崇学业：人民有道，贤愚勿使于逸居，气禀不齐，礼乐实资于教化。东阁之开是效，义方之训当崇。子孙多列于青衿，公卿常出于白屋。惟立家塾，首择规模。

注释

逸居：安居。

气禀：气质禀赋。

东阁之开：《汉书·公孙弘传》记载，汉朝人公孙弘，每少时为狱吏，后升为丞相，封平津侯。他开东阁招览天下贤士，俸禄所入，尽给宾客。后人作为吟咏丞相招揽人才的典故。

义方之训：《左传·隐公三年》："臣闻爱子，教之以义方，弗纳于邪，骄奢淫泆，所自邪也。"汉·蔡邕《司徒袁公夫人马氏碑》："义方之训，如川之流。"

青衿：穿青色衣服的人，借指学子。

公卿：原指三公九卿，后泛指朝廷中的高级官员。

白屋：古代平民所居的房屋，借指平民或寒士。

家塾：家塾，古代显贵家族在家庭中设置的学校。

译文

崇学业：人类生活的规律是吃饱、穿暖、安居而没有教育，便和禽兽相近了，导致气质禀赋不能向贤者看齐，礼乐对于教育人们是十分有用的。应当效法汉朝人公孙弘开东阁招揽人才的做法，崇尚古代的义方之训。应当教育子孙多读书，因为三公九卿这些朝廷中的高级官员，多出于读书的平民或寒士。在家庭中设置的学校，首先要考虑的是学校的规模大小，要让家塾发挥教育子孙的作用。

供税役：韩廷有贲，四民荷抚字之恩，亿兆上供，九土有终事之义。

既颇获暖衣饱食，宜乐完夏税秋租。兼承技术之流，减竭涓埃之报。输编徭役，用殚厥心。

注释

四民：古代中国对平民职业的基本分工，指士（读书人）、农、工、商。

韩廷：韩氏家族。

荷：背负、负担。

贲：本义指装饰，引申指华美，有光彩，装饰得很好。

抚字：①抚养。②对百姓的安抚体恤。

亿兆：①极言其数之多。②指庶民百姓。犹言众庶万民。

上供：唐宋均称地方上交朝廷的赋税为上供。

九土：九州的土地。

减竭：指减少，枯竭，也指衰竭。

涓埃之报：比喻微小略尽涓埃之力。涓是细流，埃为轻尘。

徭役：包括力役、杂役、军役等，是中国古代统治者强迫平民从事的无偿劳动。古代，凡国家无偿征调各阶层人民所从事的劳务活动，皆称为徭役，包括力役和兵役两部分。

用殚厥心：竭尽心力。

译文

供税役：韩氏家族高贵华美光彩照人，家族中的士农工商都受到了朝廷的安抚抚恤，作为庶民百姓的家族成员，应当积极向朝廷缴纳赋税。既然获得了暖衣饱食的权利，就要向朝廷尽夏税秋租的义务。兼职承揽工程技术的人，要减少缴纳赋税，但也要为朝廷略尽涓埃之力。在对待国家徭役的事情上，要竭尽心力。

谨婚娶：阴阳作合，结婚宜择手贤良。男女姻缘，婚娶喜叶其配偶。惟聘媒以文定，勿贪利而求财。效一村两姓之贤，合三族六亲之美。昭昭不紊，世世其昌。

注释

阴阳作合：郎才女貌，天作地合很般配。

结婚：结成婚姻。

贤良：有德行才能的人。

叶：和洽，常指声音的调谐。

聘媒：旧时名称，旧时男婚女嫁皆由家长包办，通媒结亲，即所谓"父母之命，媒妁之言"。

文定：指文定之喜，订婚。民间大都仍对于订婚这一传统礼俗郑而重之，婚姻不仅仅是两个人的事，同时也是两个家族的结合，透过订婚这样一个仪式无疑可以促进两个家族间的初步认识。对于经由媒妁的男女，订婚更具意义与必要性。

昭昭：明白；清楚。

译文

谨婚娶：郎才女貌，天作地合很般配的婚姻，应当选择有德行才能的人作为配偶。男女的婚配，应当情投意合夫唱妇随，和谐融洽。"父母之命，媒妁之言"应当以订婚的形式确定下来，不要以贪财求利的思想对待婚姻。选择两个家族的贤良之人，促成美满的婚姻形成。只有这样才能明白清楚，有条不紊，永葆家族代代昌盛。

行周恤：族无大小，分门别户之难齐。家有贫富，为学且耕之不一。或孤茕而莫振，致衣食以艰难，惟出吾囊囊之余，以助此饥寒之辈，行兹族义，保我族黎。

注释

周恤：周济，怜恤；同情别人，并给予物质的帮助。

孤茕：孤独，无依无靠。

黎：众多。

译文

行周恤：家族无论大小，分门别户的生活，生活条件难以整齐划一。家庭条件有贫有富，有读书的，有耕田的，家境状况也不一样。有孤独无依无靠，家庭难以振兴，致使衣食艰难的，我们应当仗义疏财，把自己的余财贡献出来周济家族中的饥寒之人，施行这种韩氏家族的大义，永葆我韩氏家族多子多福、永远昌盛。

别互混：本同一姓，居分南北西东。北在四方，相隔高低远近。切念今坟古墓，更兼旧址亲基。或看管偶有未齐，恐混争之虞莫测。若互混相竞，当辨实分明。

注释

别互混：区别家族辈分，理清家族谱系。

切念：渴想，急切想念。

译文

别互混：韩氏家族本是一姓，分居在南北西东四面八方。北方的韩姓成员居于核心，家族成员之间远隔千山万水。家族成员急切想念祖先坟墓，遥望韩氏姓氏源头。如有祖先坟墓看管不周或家族谱系失散，恐有家族内部辈分混乱，相互纷争，应当辨别实际情况，做到分明无误。

扶患难：共党同宗，正属相关于休戚。扶危救难，均期义举于族间。或横逆之妄加，并灾殃之倏至，若相视等余秦越，岂宗系于出于渊源？幸念宗盟，以教族谊。

注释

共党：同一个亲族。

同宗：同属一个家族。

休戚：喜乐和忧虑，幸福与祸患。亦泛指有利的和不利的遭遇。

间：①里巷的门。②里巷；邻里。③古代二十五家为一间。

横逆：强暴无理的举动。

秦越：春秋时两个国家，一南一北相距很远，不大往来。后比喻两方疏远。

族谊：家族内的交情。

译文

扶患难：天下韩氏同属于一个宗族，正可谓是喜乐和忧虑、幸福与祸患都在一起。扶危救难是家族内部的义举。如果家族内部的成员有无妄之灾，其他的人却等闲视之，这就像秦国和越国一样，只能导致双方关系疏远。还能说韩氏家族是同处于一个渊源的宗系吗？希望韩氏家族成员时时顾念同宗盟约，从而使家族内部的交情永远深厚。

辨异端：冠婚丧祭礼，当效于文公。工贾士农，心勿迷于佛老。若行祝荐修庆之事，岂无靡费烦冗之劳。宜敦厚于蒸尝，以遵导于里俗。但崇正道，勿惑异端。

异端：正统者对异己的思想、理论的称呼。

冠：弱冠，古代男子二十岁为成人，进入二十岁后要行加冠礼，因二十岁的年纪身体尚未强壮，故名。后泛指男子二十岁左右的年龄。

婚：结婚，男女缔结婚姻的行为。

丧：丧葬，对死者的处理方式。主要包括安葬、殡仪、举哀等。

祭：祭祀，祭祀是指以线香、水或肉类等供品向神灵、圣徒或者亡魂奉献、祈祷的一种信仰活动，源于天地和谐共生的信仰理念。它是华夏礼典的一部分，也意为敬神、求神和祭拜祖先。

文公：晋文公（即重耳，前 697—前 628），姬姓，晋献公之子，母亲为狐姬，春秋五霸之一，与齐桓公并称"齐桓晋文"。

佛老：佛，佛祖释迦牟尼；老，老子，道家学派创始人，后被尊奉为道教始祖。

靡费：浪费。

烦冗：①也作繁冗。②事情繁杂，头绪多。

敦厚：指脾气温和性情憨厚，忠厚。

蒸尝：本指秋冬二祭。后泛指祭祀。

里俗：乡里风俗。

译文

辨异端：弱冠、结婚、丧葬、祭祀的礼仪，都应当效法晋文公。工商士农，无论哪一个社会阶层，都不应当沉迷于佛教和道教。如果大操大办祝福庆典之事，怎么能没有奢侈浪费和烦冗的劳累呢？应当在秋冬二祭中培养温和忠厚的性格，行为遵循乡里的风俗。做人要崇尚正道，不要被异端所迷惑。

▰▰▰ 《韩魏公立身格言》全译 ▰▰▰

黄新志　译

事父母，需顺性推情，胜如死后追荐；优兄弟，当相爱相敬，勿听耳边勾唆。

译文：侍奉父母，需要让自己性格柔顺，以真情对待父母，这远胜于在父母去世之后的追思和祭祀；对待兄弟，应当互相友爱互相尊敬，不要听从他人在耳边对兄弟关系的挑唆。

报君恩，宜竭忠尽敬；裕国内，在节用而爱民。

译文：上报君主的皇恩，应当尽忠报国、尽敬报君；要使国家财政充裕，应当节俭财政支出、爱民如子。

宗亲邻里实意和谐，乃徵谦让之风；穷亲故旧倍加用情，始见义气之厚。

译文：宗亲邻里之间应当诚心实意和谐相处，这是在倡导谦让的风气；对贫穷的亲戚和原有的旧友倍加用情，才真正地体现了义气的深厚。

择师傅以训子孙，祀祖先而申诚敬。

译文：选择师傅是为了教育子孙，祭祀祖先是为了申明诚敬。

以恕己之心恕人，则交全；以责人之心责己，则过寡。

译文：用宽恕自己的心态来宽恕别人，则交友便显得十全十美；用责备别人的心态来责备自己，则自己的过失就会很少。

意宜凛持法纪，行求可质神明。

译文：心中的意念要严肃地秉持国家的法纪，外在的行为要可以在神明前对质。

语言和婉，虽大事能消人之愤；议论错愕，虽小事能致人之谦。

译文：语言和顺委婉，虽然遇到大事也可以消除他人的义愤；议论让人仓促间感到惊愕，虽然是小事也会使人产生嫌隙。

戒忿怒，破远害关头；避酒色，得养身要务。

译文：戒除愤怒，才能破除灾害的源头；远避酒色，才能得到养生的真谛。

欲断他非先自正，喜人规谏方知过。

译文：想要断绝他人的非分之想和非分之行，需要自身正直无邪；善于接受他人的规劝和谏言才能知道自己的过失。

言行拟之古人则德进，功名付之天命则心闲。

译文：言行与古人相比才能使道德情操上进，把功名利禄放于天地之间才能使心态安闲。

怒气方盛，不可发书接言；富贵初来，切戒傲物纵志。

译文：怒气处于鼎盛之时，不要写回信回答他人的提问；初次得到富贵之时，切忌目中无人放纵心志。

修身莫若谨，避强莫若顺。

译文：修身养性不如自我严谨，回避强人不如柔顺和谐。

知止当自除妄想，安贫当自禁邪凡。

译文：要知道什么时候应当停止，就要自我消除痴心妄想的欲望；要安贫乐道就要自我禁止凡俗邪念。

悖情逆理，祈福不灵；时乖运蹇，枉求何济。

译文：违背情理上逆天理，就会导致祈福也不会灵验的局面；时运不好，枉费心机地去求取，又有什么用呢？

遇大事确有主张，不可惊慌；临小节反要持重，毋得轻忽。

译文：遇到大事要坚定地有自己的主张，不可以惊慌；遇到琐碎的小事反倒要慎重不浮躁，不得轻视而疏忽。

不自重者取辱，不自畏者招灾。

译文：不懂得自我珍重的人会自取其辱，不懂得敬畏内心的人一定会招来灾祸。

贪忌辈损人利己，切不可效；奸淫人伤风败行，誓不可交。

译文：性情贪婪嫉妒的人会损人利己，切不可效仿学习；好色奸淫的人伤风败俗，绝不可交往。

快心之事，不可且做；临人之危，急需解救。

译文：大快人心之事暂且不要去做；遇到他人处于危急时刻，就要立刻去解救。

受恩必报，施恩莫问。

译文：受到他人的恩惠，一定要给予报答；施舍于他人的恩惠，则不要再去询问。

己善惟隐，人善当扬。

译文：自己的善行善举应当隐藏，他人的善行善举应当赞扬。

周人急，悯人苦，均系作福；劝人养，息人讼，乃是修行。

译文：周济他人的困难，怜悯他人的痛苦，都是在积累自己的福报；规劝他人赡养老人，停息他人的诉讼纠纷，则是自己的修行。

博览广识见，寡交少是非。

译文：博览群书就会增长见识，减少交往就会减少许多是非。

悯人饥渴劳苦，禁己助强欺弱。

译文：怜悯他人的饥渴劳苦，禁止自己帮助强者欺负弱者。

结新知不若敦旧好，施新惠不如还旧债。

译文：结交新朋友不如诚恳地与旧友保持友好的关系，施舍新的恩惠不如归还往日的旧债。

与人斗胜，大损于己；自炫己长，见笑于人。

译文：与他人争强斗胜，则会使自己受到大的损失；自己炫耀自己的长处，就会被他人取笑。

亲敬尊长，远离恶少。

译文：靠近并尊敬地位或辈分比自己高的人，远离那些品行恶劣的年轻无赖。

毋以小嫌而疏致戚，毋以新怨而忘旧恩。

译文：不要以微小的嫌隙而导致亲戚之间的疏远，不要以刚刚结下的怨恨而忘却了彼此之间的旧恩。

人有阴事，虽仇家不可道破；己有邪心，即浓时需知割断。

译文：他人有隐秘不可告人的事情，虽然是仇家也不可以说破；自己有邪恶之心，在程度很深之时也要隔断。

不自满者受益，不自是者博闻。

译文：不骄傲自满的人会得到好处，不自以为是的人会增长见闻。

动中要有静思想，闲时须做忙工夫。

译文：繁忙之中要有安静的思想，闲暇之时一定要下忙碌的功夫。

爱身如执玉，养心似擎珠。

译文：爱惜自己的身体就像手捧玉器，保养内心就像手托着珍珠。

心头不善，念经无用；取财不当，布施无工。

译文：心头没有善念，即使常念佛经也没有任何作用；用不正当的方法取财，即使经常把财物施舍给别人，也没有功德。

莫施满帆风，休做两截人；谨记有益语，罔谈非理事。

译文：不要施展夸夸其谈的本领把话说得很满，不要做言行不一之人；要谨记对我们有益的话语，不要谈论不合情理的事情。

作事尽心，勿负任托之重；约信如期，斯慰悬望之心。

译文：做事情要尽心，不要辜负了托付任务之人的重托；对于约定要如期到达或完成，要让悬望之心得到慰藉。

惠不在多，在乎得济；怨不在大，在乎伤心。

译文：恩惠不在于很多，而在于得到了好处；怨恨不在于有多大，而在于伤心的程度。

退一步前路逾宽，紧一分到头难解。

译文：遇事忍让，退让一步前途会更加宽阔；对他人逼迫得越紧，到最后反而难以解脱。

做福莫先避罪，止谤不如自修。

译文：要为自己造福，首先不要逃避罪责；要想制止他人对自己的诽谤，不如加强自身修养。

身不结官为贵，事非亲见莫言。

译文：不结交官员方显气质高贵，没有看到事情真相不要随意评论。

受宠凛若朝时露，失意譬如草上风。

译文：受宠就像早上的露水瞬间消散，失意好比草上的劲风一吹而过。

来问婚姻事，非赞成则推不知；向我诉曲直，非劝解则当和美。

译文：来问有关婚姻的大事情，如果自己不赞成这桩婚姻就要推脱自己不了解事情的原委；向我诉说事情的是非曲直，如果自己不能劝解对方就要想方设法达到和美的效果。

禁人网禽毒鱼，止人食牛嗜犬。

译文：要禁止他人用网捕捉飞禽，用毒药毒死鱼类；要禁止他人以牛为食以狗为肉。

嫖者痴迷所至，岂知金尽不相容，所以旷达者不为其愚也；赌者贪婪所使，总之赢输均无赖，所以廉明者痛绝其事也。

译文：嫖娼的人是痴迷于女色，他们岂能不知道散尽家财也不能与妓女相互融洽的道理吗？所以旷达之人绝对不会去做这样愚蠢的事情；好赌的人是对财物的贪婪，不管输赢终究是无赖之人，所以廉明的人对这样的事情是深恶痛绝的。

《韩魏公正家格言》全译

黄新志 译

治家早起，百务自然舒展；纵乐夜归，凡事恐有疏虞。

译文：治理庞大的家族需要早早起床，众多的事务才能开展得自然有序；纵情享乐到了深夜才归来，家族中的事务恐怕就会有疏忽失误的地方。

服饰切弗奢华，作贱绫罗；饮食务从菲薄，免伤物命。

译文：身上穿的服饰切记不要奢华，太多奢华就会糟蹋绫罗绸缎；饮食的质量一定要依据最低标准，免得糟蹋了粮食。

一室同心，则兴隆有望；满门和气，将福祉必臻。

译文：家族成员之间同心协力，则家族兴隆必有希望；家族成员之间和睦相处，则家族福祉必然达到美好的境地。

皇粮及时完纳，省追呼之忧；产业务图方圆，息争竞之端。

译文：皇粮供赋及时缴纳完毕，才能省去追逼呼唤的忧虑；发展产业一定要外圆内方，才能平息竞相争夺的事端。

远三姑六婆，可免败乱之风；近正人师友，自有模范之益。

注释：

三姑：尼姑、道姑、卦姑（占卦的）。

六婆：牙婆（以介绍人口买卖为业从中取利的妇女）、媒婆、师婆（女巫）、虔婆（鸨母）、药婆（给人治病的妇女）、稳婆（以接生为业的妇女）。

译文：远离三姑六婆这些不务正业的妇女，可以免除败坏扰乱家族的风气形成；接近正直的师友，自然会有学习模范的好处。

置器勿求新巧，行事具由古朴。

译文：置办器具不要只讲究新奇精巧，做事应当具备质朴而有古风。

用好银，平斗称，果报有日；做邪戏，听淫辞，惑乱必生。

译文：使用成色较好的银两，用平斗称量，公平买卖一定会有良好的果报；故意做不正当的行为，听骄奢淫逸的辞令，必然会生出祸乱。

量宽足以容众，身先自能率人。

译文：器量宽广足以能够容下众人，身先士卒自然能够统率众人。

势交者近，势败而忘；财交者密，财尽而疏。

译文：身份地位有交集的人自然亲近，身份地位衰败的人自然会被他人忘却；有财产来往的人自然亲密，财产用尽关系自然疏远。

教子婴儿，质全而易化；训妇初来，志一而可约。

译文：教育孩子应当从婴儿的时候就开始，这时小孩子的本质纯朴容易被教化；教育儿媳应当在她刚刚结婚入门之时，这时她的想法单一容易被规范。

先人遗业，当思创始之艰；身自操家，须念守成不易。

译文：面对祖先遗留下来的产业，应当追思祖先创业的艰难；自己亲自操持家务，一定要常念保持前人创下的成就和业绩的不容易。

应世要愚巧随时，居家须聋哑几分。

译文：顺应时代的发展，需要愚钝灵巧因时而变；居家过日子却必须睁一只眼闭一只眼有几分聋哑之态。

积玉积金，何如积阴德以耀后；传子传孙，贵乎传清白以光前。

译文：积攒美玉和金银，不如积累阴德以光耀后世；传给子孙财富，不如传承清白家风以光耀门庭。

于苦作福，其福最大；于福作罪，其罪不轻。

译文：在贫苦之中仍尽力行善，则所获福祉最大；生活幸福反而为非作歹，则罪恶深重。

拒下搬唆，骨肉不致伤疏；役人器使，任事必然周致。

译文：拒绝他人搬弄是非从中挑唆，便会使骨肉之间不至互相伤害而关系疏远；供役使的人应当量才使用，那么处理事情便会周到细致。

无畜俊仆艳婢，不办戏剧行头。

译文：家中不要畜养英俊的奴仆和妖艳的奴婢，不要采办供戏剧表演的行头。

妻虽贤不可使与外事，仆虽能不可使于内事。

译文：妻子即使有贤德，也不应让她参与家庭外部的事。奴仆即使有才干，也不能让他介入家庭内部的事。

闺门行止，不可少离父母；幼妇举动，最忌烧香玩景。

译文：要教育女孩子严守闺门，不可以在年少时远离父母；幼儿和妇女的举动，最忌讳的是烧香拜佛赏玩美景。

丰祭祀，尤宜薄自奉；斋僧道，不如饭房族。

译文：祭祀祖先应当隆重，尤其应当减少自身生活享用的费用；为僧人和道士提供斋饭，不如供养近支宗亲。

攀援势利休望扶持，寂守孤寒终受荣华。

译文：攀附权贵的势利小人，不要指望能够得到扶持，甘愿坚守孤独和贫寒的人，终究会享受到荣华富贵。

物物有命，戒杀当坚；人人有气，宽厚自福。

译文：世间万物都有生命，戒除杀生的意念应当坚定；人人皆有脾气秉性，待人宽厚自然得到幸福。

鄙啬之极，必生奢男；厚德之至，定产佳儿。

译文：若男人自私或吝啬，生的孩子，肯定奢侈，消耗其财。乐善好施、孝亲敬祖的人厚道，其所生的孩子，一定心地光明，富有智慧，待人亲和，富贵无限。

大婢早出，亦当婚配；得人豪奴，急逐无留。

译文：年龄大的婢女应当早早送出，好让她结婚成家；遇到强悍狡點的奴仆，应当立即将他驱逐，不要挽留。

放纵坏事，仇结发而偏好恶，良心已丧，岂能独享；喜贪得而作牛马，用意已迷，焉能自逸。

译文：放纵自己去做坏事，仇视结发妻子而偏爱自己喜好的女子，这样的人良心已经丧失，又岂能独自享受幸福的生活？因贪得无厌而去做牛做马，其做人的宗旨已经迷失，又怎么能自我安逸呢？

每宴会不可作虐以酒令，凡交接切勿犯人之所忌。

译文：每逢宴会之时不可以用酒令达到作恶的目的，凡是与他人交往切勿做别人所忌讳的事情。

言行必诚必敬，孤寡宜恤宜矜。

译文：言行应当诚信恭敬，对待孤寡之人应当怜悯救济。

作贱五谷，非有奇祸，必有奇穷；爱惜字纸，若不显荣，亦当延寿。

译文：糟蹋粮食，如果没有遭受飞来横祸，就一定会贫困受穷。爱惜纸张，不但能飞黄腾达，也能延长寿命。

痴人畏妇，贤妇敬夫。

译文：痴傻之人比较怕老婆，而贤惠的女人都比较敬重自己的丈夫。

报应念及子孙，则心平；受享虑及灾危，则用约。

译文：因果报应，考虑子孙福祸，就会办事公正；口体之事，考虑疾病袭来，就会俭朴节省。

今生事，前生因，何须怨怼；后世因，今生作，不必远求。

译文：今生的事情是由于前世的原因导致的，又何必怨恨呢？后世事情的原因是今生的作为，不必远求未来的结果。

产女淹没，何等忍心害理；逢人结拜，不过贪谋要结。

译文：生下女儿便将其放在水中终结其生命，怎么能如此忍心伤天害理呢？逢人就结拜为弟兄，不过是出于贪心权谋罢了。

离间骨肉，阴谴必加；颠倒是非，鬼神所忌。

译文：离间骨肉亲情，冥冥之中一定会受到责罚；颠倒是非黑白，就连鬼神也忌讳这种行为。

少者悯其志短，老者惜其力衰。

译文：对待年少的人，我们忧虑他们没有远大志向；对待年老的人，我们惋惜他们没有强健的体魄。

广置宠妾，一生多有疾病；不喜闲事，终朝可以安逸。

译文：广纳妻妾，就会导致一生中多有疾病；不喜欢管闲事，每天就可以生活得很安逸。

家中无畜猛犬，天井多列水缸。

译文：家里不要饲养凶猛的狗，天井院中应当多放水缸。

每闻纺织声，不闻妇人音。

译文：每当听到纺纱织布的声音，却听不到妇女说话闲谈的声音。

家庭不可延妓畜少，儿孙无令游手好闲。

译文：家庭中不可畜养歌妓和恶少，更不能让自己的儿孙游手好闲。

戒酒后语，忌食时嗔。

译文：切戒酒后乱说话，忌讳在吃东西的时候发怒。

造桥修路，功德浩大；舍棺施茶，阴骘无量。

译文：建造桥梁铺修道路，功德浩大；施舍棺椁布施茶汤，阴德无量。

寒天量力给衣，荒年更宜舍粥。

译文：数九寒天要根据自己的能力提供给贫苦之人棉衣，饥荒之年更需要向挨饿之人施舍汤粥。

速施乞化者，便其多求访。

译文：应当快速地给乞讨者和化缘者施舍，以方便他们能向更多的人乞讨和化缘。

还财物者，济其失陷。

译文：对待归还财物的人，应当救济他财物上的损失。

住居择其仁善之里，嫁娶察其厚德之家。

译文：居住之地应当选择仁义善良的人来做邻居，出嫁女儿迎娶儿媳应当了解对方家庭是否崇尚道德明白事理。

宽严并济，义方中自有雍和；教养失宜，骄纵家必多忤逆。

译文：采用宽严相济的教育方法，在讲授的规范和道理中自然会达到融洽和睦的境界；教育抚养子女失去正确的方法，对子女骄纵的家庭必然会出现许多不孝顺和叛逆的事情。

不以小善而勿为，不以小恶而勿戒。

译文：不要因为小的好事就不去做，也不要因为小的坏事就不去戒除。

保养延寿，死生不在命也；挽回造化，富贵岂在天乎。

译文：注重保养会延年益寿，死生都与天命无关；自然界有自身发展繁衍的功能，富贵难道是由天命注定的吗？

主要参考文献

【汉】班固撰，【唐】颜师古注：《汉书》，中华书局，1962 年。

【宋】程卓等修编：《泉州府志》。

【宋】窦仪等：《宋刑统》，中华书局，1984 年。

【宋】范仲淹：《范文正公文集》，《古逸丛书三编》本，中华书局，1984 年。

【宋】范仲淹：《范文正奏议》，《景印文渊阁四库全书》第四二七册，台湾商务印书馆，1986 年。

【宋】韩琦撰：《安阳集》，《景印文渊阁四库全书》第一〇八九册，台湾商务印书馆，1986 年。

【宋】韩琦撰：《韩魏公集》，商务印书馆，1936 年。

【宋】洪迈撰，孔凡礼点校：《容斋随笔》，中华书局，2005 年。

【宋】李清臣撰：《韩忠献公琦行状》。

【宋】李焘：《续资治通鉴长编》，中华书局，1995 年。

【宋】孟元老等：《东京梦华录（外四种）》，古典文学出版社，1957 年。

【宋】孟元老撰，伊永文笺注：《东京梦华录笺注》，中华书局，2006 年。

【宋】欧阳修，李逸安点校：《欧阳修全集》，中华书局，2001 年。

【宋】司马光撰，邓广铭、张希清点校：《涑水记闻》，中华书局，1989 年。

【宋】司马光撰，李文泽、霞绍辉点校：《司马光集》，四川大学出版社，2010 年。

【宋】苏轼撰，孔凡礼点校：《苏轼文集》，中华书局，1986 年。

【宋】王安石：《临川先生文集》，中华书局，1959 年。

【宋】佚名撰：《韩魏公家传》。

【元】脱脱等：《宋史》，中华书局，1977 年。

【明】崔铣撰：嘉靖《彰德府志》。

【清】安维峻、杨效杰点校:《谏垣存稿》，甘肃人民出版社，1991 年。

【清】李有棠编撰：《辽史纪事本末》，辽海出版社，2011 年。

【清】卢淞撰：乾隆五十二年《彰德府志》。

【清】张鉴编：《西夏纪事本末》，辽海出版社，2011 年。

白钢主编：《中国政治制度通史》，社会科学文献出版社，2011 年。

陈光主编：《中国历代帝王年号手册》，北京燕山出版社，2000 年。

管锡华译著：《尔雅》，中华书局，2014 年。

郭旭东主编：《韩琦传略》，新华出版社，2003 年。

韩仲义、韩中清撰：《三朝贤相韩琦》，2014 年。

胡平生、张萌译著：《礼记》，中华书局，2018 年。

李之亮、徐正英：《安阳集编年笺注》，巴蜀书社，2000 年。

林语堂撰：《苏东坡传》，百花文艺出版社，2000 年。

吴钧撰：《宋仁宗 共治时代》，广西师范大学出版社，2020 年。

朱瑞熙、张邦炜撰：《宋辽西夏金社会生活史》，中国社会科学出版社，1998 年。

《湘南韩氏宗谱》

顾全芳：《韩琦论》，《史学月刊》1991 年第 1 期。

郭琳：《浅述韩琦的对夏策略》，《安徽师范大学学报》1999 年第 2 期。

郭文佳、陈晓明：《政绩卓著的北宋名臣韩琦》，《商丘师专学报》1999 年第 5 期。

郭文佳、彭学宝：《从庆历新政和王安石变法看韩琦》，《殷都学刊》2000 年第 1 期。

郭文佳：《论韩琦御夏战争中的贡献》，《信阳师范学院学报》2000 年第 2 期。

郭亚平：《大漠弓刀话韩琦》，《安阳日报》2002 年 8 月 9 日。

刘彦军、魏文翠：《韩琦与韩王庙》，《殷都学刊》2000 年第 1 期。

吕何生：《宋庆龄的祖籍在安阳》，《中州今古》1994 年第 1 期。

王曾瑜：《宋朝相州韩氏家族》，宋史网站。

卫世平：《漫谈韩琦及其后代》，《中州今古》2002 年第 5 期。

张尧均：《韩琦三次"还乡"判相州及其与当时的政治权力关系》，《中州学刊》2000 年第 3 期。

朱明堂、张寅训：《北宋名相韩琦》，《中州今古》1990 年第 3 期。

后　记

　　我对北宋三朝贤相韩琦的仰慕之情由来已久。我家住在河南安阳彰德古城南一道街 11 号院，距离东南营街的韩王庙昼锦堂很近。韩王庙就是纪念北宋宰相韩琦的韩魏公祠，昼锦堂则是北宋名相韩琦于至和二年（1055 年）以武康军节度使治理相州时修建的一座厅堂。年幼时我经常听父亲讲述韩琦抵御西夏的故事，儿时的记忆总是深刻，这种记忆会影响到人的一生。

　　初中时我就读于安阳市第五中学，当时的第五中学被东南营街分为南院和北院。南院是五中的教学区，北院是五中的教职工住宅区，连接南院和北院的是一座砖混结构的天桥，这座天桥成为当时五中的标志性建筑。五中的北院原本是昼锦堂所在地，北院中的四棵参天古槐是北宋三朝贤相韩琦亲手所种，树干粗大，两人伸开双臂都难以合抱，枝叶茂密的古槐长年累月地陪伴着学校中辛勤的教育工作者。

　　我初中第一任语文教师是教育家姚文俊先生之子姚晓峰老师，姚老师那时刚从安阳师专中文系毕业。他在教授我们语文知识的同时，带领我们创办了一份名为《昼锦》的油印报纸，姚老师也经常给我们讲述北宋名相韩琦的事迹。

　　我初中第二任语文教师是时任五中教务处主任的田国梁先生，后来他担任过安阳市第七中学校长。田老师讲到范仲淹《岳阳楼记》这篇课文时，也讲到过韩琦的丰功伟绩。有段时间田老师出差，便由他的同事丰耀华先生来代课。丰耀华先生在讲述《岳阳楼记》时兴致很高，由范仲淹讲到韩琦、口若悬河、滔滔不绝。从中，我们感受到他为安阳曾出现韩琦这样的杰出人物的自豪。《岳阳楼记》授课完毕，他仍意犹未尽，特意为我们讲述了北宋大文学家欧阳修应韩琦之邀为修建昼锦堂而写的《相州昼锦堂记》。

就这样，我对这位北宋三朝贤相韩琦的仰慕之情，就像陈年老酒，伴随着岁月流逝而愈加纯厚绵长。

2014 年我在安阳市图书馆做《说韩琦》公益讲座，这场讲座使我有幸结识了韩琦嫡裔韩贞寅、韩贞霞、韩勇、韩伟、韩涛、韩璐等人，他们对我的讲座给予高度评价并期待我将韩琦的研究持续下去。

2017 年 8 月 6 日我创建"新志讲历史"微信公众平台，从 2017 年 11 月 19 日至 2018 年 10 月 5 日将近一年的时间，我写出了长达 16 万字的长篇通俗历史著作《说韩琦》。为了写作《说韩琦》，我广泛查阅史料，收集到《安阳集》《韩魏公集》《韩魏公家传》《谏垣存稿》《宋史纪事本末》《辽史纪事本末》《西夏纪事本末》等有关韩琦和宋代的著作 50 余部，研究韩琦的博士、硕士学术论文 200 余篇，力争以学术研究的严谨态度写出适合于大众阅读的普及型读物。为了不因文中注释影响读者阅读，所以关于史料出处不再一一注明，但却事事有出处，均有史料作为依据。为了将韩琦的事迹写得更有阅读性，在行文方面也学习了古代文学家描写战争的方法技巧，希望读者能够喜欢。

《韩琦传》的出版要感谢的人实在太多，郑州大学历史学院党委副书记崔红伟先生为本书作序，该序回顾了我在郑州大学学习期间担任郑州大学辩论队教练的经历，读来倍感亲切，让我感觉又回到了我的大学时代。我高中时期的班主任，现为安阳师范学院历史与文博学院副教授的符海朝先生为我写作提供资料；安阳师范学院历史与文博学院教授、安阳古都学会会长刘朴兵教授对我的作品提出了许多颇有见地的意见和建议；安阳师范学院文学院杨景龙教授提出了关于人物传记写作方面建议；安阳广播电视台编导、作家王凤森先生对本书中的语言运用给出了很好的建议；身为图书馆员的妻子李丽为我的写作搜集并提供了大量的相关资料。在这里，我对以上人员的付出一并表示感谢！

本书的写作得到了有关领导的关怀，安阳市政协副主席郭旭东先生鼓励我持续深入研究韩琦事迹以及由此产生的文化现象；安阳市政协副主席侯津琪先生激励我深入研究安阳历史文化，做一位有情怀的学者；安阳市文广体旅局薛文明局长曾为我能到中央电视台讲述《韩琦传》

积极奔走；安阳市文化局原局长王春杰先生鼓励我在学术研究上再攀高峰；安阳市文物局李晓阳局长是最早鼓励我将《韩琦传》出版的领导。

特别需要感谢的是韩琦后裔、安阳相州韩氏祠理事会会长韩贞寅先生和副会长兼秘书长韩贞霞女士，他们为《韩琦传》的出版提供了大力支持；韩琦后裔、著名书法家韩涛先生为本书题写了书名，在此深表感谢！

韩琦一生出将入相，他历三朝、扶二帝，抵御西夏，推行庆历新政，理政地方，改革役法，调处两宫，促使北宋王朝中央权力平稳过渡，对于稳定北宋政局立下丰功伟绩。韩琦的一生可谓波澜壮阔，公忠体国，他身上体现出的家国情怀和民本思想直到今天还有着极大的现实意义。要写出一部能够真实反映韩琦一生又能深受读者欢迎的《韩琦传》绝非易事，由于本人学识有限，书中错误难免，敬请读者批评指正，不吝赐教。

黄新志

2020 年 11 月 6 日于安阳

后记